지식과교양

한글 표기법과 글쓰기에 관한 연구

엄 태 수 저

지식과교양

▎머리말 ▎

　국어학에 발을 들여 놓은 지가 벌써 30년이 되어간다. 강산이 세 번 바뀌는 시간 동안에 무엇을 이루었을까? 무던히도 애를 썼지만 모든 것이 여의치 않았다. 여기에 실은 몇 편의 논문은 저자가 지난 세월 동안에 쓴 것을 모은 것이다. 저자는 국어학 중에서도 주로 음운론에 관련된 주제를 가지고 글을 써 왔다. 음운론은 이론의 변화가 심해서 중간에 잠시 정리의 시간이 필요한 적이 있었다. 이 책은 음운론 공부의 중간 중간에 쓴 표기법과 관련된 몇 편의 논문과 글쓰기 관련 논문을 모은 것이다.

　표기법은 음운론과 불가분의 관계를 가지고 있다. 한글 맞춤법은 소위 기저형 중심의 표기라고 말할 수 있다. 물론 탈락이나 삽입과 같이 변화가 심한 경우는 표면형을 쓰기도 하지만 대체로 기저형 중심의 표기를 고수하고 있다. 한글 맞춤법은 많은 규정을 가지고 있는데, 다양한 규정이 서로 일관되지 않은 경우도 있고 모순된 경우도 있다. 필자는 생성음운론의 관점에서 표기법을 바라보고 그 대안을 제시하고자 했다. 이상적이고 완전한 맞춤법은 애초에 불가능한 것인지도 모른다. 그러나 그러한 목표를 가지고 한글 맞춤법을 수정하고자 했다.

글은 말보다 보수적이어서 늦게 변화한다. 말의 변화가 심한 요즈음에 더욱더 표기법의 중요성이 드러난다. 정확한 표준어의 선정을 통해서 표기법과 말이 일치가 되는 것이 불일치한 것보다 더 효과적이라는 생각이다. 물론 글자가 가지는 특징이 있다. 한번 정해진 것을 말이 바뀐다고 자주 바꾸는 것은 이전 시기의 저작물과 혼동을 야기할 수 있다. 그러나 문자는 음성언어에 종속되어야 한다는 것이 필자의 일관된 생각이다. 표기법이 언어의 변화를 너무 늦지 않게 따라가야 한다고 생각한다.

글쓰기 관련 단체에서 잠시 일을 하고 그것에 인연을 맺은 것을 계기로 글쓰기 관련의 글을 몇 편 썼다. 글쓰기는 너무 광범위해서 그것을 분류하는 작업부터가 쉽지 않았다. 그러나 미디어의 발달로 생활 글쓰기가 넘쳐 나는 요즈음에 많은 사람이 이 분야의 관심을 갖기를 바라는 심정이다.

학문의 세계는 끝이 없지만 세월이 흐르면서 지난 일을 한번 정리하고 싶다는 생각을 여러 번 했다. 이번에 마침 '지식과 교양'의 윤석원 사장님과 김민경 님의 호의로 이 책이 나오게 되었다. 감사의 마음을 전한다.

한글 표기법과 글쓰기에 대한 연구

Ⅰ
한글 맞춤법의
원리에 대한 검토

1. 서론

본고는 한글 맞춤법 제1항에 규정된 원리와 다음 각 항에 실제로 나타난 사례의 검토를 통해서 현행 표기법이 어떤 원리 위에서 운용되어야 하는가를 명백히 밝히는 것을 목적으로 한다. 한글 맞춤법의 원리는 제1항에 "한글 맞춤법은 표준어를 소리대로 적되, 어법에 맞도록함을 원칙으로 한다." 라고 밝힌 데서 알 수 있다. 즉 그 원리는 두 가지로 '소리대로 적는 것'과 '어법에 맞도록 적는 것'이다.

그러나 실제로 우리는 제1항에 맞지 않는 표기를 다른 규정에 의해 사용하고 있다. 예를 들어 '옛, 얼핏' 등의 'ㅅ'은 '역사적 표기법'[1]으

---

[1] 역사적 표기법이란 단순히 이전 시기의 표기를 변경없이 사용한다는 의미로 자세한

로 소리대로 적는 것도 아니고, 어법에 맞게 적는 것도 아니다.

한편 제1항의 규정도 애매해서 정작 구체적 사례에 부딪히면 어떻게 적용해야 되는지 알 수 없다. 즉 '소리대로 적는 것'의 의미는 무엇인지? '어법에 맞게 적는 것'의 의미는 무엇인지? 두 원리의 우선 순서가 있는지? 이 모든 것이 불분명하다.

현행 한글 맞춤법은 일관된 원리 위에 질서정연하게 배열되었다기보다는 역사적인 개정의 과정에서 기존의 것을 삭제하기도 하고, 새로운 규정을 추가하기 하는 보수의 과정을 거쳐 누더기 같은 인상을 지울 수 없다. 대한민국 모든 사람이 사용하는 한글 표기법은 일관된 원리와 예외를 분명히 제시해야 한다. 또한 예외는 그것을 되도록 없애는 방향으로 노력해야 한다. 현행 한글 맞춤법은 마치 예외의 전형을 보는 것 같다. 예외 규정으로 '다만'과 '붙임'이 있고 '그 밖의 것'이 있다. 이처럼 어휘의 교체형에 따라 수많은 예외 항목을 배열한다면 과연 한글 맞춤법이 원리가 있다고 해야할 것인지 알 수 없다.

또 다른 문제는 제3장과 제4장을 무엇을 기준으로 구분했는지 알기 어렵다. 아마 제3장은 단일어 내부의 소리변화에 관한 것이고, 제4장은 형태소 결합에서 발생하는 경우로 짐작이 되는데 여기에는 무슨 원리로 이렇게 규정했는지 알기 어렵다.[2] 예를들면 제3장 5항의 된소리 규정에서 '국수'로 적고 '어깨'로 적으라고 했는데, 이유가 무엇인지 알 수 없다. 즉 '국쑤'로 적으면 안되는가? 제3장과 제4장을 단일

내용은 이익섭(1992;374-7)참고.

2. 이희승·안병희(1989;58)에 보면 제4장 형태에 관한 것은 형태소들 간의 결합 관계에 대한 규정을 담고 있다고 말한 데서도 알 수 있다. 그렇다면 3장의 구개음화 규정이나 두음법칙에 대한 조항은 형태소의 결합에서 생긴 것이므로 4장으로 바꾸어야 할 것이다. 3장의 나머지도 기저형 대로 적으면 되기 때문에 사실 3장은 필요 없는 규정이다. 더불어 4장은 형태소의 결합에서 발생하는 많은 음운현상을 제외시키고 있다.

어 내부와 형태소 경계의 결합으로 규정한다 해도 여기에서 누락되는 많은 경우는 어떻게 표기해야 하는지 알기 어렵다. 이는 과격하게 말하면 한글 맞춤법의 원리가 없다는 것을 의미한다 해도 지나치지 않다. 예를들어 '발달', '기어이' 등은 '발딸' '기여이' 등으로 발음한다. 이들을 단어내부로 본다면 소리대로 표기해도 무방한 것이다. 그러나 여기에 대한 규정은 한글 맞춤법에는 없다. 왜 '국수'는 규정하면서 이들은 규정에 없는가?

2. '소리대로 적는 것'의 의미

한글 맞춤법의 원리 중에서 '어법에 맞도록 함'의 의미는 기존의 논의를 통해서 어느 정도 그 해석이 고정되어 가고 있는 느낌이다. 이기문(1963)에서 '소리대로 적는 것'은 음소적 원리로 '어법에 맞도록 적는 것'은 형태음소적 원리로 해석하였다. 이기문(1963;158)에서 형태음소적 원리에 대해 예를들어 설명한 것을 보면, '같-(同)'이라는 어간 형태소는 여러 이형태가 있는데 그대로 표기하지 않고(가령 '가치'), 이형태 중 기본형 '같-'으로 표기를 대표시키는 방법이라고 말한다.

이상억(1991=1994;8)에서는 이와 같은 두 가지 원리를 다음과 같이 정리하였다.

〈표음주의-발음위주-음소적 표기   - 어원무시-소수의 받침자〉
〈표의주의-형태고정-형태음소적 표기 - 어원표시-다수의 받침자〉

이러한 설명은 이후 이익섭(1992), 민현식(1999)에서도 유사하게 해석되었다. 그런데 이익섭(1992;382,418)에는 연철표기와 분철표기에 대한 예를 들면서 국어의 분철 표기 방식이 형태음소표기와 무관함을 주장했다. 즉 '같이'로 표기하든지, '가티'로 표기하든지 모두 형태음소적 표기라는 주장이다. 그러므로 한글 맞춤법은 형태음소적 표기와 더불어 또 다른 원리로서 분철표기를 가지고 있다고 주장한다. 분철표기는 형태를 고정시켜 표의적 기능을 나타낸 것이라는 주장이다.

이를 바탕으로 기존의 논의를 다시 정리하면 다음과 같다.

(3) 소리대로 적는 것- 음소적 원리에 따라 이형태를 소리나는 대로 적는 것.

(4) 어법에 맞도록 적는 것- 형태음소적 원리에 따라 이형태 중에서 기본형을 적되, 분철(모아쓰기) 방식으로 형태를 고정하여 표기하는 것.

그런데 어법에 맞도록 적는 것은 견해의 일치를 보고 있지만 '소리대로 적는 것'에 대해서는 아직 문제의 제기도 제대로 된 적이 없었다. 두 가지 표기에 대해 좀 더 자세히 검토해 보기로 하자.

(5) 가. 같이 〈-〉가치
    나. 같으니〈-〉가트니
    다. 같다〈-〉갇다

(5)에서 오른쪽 항은 소리대로 적은 것이고, 왼쪽 항은 어법대로 적은 것이라고 말할 수 있다. 생성 음운론식으로 말하면 오른쪽은 표

면형을 적은 것이고 왼쪽은 기저형을 적은 것이라 해도 유사할 것이다.[3] 생성 음운론에서 표면형은 규칙에 의해 유도되는 것으로 본다. 위의 세 항목은 각자 다른 규칙이 적용된 것이다. 그러므로 표면형으로 나오게 된 과정이 동일하지 않다.[4]

우선 (5나)와 (5다)를 비교해 보자. (5다)는 표면형과 기저형에 대한 음소의 차이가 분명하여 어법에 적는 것과 소리대로 적는 것에 대한 문제가 없어 보인다. 그런데 (5나)는 동일한 음소가 단지 표기의 위치가 다른 것으로 나타난다. (5나)를 음운론적인 문제로 보지 않고 단지 문자의 표기상의 문제로 처리한다면 음운론적으로는 동일하게 처리된다. 위에 언급된 대로 이익섭(1992;382-3)에서 그러한 태도를 볼 수 있다. 그러나 만일 화자의 음운론적 지식을 반영한 표기라면 단순히 표기 차원의 문제로 끝나는 것이 아니다. 전통적으로 (5나)는 음절화의 문제가 개입되었다고 보았다. 우리가 연음법칙이니 연철이니 하는 것은 결국 음절화의 다른 표현일 뿐이다.

연음법칙이란 기저의 종성이 다음 음절의 초성으로 이동되어 발화되는 것을 의미한다. 여기서 기저형이 음절화 되었는가 아닌가의 문제가 제기된다. '기저의 종성'이란 개념은 벌써 기저형이 음절화 되었음을 전제로 하는 말이다. 만일 기저형이 단지 음소의 나열에 불과하

---

3. 이병건(1977)에도 이와 같은 논의가 언급되었다. 그런데 여기서는 추상적 기저형을 옹호하는 입장에 서 있다. 본고는 추상성을 배제하고 기저형을 표면형에서 선택하는 구체음운론의 입장을 따른다. 이에 대해서는 엄태수(1999) 참고.

4. 구조주의식의 이형태와 기본형의 관계와 생성음운론의 기저형과 표면형의 관계는 근본적으로 다르다. 즉 구조주의 기본형은 이론적인 관점에서 설정된 것이 아니고, 설명의 편의를 위해 이형태 중에서 선택된 것이다. 생성음운론의 기저형은 표면형과 음운규칙에 의해 연결되어 있다. 이들에 대한 기본적인 논의들은 모든 음운론의 개론서에 나와 있기 때문에 생략한다.

다면 이익섭(1992)의 표현대로 '같으니'로 표기하나, '가트니'로 표기하나 동일한 형태음소의 표기에 불과하다.

'같으니'의 표기에 대해 두가지 해석이 가능하다. 하나는 이익섭(1992)의 해석대로 '형태음소를 모아쓰기한 것'과 다른 하나의 해석은 '기저형을 음절화시킨 것을 표기한 것'이 그것이다. 두 가지 해석은 이론적인 문제로 쉽게 결론이 나기 힘들지만 한글 표기에 대해 '초성, 중성, 종성'이란 용어를 일관되게 사용하기 위해서는 후자의 해석이 타당해 보인다. 본고는 후자의 입장을 따른다.

한편 '가트니'가 음절화된 표면형의 표기라는 것에 이론이 없는 것으로 보인다. 만일 기저형 '같으니'가 음절화 된 것으로 가정한다면 '가트니'와 '같으니'는 다른 음절화라고 보아야 한다. 이를 구분하기 위해 표면의 음절화를 '재음절화'라고 하자.

(5다)의 표기에서 '같다'는 기저형이 음절화만을 거쳐서 결합된 표기이고, '갇다'는 재음절화와 중화를 거친 표기이다. (5나)의 '같으니'는 기저형이 음절화만을 거쳐서 결합된 표기이고, '가트니'는 재음절화를 거친 표기이다.

'어법대로'의 표기는 '기저형이 음절화를 거쳐서 결합된 표기'로 해석될 수 있다. 그러나 소리대로는 위 단락에서 보듯이 재음절화만을 거치기도 하고 다른 음운규칙을 거치기도 하는 표기다. 소리대로 표기한다는 것은 그만큼 다양한 해석을 낳을 소지를 가지고 있다.

(5가)는 '가치'가 표면형이다. 재음절화와 구개음화 규칙을 거친 표기이다. '같이'는 기저형이 음절화만을 거쳐 결합된 표기다. (5)에서 소리대로 표기한다는 의미는 아래의 (5)'처럼 각각 다르게 해석되지만 어법대로 표기한다는 의미는 동일하게 해석할 수 있다.

(5)' 가. 같이(기저형의 음절화 표기) - 가치(구개음화+재음절화)

　　나. 같으니(기저형의 음절화 표기) - 가트니(재음절화)

　　다. 같다(기저형의 음절화 표기)   - 갇다(중화)

소리대로 표기한다는 의미를 정확히 하기 위해 다음의 예를 보자.

(6) 가. 가지어(가지+어) -　기저형의 표기

　　나. 가져　　　　　 -　　현행표기

　　다. 가저　　　　　 -　　표면형의 표기

(6)에서 현행표기는 (6나)인데 사실 이는 표면형의 표기로 보기 어렵다.[5] 표면형은 (6다)이기 때문이다. 소리대로 표기한다는 것은 (6나)를 의미할 수도 있고 (6다)를 의미할 수도 있다.

또한 다음과 같은 문제가 있다. 어간의 기저형이 자음으로 끝나는 경우는 다음 어미의 모음 음절과 재음절화의 과정을 알기 때문에 우리는 기저형을 표기하는데 문제가 없다. 그러나 기저형이 모음으로 끝나는 경우를 보자.

(7) 바다가　　바다를

(7)의 표기는 어법대로 표기한 것일까? 아니면 소리대로 표기한 것일까? 표기만을 본다면 소리대로 표기하든지, 어법대로 표기하든지 동일하기 때문에 알기가 힘들다. 그런데 만일 (7)을 소리대로 표기한

---

5. 이에 대해서는 아래에서 다시 논의된다.

것으로 해석한다면 한글 맞춤법은 두 개의 상반된 원리가 지배하고 있는 것이 된다. 즉 (5)의 경우만 어법대로 표기하고 (7)의 경우는 소리대로 표기한다는 원칙이다. 이는 지극히 불합리한 규정이다. (5)와 (7)이 구분되는 유일한 기준은 종성에 있기 때문에 이를 근거로 다른 표기법을 써야하는 논리를 펴기는 힘들 것이다. 필자는 (7)을 두가지로 구분하고자 한다.

(8) 가. 바다가 -   기저형의 표기
    나. 바다가 -   표면형의 표기

현행 표기법이 (8나)를 취하는 것이 아니라 (8가)를 취하는 것이라고 한다면 한글 맞춤법은 '기저형의 음절화 표기'라는 기본원리를 중심으로 형성된 확실한 이론적 기반을 가지게 될 것이다.[6]

지금까지 논의된 표기 방식을 보면 다음과 같다.

(9) 가. 기저형의 표기 — 같이   (가지어)   바다가

    중간형의 표기 —   가져

    표면형의 표기 — (가치)   (가저)   (바다가)

---

6. 민현식(1992;69)에도 이와 비슷하게 국어에 형태음소 변이음이 발생하지 않는 수많은 표기가 있다는 사실을 논의하면서 이를 중립표기로 보았다. 이들을 일단 기본형의 표기로 보아 표의주의 테두리에 넣는다고 말한다.

2. 역사적 표기법

만일 (7)이 (5)와 동일하게 '기저형이 음절화를 거친 표기'로 해석한다면 우리나라의 표기법은 동일하게 어법에 맞도록 쓰는 원리를 따르는 것이 될 것이다. (7)을 어법에 맞게 쓴 것으로 해석하면 우리의 표기법은 원리상 아무런 문제가 없는 것인가? 한글 맞춤법의 규정에서 이 원리에 맞지 않는 것을 찾아 논의해 보기로 하자.

> 제7항 'ㄷ'소리로 나는 받침 중에서 'ㄷ'으로 적을 근거가 없는 것은 'ㅅ'으로 적는다.
> 덧저고리, 돗자리, 엇셈, 웃어른, 핫옷, 무릇, 사뭇, 얼핏, 자칫하면, 뭇, 옛, 첫, 헛

위의 예들에서 'ㅅ'의 현실 발음은 사실 'ㄷ'이다. 그럼에도 불구하고 'ㄷ'으로 적지 않는 것은 어떤 원리인가? 이는 표면형을 표기한 것도 아니고 기저형을 표기한 것도 아니다. 오랜 관습을 버리지 않고 그대로 따르는 것이라고 말할 수 있다. 이를 이익섭(1992;374)의 논의대로 '역사적 표기법'이라고 하자. 역사적 표기법은 현실발음도 아니고, 기저형도 아니다. 그것은 전통적으로 쓰여 온 표기라는 의미다. 민현식(1999;58)에서는 역사적 표기법에 대해 (1) '현재 쓰이는' 표기법 중에서 (2) '역사적' 근거를 지닌 (3) 비표음주의적인 표기만을 가리키는 것으로 한정한 바가 있다.

제7항의 예들을 어법대로 쓴다면 '덭저고리, 돋자리, 엇셈, ...' 등으로 표기될 것이다. 그러한 길이 있음에도 불구하고 왜 역사적 표기법을 규정에 남기는 것인가? 이에 대해 이익섭(1992;376)의 설명을

듣기로 하자.

역사적 표기법의 폐기 문제는 그리 간단치 않다. 표기법은 일단 자리 잡히면 쉽게 바뀌지 않는, 함부로 바꾸기 어려운 성질을 가지고 있다. 이것을 흔히 '문자의 보수성'이란 이름으로 설명한다. 이것은 문자의 기능상 어쩔 수 없는 성질이기도 하고 또 필요한 성질이기도 하다고 할 수 있다. 문자는 음성이 가지는 시공상의 제약을 극복해 주는 기능을 가진다. 1년 후나 10년 후, 심지어 50년 후나 100년 후에도 읽을 수 있는 것이 문자다. 만일 표기법이 고정되어 있어 1년 전의 글이나 10년 전, 30년 전의 글이나 같은 표기법으로 읽을 수 있다면 분명 우리에게 편익을 줄 것이다. 반대로 그 글들이 모두 다른 표기법으로 되어 있다면 불편을 줄 것이 분명하다. 문자의 보수성은 이 점에서 우리에게 유익한 성질이며 또 문자의 기능에 부합하는 성질이다. 그만큼 역사적 표기법의 폐기는 그리 함부로 결정할 문제가 아니다.

필자도 역사적 표기법이 존재해야 한다고 생각한다. 예를 들어 '애'와 '에'는 젊은이들의 발음에서 구분하기 힘들다. '의'도 문자를 정할 때와는 다르게 발음한다. 소리는 영원한 것이 아니고 변할 수 있다. 특히 소리가 빠르게 변할 때는 표기법과 현실 발음이 괴리가 발생하게 된다. 그런데 우리의 문자생활은 현 시대에 출판된 것도 있지만 전 시대 것이 더욱 많다. 즉 표기법은 문화의 전수를 고려해야 한다.

역사적 표기법에 대해 공감하지만 몇 가지 고려해야 할 사항이 있다. 첫째 역사적 표기법을 언제 포기하는가 하는 시점의 문제가 있다. 우리는 중세국어에 사용되던 아래아나 반치음, 순경음 'ㅸ' 등을 폐기했다. 즉 역사적 표기법을 언제나 고집할 수 없다는 것이다. 언젠가는 바로잡아야 할 표기라면 그 충격을 최소화하는 방안을 찾아야 한다. 그 대안의 하나로 두 개의 표기안을 허용할 것을 제안한다. 즉 제7항과 같은 역사적 표기법을 인정함과 동시에 어법에 맞는 표기도 인정하자는 것이다. 즉 '덛저고리, 돋자리, 얻셈, ...' 등으로 표기하지 말아야 할 이유가 없다. 제7항은 '어법에 맞도록 표기하는 것'과는 다른 규정이기 때문에 기억에 부담을 주는 규정이다. '덛저고리' 식의 표기도 인정하도록 한다면 7항은 예외 규정이 될 것이다. 즉 구태여 '덛저고리'를 항목에 추가하지 않아도 어법에 맞도록 쓰는 규정만 익히면 자연스럽게 쓰게 된다. 단지 사전에 그러한 사항을 표기해 주는 번잡함을 피할 수는 없을 것이다.

이렇게 두 개의 표기항 중에서 역사적 표기법이 자연스럽게 사라지는 시점이 그것을 포기하는 시점이라고 말할 수 있을 것이다.

둘째 '역사적 표기법'은 맞춤법의 근본 원리인 '어법에 맞도록 표기하는 것'에 대한 예외적인 요인이기 때문에 최소화하도록 노력해야 한다. 예를들어 '이튿날'의 표기를 보면 역사적으로 '이틄날'에서 왔기 때문에 역사적 표기법에 의하면 '이틋날'이라고 표기해야 할 것이다. 한편 어법에 맞도록 한다면 '이틀날' 혹은 '이튼날'로 표기하는 것이 맞을 것이다. '이튿날'은 역사적 표기법도 아니고 어법에 맞도록 표기한 것도 아니다. 기억에 부담을 주는 새로운 표기 원칙을 담고 있다.

지금까지의 논의를 통해 한글 맞춤법과 관련해서 네 가지 유형의 표기법이 있다는 것을 보았다. 기저형의 표기, 중간형의 표기, 표면형의 표기, 역사적 표기가 그것이다. 이러한 구분 이외에 표음주의와 표의주의로 구분하는 경우가 있다. 필자는 기저형의 표기와 표면형의 표기는 공시적 음운의 기술에 충실한 표기이므로 이를 표음주의 표기라 하고, 공시적 음운과 관계없는 역사적 표기를 표의주의로 구분하고자 한다.

　(10) 표음주의 -기저형의 표기, 중간형의 표기, 표면형의 표기
　　　 표의주의 -역사적 표기

　이러한 구분은 이상억(1991), 이익섭(1992), 민현식(1999) 논의에서 한글맞춤법의 형태음소적 원리가 표의주의를 반영하고 있다는 주장과는 대립되는 개념이다. 이는 근본적으로 기저형을 어떻게 보느냐에 달린 문제다.

　분철은 형태음소적 원리에 표의주의 개념이 가미된 표기가 아니다. 그것은 음절화의 다른 표기일 뿐이다. 분철과 연철은 근본적으로 음절화를 반영했다고 본다. 물론 표의주의를 어휘의 개념뿐만이 아니고 어간이나 어미 등의 문법단위 등에 대한 의식으로 확대한다면 소리 자체가 의미와 연결되기 때문에 표의주의가 아닌 것이 없을 것이다. 우리는 공시적 소리와 직접 관련된 것만을 표음주의로 해석하고 공시적 소리와 직접 관련이 없는 것은 표의주의로 해석하고자 한다.

　필자는 기저형은 일차적으로 소리의 반영이고 한글맞춤법은 그러한 소리를 표상한 것으로 해석한다. 단지 역사적 표기만이 현실적인 발음과 멀어졌기 때문에 개념과 가까운 것으로 해석할 수 있다. 이를 소리와 가까운 정도에 따라 나열해 보면 다음과 같다.

　(11) 표면형의 표기〉중간형의 표기〉기저형의 표기〉역사적 표기

　그런데 우리는 기저형의 표기가 한글 맞춤법의 원리이고 보완적으

로 역사적 표기를 허용한다는 것도 논의했다. 그렇다면 지금까지는 한글맞춤법에 '표면형의 표기'라는 의미로 소리대로 적는 것이 허용되었는데 이제 그러한 원리를 포기한다면 어떤 문제점이 발생될 수 있는지 이와 관련된 현행 한글 맞춤법 조항을 찾아서 논의해 보기로 한다.

3. 탈락, 삽입 및 축약

표면형의 표기를 적는 대표적인 경우가 '탈락과 삽입'의 경우이다. '아니, 우니' 등의 예에서 'ㄹ'이 탈락된 표기를 볼 수 있다. 또한 '윗니', '아랫마을' 등에서는 사이시옷이 결합된 표기를 본다. 그러나 '먹따, 먹꼬' 등은 표면형을 적지 않는다. 위에서 소리대로 적는 경우가 여러 가지 유형으로 존재함을 보았다. 소리의 변화는 크게 국어의 음절 구조와 음소 연결제약과 관련이 있다. 형태소의 교체는 국어의 음절구조와 음소연결에 제약을 받는다. 음운론적으로 조건된 교체라 하더라도 형태소의 범주에 따라 제약이 달라질 수 있다.

(12) 가. 알+으니→알니→아니

나. 없+다→업다

(13) 아래+마을→아랫마을, 옛+이야기→옛니야기

(12)에서 동일한 탈락인데 (12가)의 경우는 표면형을 적고 (12나)의 경우는 기저형을 적고 있다. 동일한 탈락이지만 그 규칙이 적용되는 범주가 다르다. (12가)는 활용어간과 어미라는 범주가 필요하지만

(12나)는 어떤 발화단위에도 적용되는 규칙이다. 즉 (12가)는 형태론적 정보를 요구하는 규칙인데 반하여, (12나)는 음운단위만 결정되면 예외없이 적용되는 순수한 음운규칙이다. 이러한 사실을 통하여 일단 '형태론적 범주를 요구하지 않는 순수한 음운규칙'이 적용되는 경우는 기저형을 표기한다고 볼 수 있다.

삽입의 경우도 마찬가지로 형태론적인 범주를 요구한다. 사이시옷이나 'ㄴ'삽입은 명사복합구성에만 적용된다. 여기에는 불규칙하다는 조건이 더 붙기도 한다. 불규칙한 경우는 탈락의 경우도 있다. 즉 형태론적 범주에 적용되지만 어떤 것은 규칙적으로 적용되고 어떤 것은 불규칙하다는 것이다. (12가)나 (13)처럼 형태론적 범주를 요구하는 음운 규칙이 적용되는 경우는 표면형을 적는다고 말할 수 있다.

(12가)와 (13)은 표면형을 적고 (12나)는 기저형을 적는다. '먹따, 먹꼬' 등의 표기를 배제하기 위해 표면형의 표기를 두 가지로 구분할 필요가 있음을 보여준다.

(14) 표면형의 표기-〉 가. 순수음운규칙이 적용된 표기(=순수 표면형 표기) 나. 형태론적 범주를 요구하는 음운규칙이 적용된 표기(=변경 표면형 표기)

위에서 표면형의 표기도 아니고 기저형의 표기도 아닌 경우가 (6)처럼 국어에 존재함을 보았다. 그것을 우리는 중간형의 표기로 불렀다. 그런데 이런 표기가 나타나는 경우는 구개음 'ㅈ, ㅊ' 다음에 반자음 'y'의 제약 때문에 발생한다. 이들을 단지 역사적 표기로 보기 어려운 이유는 기저형과 관련이 있기 때문이다. 표기 '가져'는 기저형 '가지+어'의 연속에서 어간말 모음 '이'와 '어'의 결합에서 발생한 '여'를 보여준다. 필자는 이를 '중간형 표기'라 부르고자 한다. 이 '중간형 표기'는 표면형의 표기와 기저형의 표기 중간에 위치한다고 볼 수 있다. 이를 정리하면 다음과 같다.

(14) 순수표면표기 〉 변경표면표기 〉 중간형표기 〉 기저형표기
    (먹따)　　　　　(우니)　　　(가져)　　(같이, 바다가)
　〉 역사적표기
　　(얼핏)

그런데 우리는 다시 변경표면표기를 둘로 나눌 필요를 느낀다. 예를들면 '남다, 감다' 등의 용언 활용에서 나타나는 경음화의 경우에 이들은 표면형이 '남따, 감따'인데, 그대로 표기하지 않고 기저형을 표기하고 있다. 형태론적 범주를 요구하는 규칙 중에도 이처럼 자질변경을 겪는 규칙과 탈락이나 삽입을 겪는 경우는 표기를 달리할 필요가 있다. 표기에 의해 그 표면형을 생각하는 화자의 입장에서 보면 탈락이나 삽입의 경우에 그대로 표기에 반영한다면 표면형과의 괴리가 너무 커서 표기한 대로 발음할 우려가 있다. 대신에 자질변경의 경우에는 기저형을 그대로 쓴다해도 하나의 자질만이 교체되기 때문에 발음과의 괴리가 그만큼 작다고 할 수 있다.

자질변경만 있는 경우에 기저형을 추상적으로 잡아서 예외를 줄이는 방법이 있을 것이다. 그러나 기저형을 잡는 원칙에서 표면의 이형태 중에서 기저형을 잡도록 하는 것이 표기법을 위해서라면 더 효과적이라는 것을 주장하고자 한다. 물론 음운론에서는 기저형의 추상성에 대한 논쟁이 확실히 정리된 것이 아니지만 심리적 실재를 중요시하는 현대 음운이론의 입장에서도 기저형을 표면의 교체되는 이형

태에서 설정하는 것이 바람직하다.

기저형을 교체하는 이형태 중에서 선택한다면 한글 맞춤법의 원리가 기저형 표기라는 원리에 충실해질 수 있다. 예컨데 불규칙 동사는 추상적 기저형을 상정하지 않고 표면에 나타나는 대로 표기하고 있다. 기저형의 추상성을 배제한다면 다중기저형을 세울 수가 있다. 이런 다중기저형은 결국 기저형 표기라는 대원칙을 만족시키고 있는 것이다.

추상성을 배제한다면 '남따, 감따'의 표기는 다시 예외로 남아 있던지 아니면 표면형을 표기하던지 해야할 것이다. 필자는 지금까지 써온 한글 맞춤법을 최대한 변경하지 않으면서 원리를 지키는 쪽으로 이론을 전개시키고자 한다.

'남따, 감따'와 더불어 '먹자, 잡고' 등에서 보이는 경음화가 있다.[7] 전자는 형태적 범주를 요구하는 경음화이지만 후자는 순수음운 규칙이다. 즉 형태적 범주를 요구하든 아니면 순수음운규칙이든 자질변경규칙은 기저형을 표기하는 원리를 채택하고 있다. 이를 위해 형태범주를 요구하는 음운규칙을 둘로 나누는 것이 합리적이다.

(15) 형태론적 범주를 요구하는 음운 규칙 → 가. 자질변경규칙(=소

---

7. 한자어의 문제는 좀 복잡하다. 원리적으로 2음절 어간복합어를 공시적 교체로 인정한다면 우리의 논의는 아무런 문제가 없다. 그러나 2음절 복합어를 단일어로 인정한다면 이들 단일어 내부에서 발생하는 음운현상을 해석하는 문제가 남는다. 단일어는 교체하는 것이 아니기 때문에 표면형이 그대로 기저형이 되기 때문이다. '법도(法道), 신라(新羅)'등의 기저형이 '법또, 실라'가 되어야 할 것이다. 그러나 오랫동안 한자어를 써온 역사적 사실을 감안하여 역사적 표기로 받아들이는 것이 합리적일 것이다. 좀 더 자세한 것은 아래 4장에서 논의한다.

변경표면표기) 나. 삽입, 탈락(=대변경표면표기)

(16) 순수표면표기〉소변경표면표기〉대변경표면표기〉중간형표기〉
　　　(잡따)　　　　(남따)　　　　　(우니)　　　　(가져)
기저형표기〉역사적표기
　　　(같이)　　　(얼핏)

　(6)에서 중간형 표기에 대해 논의했다. 사실 도출의 중간과정에 존재하지만 이들 모음 축약이 모든 범주에서 발생하는 것이 아니다. '이어라'의 경우는 '여라'로 발음되기 힘들다. 즉 (6)은 형태론적 범주의 제약을 받는 현상이다. 이는 축약으로 설명될 수 있다. 두개의 음절이 줄어서 한 음절로 된 것을 의미한다. 그런데 'ㅎ'의 경우에도 축약으로 설명될 수 있을 것이다.

　(17) 가. 견디어-〉견뎌
　　　　나. 좋다-〉조타

　(17가)의 경우에는 표면형을 적지만 (17나)의 경우는 기저형을 적는다. 이는 (17가)가 범주제약을 받는 표기이고 (17나)는 순수음운규칙을 적용 받는 표기이기 때문이다. 즉 탈락과 삽입만이 아니라 축약의 경우도 형태론적 범주의 제약을 받으면 기저형을 적지 않고, 표면형을 적는다. 그러므로 표면형을 적는 경우는 축약, 탈락, 삽입의 경우로 늘어난다.

　그런데 (6)처럼 다시 이들이 순수음운규칙의 제약을 받으면 중간형을 적는다. 얼핏보면 '견뎌'와 '가져'는 동일한 표기로 보이지만 '가져'

의 경우는 다시 한번 음운규칙의 적용을 받아야 한다. 즉 '견뎌'가 표면형의 표기임에 반하여 '가져'는 중간형의 표기인 것이다.

지금까지의 논의를 정리하면 다음과 같다.

(18) 가. 순수표면표기/소변경표면표기

　　　나. 대변경표면표기/중간형표기/기저형표기/역사적표기

한글맞춤법은 (18가)를 채용하는 것이 아니라 (18나)를 채용한 것이다.

4. 한자어 표기

한자어에 대한 표기는 그 구성원에 대한 성격을 어떻게 결정하는 가에 따라 한글 맞춤법의 원리에 맞게 표기될 수도 있고, 그렇지 않을 수도 있다. 예를들어 '신라(新羅)'를 분리할 수 없는 하나의 단일어로 인식한다면, 기저형이 '실라'가 되어 '신라'로 표기하는 것은 역사적 표기가 될 것이다. 한편 '신'과 '라'의 두 형태소 결합으로 생각한다면 '신라'의 표기가 기저형 표기로 되고 '실라'는 표면형 표기가 되어 '신라'가 현행 원리에 맞는 표기가 된다. 여기서 필자가 주목하는 것은 한글 맞춤법이 한자어를 표기할 때, 어떤 입장에 서야 하는가를 밝혀야 한다는 점이다. 즉 '역사적 표기법인가' 아니면 '기저형 표기인가' 가 문제다.

표기법의 원리를 밝히기 전에 먼저 해야 할 일은 한자어의 구조를 확정하는 일이다. 노명희(1998)의 연구에 따라 우선 한자어에 대한 화자를 구분할 필요가 있다. 하나는 한문문법에 익숙한 화자이고, 다른 하나는 그렇지 못한 화자이다. 필자는 이를 다음과 같이 구분한다.

(19) 가. 한문 문법에 익숙한 화자 → 한자어를 외국어로 익힌 모국어 화자
　　　나. 한문 문법에 익숙하지 못한 화자 → 한자어를 외래어로 익힌 모국어 화자

물론 현실적으로 화자가 둘로 철저히 구분되기 힘들 것이다. (19가)에 해당하는 화자라도 시간이 흘러감에 따라 (19나)가 되기도 할 것이다. 그러나 원리적으로 이 둘을 구분하여 논의하는 것이 합리적이라고 본다. 여기서 국어문법을 다룰 때, (19가)를 배제해야 한다는 주장이다. 원칙적으로 국어는 외국어와 대립되기 때문에 중국어의 영향을 다루는 것이 아니라면, 한국어 문법은 당연히 외래어만이 문제가 되어야 한다.

노명희(1998;14)에서는 한자어 중에서 의존형식을 다시 '어근'과 '접사'로 나누고 '어근'을 '활성어근'과 '비활성어근'으로 구분한다. 위에서 언급한 '신라'는 바로 비활성어근에 해당한다. 2음절 어근복합어는 대부분 비활성어근으로 분류된다. 활성어근은 3음절로 된 한자어의 제1요소나 제3요소에 해당한다. '호감정(好感情), 독립국(獨立國)'의 '好와 國'이 활성어근이다. 그러나 2음절의 '감정, 독립'에 나오는 각각의 한자어는 비활성어근에 해당한다. 활성어근과 비활성어근의 구분은 단어의 분석이나 결합에서 (19나)의 화자가 독립된 단위로 인식하는가에 기준을 둔 것이다.

표기법에서 문제가 되는 것은 바로 이들 2음절 비활성어근을 역사적 표기로 처리하는가 아니면 기저형 표기로 처리하는가의 문제일 것이다. 활성어근은 비록 생산적인 접사는 아니지만 과도적으로 준접사의 성격을 부여하여 기저형을 표기하면 될 것이다.

필자의 주장은 2음절 비활성어근 복합어에 대해 원칙적으로 기저형 표기를 해야 한다는 주장이다. 그것이 한글 맞춤법의 대 원리인 '기저형의 음절화 표기'에 부합하는 것이다. 즉 '신라'가 아니라 '실라'로 표기해야 한다는 주장이다. 그러나 이러한 표기는 한글이 창제된 후에 아직 없었다. 즉 한글 창제를 주도한 사람이나 그후 한글 맞춤법을 규정하는 사람은 모두 (19가)의 입장에 선 사람들이다. 그러나 대다수 국어 화자는 (19나)의 화자다. 이러한 괴리는 한글 맞춤법을 더욱 어렵게 만든 원천이 된 것이다.

수백년을 써온 표기법을 일거에 바꿀 수는 없다. 아무리 그 일이 옳다해도 당장에 엄청난 혼란이 온다면 나중에 이익이 온다해도 사람들은 받아들이지 않을 것이다. 우선 지금까지의 한자어에 대한 표기를 그대로 온전히 놔두고 점진적으로 개혁하는 것이 좋을 것이다. 처음에 한 가지를 시행하고 다음에 점차적으로 늘려가는 방법을 택하는 것이다. 필자는 우선 이를 위해 한자어를 가지고 어떤 표기가 가장 잘 틀리는지 조사해 보는 것이 선행되어야 한다고 생각한다. 아직 필자가 이를 조사해 보지 못해 유감스럽지만 한가지 주변에서 자주 겪는 일은 'ㄴ+ㄹ'에서의 '유음화 법칙'에 관련된 표기다. 경음화나 연음법칙은 실수가 거의 없는데 유음화는 잘못된 표기를 종종 접한다. 예를들면 '국가'는 '국까'로 '국어'는 '구거'로 표기하는 실수는 좀체 보기 힘들다. 그러나 '신라' '찰나' '선로' 등은 '실라' '찰라' '설로' 등으로 표기하는 것을 간혹 보게 된다. 그래서 첫번째 시도해 볼 수 있는 것이 유음화가 발생하는 2음절 비활성어근 복합어부터 표기법을 개혁하는 것이 바람직해 보인다.

이것도 일시에 시행하지 말고 우선 역사적 표기법과 병행해서 시행한 다음에 대다수 사람이 기저형 표기로 쓰면 그때쯤 단일 표기로 확정하는 것이 좋을 것이다.

이들 원리를 이용하여 현행 한글 맞춤법 부분 중에서 새롭게 해석해야 할 부분을 언급해 보자.

1. 먼저 제2장 자모에 관한 규정은 그 순서를 표준어의 음소와 1대 1로 대응되는 것을 먼저 정하고 다음에 이중모음을 정하고 마지막으로 역사적 표기를 위해 허용되는 문자를 정하는 것이 좋을 것이다. 자음의 구체적 순서는 강창석(1995;197)에 제시된 것을 따르는 것도 무방하다.

된소리 표기를 위해 붙임에 그 문자를 넣는 것은 현대음운론의 원리에 맞지 않는 규정이다. 한글이 음소문자라고 할 때 그 대상은 당연히 소리여야 하고 그 소리에 대한 문자의 가치는 동등하게 대우해야 한다. 즉 당당히 기본 자모에 들어가야 한다. 모음에 있어서도 단모음을 기본으로 하고 이중모음을 위한 문자들은 따로 정하는 것이 올바를 것이다.

문자만 남고 그 문자에 대응되는 소리가 변하게 될 때 그 문자는 폐기되어야 한다. 단지 역사적 표기를 위해 필요할 경우 다른 규정을 두어 허용해야 한다. '긔'는 이제 제정 당시의 음가대로 발음하기 힘들다. 역사적 표기로 남겨야 할 것이다. 이밖에도 변화의 과정에 있는 '에'와 '애', '예'와 '얘', '외'와 '왜' 등도 언젠가는 역사적 표기를 위한 문자로 변경되어야 할 것이다.

2. 제5항 2의 다만 규정에 나오는 '국수, 깍두기, 딱지, 색시, 싹둑, 법석, 갑자기, 몹시' 등의 기저형은 두 번째 음절의 기저형을 된소리로 바꾸어야 한다. 단일 형태소 내부에서 발생하는 된소리 규칙인데 이는 기저형이 이미 바뀌었다고 해야 한다. '벌써, 알뜰(하다)' 등의 두 번째 음절의 된소리가 15세기와 다른 것을 보면 알 수 있다. 다만 이미 오랫동안 써온 관습을 변경할 수 없다면 역사적 표기와 기저형 표기 둘 다를 인정하는 방법이 좋을 것이다. 즉 '갑자기~갑짜기' 둘 다를 허용하는 방안이 있다.

3. 제8항은 역사적 표기로 인정된다. 그런데 역사적 표기를 되도록 최소화 하는 방안이 중요하다. 우선 고유어에 한해서 두 가지 표기형을 제안한다. 즉 '계집, 핑계, 계시다'에 한해서 '게집, 핑게. 게시다'를 허용하는 방안이다. 한자어에 한해서도 점차 두가지 표기를 확대하는 것이 좋다고 본다. 이는 기억에 부담을 주는 것으로 보이지만 궁극적으로 표기와 발음을 점진적으로 일치시키는 유일한 방안으로 생각된다. 이는 처음 글자를 배우는 사람에게 그 발음대로 표기함으로써 발음과 표기가 다른 부담을 덜어준다. 이미 전 시대의 표기를 배운 사람은 전 시대의 것을 그대로 쓰면 될 것이다.

4. 제9항 'ㅢ'에 관련된 항목에서도 역사적 표기를 인정하지만 또한 현실 발음에 충실한 기저형도 인정하는 것이 좋다. 예를들어 '무늬~무니'의 두가지 표기형이 인정된다면 전자는 역사적 표기로 후자는 기저형의 표기로 인정하게 되어 문제가 없을 것이다.

5. 제10항은 'ㄴ'과 관련된 두음법칙에 관한 내용이다. 이 문제는 한자어에 관한 문제다. 필자는 한자어에서 2음절 어근 복합어를 국어 체계에서 단일어로 인정하자는 입장에 서 있다. 특히 공시 음운론을 다룰 때는 한자어 어근 복합어를 단일어로 취급하는 것이 합리적이다. 즉 '여자, 여인' 이나 '소녀, 숙녀'에서 동일하게 나타나는 형태소 '女'에 대해서 공시적 교체로 보기보다는 오래전에 생성된 단어가 이제 굳어진 것으로 해석하는 것이다. 즉 이들 단어는 공시적 음운규칙을 다룰 때는 하나의 기저형으로 보자는 것이다.

한자어 2음절 어근 복합어를 하나의 단어로 취급하면 이제 '여자, 여인' 등은 그대로 기저형으로 취급된다. '소녀'도 마찬가지다. 즉 어법대로 쓰는 규정을 지키고 있는 것이다. 단지 자음 뒤에 오는 'ㄴ'이 문제가 된다. 즉 '숙녀'는 '숭녀'로 발음되기 때문에 교체를 인정하지 않으면 '숭녀'가 기저형이 될 것이다. 만일 이런 표기를 인정한다면 한자를 아는 사람은 크게 당혹해 할 것이다. 이를 방지하기 위해 '자음+ㄴ' 연속의 한자어에 대해서 역사적 표기를 인정해야 한다.

'자음+ㄴ'으로 시작하는 한자어에 대해 기저형 표기를 인정할 것인가는 약간 논란이 있다. 즉 '숭녀'라는 표기도 허용할 것인가 하는 문제다. 우선 '숙녀'가 역사적 표기로 인정된다면 원리적으로 기저형 '숭녀'도 인정되어야 할 것이다. 그러나 한자어에 관해서는 위의 4장에서 언급된 대로 예외적으로 당분간 현실 기저형을 유보하는 방안도 선택할 수 있다. 한자어에 관한 표기법이란 현실적으로 한자를 어떻게 인식하느냐 하는 언중에 관한 문제와 관련되어 있다. 한자어 형태소 하나하나를 분명하게 인식하는 식자층이 많을수록 '숭녀'를 받아들이기 힘들 것이다.

6. 제11항은 'ㄹ'과 관련된 두음법칙이다. 이 문제도 5에서 논의된 것과 유사하다. 위의 논리대로 '자음+ㄹ'에 대해 역사적 표기를 인정해야 한다.

그러나 붙임1의 다만 항에 보면 모음이나 'ㄴ'받침 뒤에 이어지는 '렬, 률'은 '열, 율'로 적는다고 되어 있다. 우리의 규정대로 하면 모음 뒤의 '열, 율'은 그대로 기저형이 되므로 문제가 없다. 단지 'ㄴ 뒤에서' 열, 율'인가, 아니면 '렬, 률'인가의 문제가 있다. 예를 들면 '분열'과 '분렬'의 표기는 전자가 기저형의 표기라면 후자는 역사적 표기라 할 수 있다. 기왕 역사적 표기형을 우리 맞춤법이 폐기했으므로 이 항목에 관해서는 역사적 표기법을 인정하지 않는 것이 좋을 것이다.

그런데 기저형이 '부녈'만이 아니라 '분녈'도 가능하다는 것이 필자의 입장이다. '부녈~분녈'은 수의적 교체형이라고 보아야 한다. 표준형이 어떻게 결정되느냐에 따라 하나로 통일될 것이다. '분렬'이 표기법에 없는 것은 한자어에 익숙한 언중을 위해서는 잘못된 것이라고 말할 수 있다. 그러나 이미 역사적 표기법을 폐기한 상황이므로 다시 부활시켜 혼동을 일으킬 필요는 없을 것이다. 이 문제는 시간이 가면 해결될 것으로 보인다.

7. 제12항 한자음 '라, 래, 로, 뢰, 루, 르'가 단어의 첫머리에 올 적에는 두음 법칙에 따라 '나, 뇌, 누, 느'로 적는다.

위 문제도 제10항과 제11항처럼 해결하면 될 것이다. 2음절 어간 복합어를 단일어로 취급한다면 두음법칙 항목에서 어두나 모음 다음의 표기문제는 기저형으로 처리되므로 특별히 언급할 것이 없다. 거꾸로 자음 다음의 'ㄴ', 'ㄹ'이 문제가 된다. 예를들면 '극락'의 현실 발음은 '긍낙'인데 이를 기저형으로 인정할 것인가의 문제가 있다. 이는 아직도 시간이 더 흘러야 인정될 수 있는 표기라고 보여진다. 자음 다음의 표기는 현행대로 역사적 표기만을 인정하게 되는 셈이다.

8. 제15항 붙임1의 (2)본뜻에서 멀어진 것 : 드러나다 사라지다 쓰러지다

이들 예는 원형을 밝히어 적는 것이 좋다고 본다. 원형을 밝혀 적는 것은 예외를 줄이는 한편 특별히 이들이 본뜻에서 얼마나 멀어진 것인지 판별하기 어렵기 때문이다.

9. 제18항 1. 어간의 끝 'ㄹ'이 줄어질 적
　　　　　가니　간　갑니다　가시다　가오
'ㄴ' 앞에서의 'ㄹ'탈락은 활용에서는 규칙적이다. '갑니다, 가시다, 가오'는 역사적 표기법으로 인정된다.
　　　　2. 5. 6 'ㅂ,ㄷ,ㅅ' 불규칙 용언 문제
이들은 추상적 기저형을 배제하기 때문에 다중기저형을 설정한다. 이들의 표기는 기저형 표기라고 할 수 있다.
　　　　3. 'ㅎ'탈락의 경우
불규칙한 경우로 형태론적 범주를 요구한다. 이들은 표면형을 그대로 적는다.
　　　　7.8.9 소위 '여', '르' 등 불규칙 용언의 경우는 다중 기저형을 설정한다.

10. 제4장의 3절 4절은 형태소의 결합에서 발생하는 음운현상과 관련이 있다. 형태소의 결합은 공시적으로 생산적인 경우도 있고 비

생산적인 경우도 있다. 비생산적인 경우도 직접 구성성분의 한쪽 요소는 생산적인 경우도 있다. 현행 맞춤법은 '-이'나 '-음/-ㅁ' 등의 접미사가 붙는 경우 그 원형을 밝혀 적는다. 이들 파생접미사는 비생산적이지만 원형을 밝혀 적는 것은 다른 접사에 비해 빈도수가 많기 때문이다. '지붕'에서 '웅'은 생산성이 없기 때문에 '지붕'으로 소리대로 적는다. 그런데 21항에 보면 자음으로 시작된 접미사가 오면 원형을 밝혀 적는다고 되어있다. 즉 '덮개'의 '개'는 비생산적이다. 같이 비생산적인 경우인데 '덥'으로 적지 않는다. 두개의 규정이 서로 모순된다. 이러한 이유는 3절, 4절이 확고한 원리 위에 서 있지 않기 때문이다. 지금의 맞춤법의 규정을 크게 변형시키지 않으면서 원리를 지키는 방안이 있다. 그것은 '공시적으로 생산적인 형태소는 원형을 밝혀적는 것'으로 하면 될 것이다. 그러면 '지붕'은 '집웅'으로 표기될 것이다. 한편 '덮개'는 '덮깨'로 표기하게 된다. 현행의 '덮개'에서 '개'는 비생산적이다. 소리대로 적는 다면 '덥깨'이지만 생산적인 형태소는 원형을 밝혀 적는다면 '덮깨'가 될 것이다.

만일 생산적인 형태소의 원형을 밝혀적기로 하면 지금까지의 표기법을 크게 고치지 않고 또한 일관된 원리를 가지게 될 것이다.

4. 결론

본고의 논의는 한글 맞춤법의 원리를 명백히 하고자 하는 데 있었다. 그것은 기저형을 중심으로 표기하면서 역사적 표기법을 보충적으로 사용하는 방법이다. 한편 소리대로 적는 것은 극히 예외적인 것으로 크게 변형이 일어나는 탈락, 삽입, 축약 등의 표기에서 사용하는 것인데 그것도 범주의존적인 현상에서나 사용하는 것이다. 한편 형태소의 결합에서 원형을 밝혀 적는 것은 생산적인 형태소의 경우로 한정하여 일관된 원리를 세울 수 있었다.

참고문헌

강창석(1995), 한글과 한글 표기법 이론의 체계화에 대하여, 국어학 25.

강창석(1997), 한글 맞춤법의 체제와 이론에 대하여, 오당 조항근선생 화갑 기념논총 간행위원회.

노명희(1998), 「현대국어 한자어의 단어구조 연구」, 서울대 박사학위 논문.

엄태수(1999), 「한국어의 음운규칙 연구」, 국학자료원.

이기문(1963), 「국어표기법의 역사적 연구」, 한국연구총서 18, 한국연구원, 서울.

이기문(1983), 한국어 표기법의 변천과 원리, 이기문(외 6인편), 한국어문의 제문제, 일지사.

이병건(1977), 음운론 측면에서 본 한글 맞춤법, 어학연구 제13권 제2호.

이상억(1991=1994), 현행 맞춤법 규정의 문제점, 미원 우인섭 선생 정년퇴임 기념논문집, 한일문화사. 「국어 표기 4법 논의」(서울대 출판부)에 재수록.

이익섭(1990), 표기법, 「국어연구 어디까지 왔나」, 동아출판사.

이익섭(1992), 「국어 표기법 연구」, 서울대 출판부.

민현식(1999), 「국어 정서법 연구」, 태학사.

이희승·안병희(1989), 「한글 맞춤법 강의」, 신구문화사.

II
우리말의 로마자
표기에 관한 논의

각종 통신 수단의 발달로 세계는 바야흐로 더욱 빠르게 국경과 문화의 장벽이 허물어지고 서로를 이해하기 위한 각종의 의사소통이 활발히 이루어진다. 언어는 이러한 의사 소통에 있어서 중추적 역할을 담당한다. 우리말을 로마자로 표기하는 것은 바로 우리 자신을 외국에 소개하고 그들로 하여금 우리를 잘 이해하게 하는 데 목적이 있다. 물론 우리말을 한글로 표기하면 그만이지 우리에게 필요도 없는 로마자 표기를 해서 무엇할 것인지 의심을 하는 사람도 있을 것이다. 굳이 우리가 로마자로 표기하지 않아도 외국인들이 알아서 그들의 필요에 의해 자기들이 쓰는 문자로 표기할 수도 있을 것이다. 그것은 외국어를 우리의 필요에 의해서 한글로 표기하는 외래어 표기법의 경우와 반대의 방향이 될 것이다.

그러나 이는 현실을 무시하는 이상적인 발상이다. 한국어를 쓰는 인구는 7천만에 불과하고 더욱이 한글을 해독하는 사람은 더욱 적다. 그에 비해서 로마자는 이제 세계적인 표기법이 되고 있다. 또한 외국의 관광객이나 상사 직원들에게 우리나라를 적극적으로 소개할 필요성이 날로 증대하는 요즈음에 우리나라의 지명이나 인명, 또는 우리말을 로마자로 표기해 주면 그들은 더욱 한국을 잘 이해하게 되어서 우리에게 유익한 점이 많을 것이다.

이미 국가의 시책으로 '국어의 로마자 표기법 개정시안(본 논의의 마지막에 현행 표기법과 비교한 도표 참고)이 나와 있지만 이를 더욱 보완하고 잘못된 점을 수정하기 위해 본 논의를 시도해 본다.

2. 논의의 대상

로마자 표기에서 고려해야할 가장 중요한 점은 표기의 대상, 사용자, 표기의 방법일 것이다. 이와 관련해서 본고에서는 다음 세 가지를 논의의 대상으로 삼을 것이다.

첫째, 로마자 표기법의 쟁점인 발음대로 적는 것이 좋은지 아니면 한글 표기를 바로 로마자로 바꾼 것이 좋은지 하는 점을 논의한다. 서로 반대인 것처럼 보이는 이 문제는 본질을 잘못 파악한 데서 비롯된 것이라고 보아야 한다. 한글 맞춤법은 이미 소리나는 대로 적고 있다. 단지 어법에 맞게 적는다는 단서 조항이 있을 뿐이다. 다시 말하면 한글 표기 자체가 이미 소리나는 것을 반영하고 있는 것이다. 그럼에도 왜 전사법이니 전자법이니 하는 논쟁이 있는 것일까? 아래에서 한글 맞춤법과 비교하여 로마자 표기법의 원칙이 어떻게 규정되어야 하는가를 논의해 보기로 하자.

둘째, 일반인들 사이에 별로 제기되지 않는 문제이지만 우리 로마자 표기법 1장에는 표기의 기본 원칙이라는 것이 있는데 이들 원칙은 서로 모순되고 불필요하기만 하다. 이런 규정은 없는 것이 좋을 것이다. 이 문제를 논의할 것이다.

셋째, 가장 핵심적인 논의로 어떤 로마자 기호로 어떻게 우리말을 표기하는 것이 합당한지 논의할 것이다.

3. 전사법이냐 전자법이냐

이 문제는 표기의 대상이 글자냐 말이냐에 관련된 것이다. 해답은 전사법도 아니고 전자법도 아니라는 점이다. 우리말이 표기의 대상이고 한글 맞춤법은 바로 우리말을 대상으로 표기하고 있다.[1] 한글과 비슷한 음소문자인 로마자도 당연히 우리말을 표기의 대상으로 삼는 것이 올바를 것이다. 그러나 한글이 우리말을 소리나는 대로 적고 있기 때문에 이것을 그대로 로마자로 바꾸면 될 것이 아닌가 하고 생각해 볼 수 있다. 즉 전자법이 더욱 효율적이라고 생각할 수 있다.

이제 이 문제를 해결하기 위해 우선 한글 맞춤법을 생각해 보자. 한글의 표기는 우리말을 그대로 반영하는 것이 아니다. 그것은 한글 문자에 문제가 있어서가 아니라 우리말의 표현 단계가 복잡하기 때

---

1. 말을 대상으로 하는 전사법(transcription)을 음성, 음운, 형태 등 세가지로 구분하는 경우도 있다. 이현복(1979;2)에도 이러한 구분을 볼 수 있다. 이러한 구조주의식 분류에 대한 비판은 여러 생성음운론 입문서에 언급되어 있으므로 다시 거론할 필요가 없을 것이다.

문에 발생하는 현상이다. 어느 나라 말이고 단순하지 않다. 전문적인 용어로 단어의 발화는 표면형과 기저형을 가지고 있다. 더불어 중간 단계의 어떤 어형을 상정할 수도 있다. 수많은 음운규칙이 국어에 존재하고 이들 음운규칙은 화자의 머리 속에 무의식적으로 내재해 있어서 일일이 기억하지 않아도 발화를 하는데 어떤 장애도 일으키지 않는다.

한글 맞춤법은 이러한 사정을 표기에 반영하여 대체로 기저형을 적고 있다. 만일 표면형을 적는다면 수많은 음운규칙에 의해 여러 표면형이 나타나게 되는데 이러한 기저형의 여러 표면형은 의미와 일대일 대응을 방해하여 의미파악에 지장을 줄 것이다. 예를들어 '없-'이란 어간의 표면형을 보자. '업씨, 엄는, 업꼬' 등등이 있을 것이다. 그런데 이들을 표면형으로 적는다면 '없-'이란 형태의 한 의미에 여러 표면형이 대응되어 이를 보는 독자는 의미파악에 지장을 줄 것이다. 또한 화자는 음운규칙이 자동적으로 작동하기 때문에 기저형을 표기해도 음운규칙에 의해 발화에 장애를 받지 않는다. 예를 들어 '없이'라고 표기해도 한국어 화자는 음운규칙에 의해 그것을 [업씨]로 자동적으로 발화한다. 그러므로 당연히 기저형을 표기에 반영해야 합리적이다.

그러나 기저형과 표면형이 현저히 다르면 문제가 발생할 수 있다. 예를들어 '울-'의 표면형 '우니'는 기저형을 표기하면 '울으니'로 될 것인데 이는 표면형과 너무 차이가 나기 때문에 이와같은 경우는 표면형을 표기하기로 되어 있다. 즉 현행 맞춤법은 원칙적으로 기저형을 적지만 부분적으로 표면형을 취하기도 한다고 볼 수 있다. 한편 기저형도 표면형도 아닌 중간 도출형이 표기되는 경우도 있다. 예를들어 '가지다'의 활용형 '가지+어'는 '가져'로 표기된다. 그러나 '가져'는 표면형이 아니다. 표면의 발화는 '가저'이기 때문이다.

맞춤법은 우리말을 표기하여 그 표기가 지시하는 의미파악이 제대로 되는 것이 이상이다. 다시 말하면 표기는 말과 유사해야 하고 그 표기에 의해 오해 없이 의미가 전달되어야 하는 것이 바람직한 표기법이라고 말할 수 있다. 한글 맞춤법은 완전히 이상적이지는 않지만 한국어를 가장 합리적으로 표기하고 있다고 보아야 한다. 만일 한글 맞춤법이 우리말을 표기하는데 가장 합리적이라는 것이 검증된다면 한글표기를 그대로 로마자로 바꾸는 전자법이 합리적일 것이다.

그런데 문제가 되는 부분은 한자어와 관련된 것이다. 원래 한자어는 중국어에서 독립적인 단어의 기능을 하지만 우리말에 와서 독립성을 잃고 어근이나 접사 혹은 형태소의 기능마저 상실한 경우에 도달하고 있다. 이렇게 소리와 그 의미 대응이 불확실해질 때 문제가 발생한다. 예를들어 '國文'의 경우에 소리가 비음동화에 의해 '궁문'으로 발음되지만 현행표기법은 '국문'으로 한자 하나하나의 형태소에 대응되어 표기되고 있다. 그런데 '國'과 '文'의 경우는 국어에서 형태소의 기능을 상실한 것으로 보이지 않는다. '國'을 보면 '國民, 國家, 國語, 國史' .... 등에서 또는 '獨立國, 參加國, 開催國, 先進國' ... 등에서 어근과 접사의 기능이 분명한 것으로 보인다. '文' 또한 마찬가지다. 그러나 '포탄이 작렬(炸裂)하는'에서 '작'과 '렬'의 의미를 분명히 아는 언중은 드물 것이다. 이는 한자어의 학습 정도도 문제이지만 이 글자들로 합성된 한자어가 드물다는 것도 하나의 이유가 될 것이다. 국어 맞춤법에서 의미가 불분명하고 비생산적인 형태소가 결합될 경우에는 소리나는 대로 적고 있다. '마개, 주검' 등에서 그러한 예를 볼 수 있다. '작렬'의 경우도 소리나는 대로 '장녈'로 적는 것이 바람직하다고 본다.

한자어의 형태소 인식은 위에서 보듯이 형태소마다 다르다. 결론적으로 한자어는 전체적으로 변화의 과정에 있다고 보아야 할 것이다. 표기법은 정태적인 사실을 반영하는 것이므로 언어의 변화를 어느 지점에서는 표기법에 반영해야 하는 것이다. 현행 맞춤법은 한자어의 문제에 있어서 대대적인 변경이 있어야 할 것이다. 예컨데 '속리산'의 경우에 '산'은 형태소의 기능이 분명하지만 '리'는 '산'과 동등한 기능이 있다고 보기 어렵다. 즉 '속리'는 발음나는 대로 '송니'로 변경하는 것이 합리적으로 보인다. 현행 맞춤법은 한자어와 같은 몇몇 불합리한 점을 보완하면 세계에서 가장 완벽한 표기법이라 해도 과언이 아닐 것이다.

그렇다면 로마자 표기법의 이상은 무엇인가? 우선 로마자 표기법의 대상이 우리말인 것은 한글 맞춤법과 동일하다. 그런데 문제가 되는 것은 바로 이를 읽는 사람이 한국어 화자가 아니라는데 문제가 있다. 즉 외국인이 한국어를 로마자로 표기한 것을 보고 그 의미를 추측한다고 말할 수 있다. 한국어 화자가 아닐 때 일어나는 가장 심각한 문제는 한국어를 사국의 음운론석 지식에 맞추어 읽고 그 읽은 발화 정보를 가지고 의미를 파악하는데 이용한다. 예를들어 영어 화자에게 '고기'를 들려주고 로마자로 표기해 보라고 하면 'kogi'로 표기할 것이다. 그들은 무성음과 유성음의 구분이 음운론적 지식으로 자리 잡고 있기 때문에 분명한 인식을 가지게 된다. 만일 우리가 'koki'로 표기해 주면 자기들이 적은 'kogi'와 비교해 보고 다른 의미를 가지는지 심각하게 고민할 것이다. 또한 '달, 딸, 탈' 등을 'tal, ttal, thal' 등으로 적어주면 왜 동일하게 'tal'로 적지 않느냐고 항의할지도 모른다. 이처럼 두 화자간의 음운론적 지식의 충돌은 자못 심각한 것이다.

음운론적 지식은 또한 음소가 무엇인가에 대한 지식뿐만 아니라 음절 구조를 포함한 음소배열에 대한 지식을 의미하기도 한다. 한국어 화자는 두 개의 자음 연속이 한 음절 안에서 발화되지 못하는 음운론적 지식을 습득한다. '그림'을 영어권 화자에게는 'grim'으로 표기해도 무방하지만 한국어 화자에게는 모음 'ㅡ'가 반드시 필요하다. 이처럼 음소 배열에 대한 지식은 어떤 언어를 사용하는가에 따라 다르다. 그런데 무엇보다도 화자가 가진 가장 중요한 음운론적 지식은 음운규칙에 대한 지식일 것이다. 모든 언어는 그 나름의 음운규칙을 가지고 있다. 음운규칙은 심층에 저장된 단어의 형식이 표면에 나오면서 작동한다. 표면의 발화형은 기저의 소리와 같을 수도 있지만 음운규칙이 작동하면 달라진다. 표기법은 이러한 두 차원 중의 하나를 반영하고 있다. 어떠한 표기법도 두 차원을 동시적으로 반영할 수는 없다. 현대음운론이 가정하는 것은 모국어 화자는 어휘부와 규칙을 저장한다는 것이다. 그리고 표면의 다양한 모습은 규칙의 작용으로 유도된다는 것이다. 그러므로 표기법이 합리적이 되기 위해서는 심층의 소리를 반영하여 의미가 정확히 전달되는 방식이 되어야 할 것이다. 한국어를 올바로 표기하기 위해서는 한국어에 대한 지식이 얼마나 확보되어 있는가 하는 점이다. 3-4 살의 우리 나라 어린이가 한국어를 유창하게 한다고 해서 금방 한국어의 지식이 습득되는 것은 아니다. 한국어 로마자 표기법은 대상인 한국어가 문제가 아니라 그것을 사용하는 외국인이 얼마나 한국어 지식을 습득하고 있는가 하는 점이 문제다.

외국인의 입장에서 표기법을 만들 것인가? 아니면 한국인의 입장에서 표기법을 만들 것인가? 외국인의 입장에서 표기법을 만든다면 마치 우리의 외래어 표기법과 유사하게 외국인들의 외래어 표기법이 될 것이다. 외래어 표기법은 우리가 외국어를 습득하기 위한 노력의 일환이다. 그러나 이익섭(1997;6-10)에 이미 지적되어 있듯이 로마자 표기법은 외국인들의 외래어 표기법이 아니다. 즉 그들의 필요에 의해 한국어를 적는 것이 아니다. 로마자 표기법은 우리말을 외국인에게 전달하기 위해 우리가 제정한다고 보아야 한다. 제정하는 쪽은 우리지만 사용자는 대부분 외국인이라고 보아야 한다. 그렇다면 한글을 만들어서 한국인 화자에게 가르치는 것과 동일한 것인가? 즉 한글과 로마자만 다르고 그 대상언어인 한국어를 가르치는 데 있어서는 동일하다는 말인가? 두말할 필요도 없이 외국인에게 한국어를 가르치는 것과 자국민에게 표기법을 가르치는 것은 전혀 다르다. 그들은 이미 우리와 다른 모국어를 가지고 한국어를 배우는 것이다. 로마자 표기법을 제정하는 측은 새로운 정보를 전달하는 측이고 그것을 읽는 외국인은 정보를 습득하는 측이다. 정보전달이 이상적으로 이루어지기 위해서는 두 가지가 필수적이다. 하나는 그 의미에 대한 기호가 합리적으로 표기되는 것이 중요하다. 다음으로 그 기호와 그것이 전달하는 의미를 이해하겠다는 상호 간의 최선의 노력이 필요한 것이다.

그러나 현실은 그렇지 못하다는 데 문제가 있다. 예를 들어 한국인이 영어를 배우기 위해 기울인 노력은 엄청나다. 26개 알파벳을 순서대로 외우기 시작하여 하나 하나의 발음과 단어, 문장을 수없이 반복하여 외우고 읽는다. 그러나 반대로 영어 화자들이 한국어를 배우기 위한 노력은 우리와 비교할 수 없다. 즉 우리는 영어가 절실히 필요하지만 그들은 한국어를 우리가 영어를 필요로 하는 만큼 필요로 하지 않는다. 물론 옛날보다 한국어를 필요로 하는 외국인이 현저히 많아진 것은 사실이다. 한국어를 필요로 하는 외국인이 바로 우리가 로마자 표기법을 제정하여 전달하려는 대상이자 목표이다.

여기서 말하는 외국인은 바로 영어권 화자만을 의미하지 않는다. 로마자를 알고 있는 외국인이 그 대상이 된다. 어쩌면 영어권 화자보다는 비영어권 화자가 한국어를 더 많이 필요로 할지도 모른다. 어느 언어를 모국어로 하는 화자가 우리말을 가장 필요로 하는지의 실질적인 조사가 이루어지는 것이 절실하다. 누가 쓰는지도 모르고 만들어지는 것은 필요도 없는 물건을 만드는 것과 하등 다를 바가 없다. 예컨데 영어권 화자가 절대적으로 많고 단지 몇몇의 일본인, 또는 중국인이 한국어를 필요로 한다면 영어를 모국어로 하는 화자를 고려하여 표기법을 정하는 것이 당연할 것이다. 그것이 조사되지 않은 지금의 시점에서는 다양한 모국어를 가진 외국인이 사용한다는 것을 가정할 수밖에 없다.

로마자 표기법을 사용하는 사람이 외국인이 될 때, 고려해야할 사항은 외국인이 어느 정도로 한국어를 필요로 하는가 하는 점이다. 임시적으로 '상, 중, 하'로 그들 외국인을 고려하기로 하자. 한국에 와서 살기를 원하거나 한국에 관한 학문을 전공할 사람처럼 완전한 한국어 습득을 원하는 사람을 '상'. 단순한 인사말이나 하기를 원하는 사람, 유창한 말은 못해도 지명이나, 인명 정도를 알기 원하는 사람을 '중'. 여행이나 몇 번의 장사 등을 위해 간단한 한국어를 원하는 사람을 '하'로 구분해 보기로 하자.

한국어를 뛰어나게 잘하기를 원하는 '상'인 사람은 로마자 표기법을 배우기보다는 한글 맞춤법을 배우는 것이 필수적이다. 한국어를 완벽히 구사하기 위해서는 이보다 좋은 방법이 없다. '중'과 '하'에 속하는 사람이 바로 로마자 표기법을 사용한다고 보면 될 것이다. 아울러 '상'을 목표로 하는 사람도 처음 입문과정으로 잠깐 로마자 표기법을 읽히는 방법도 있을 것이다.

우리는 앞에서 소리나는 대로 적을 것인지 아니면 한글 맞춤법을 그대로 로마자로 옮겨 적을 것인지를 논의했다. 만일 한국어를 가장 완벽하게 전달하고자 한다면 전자법이 선택되어야 할 것이다. 그러나 그런 완벽한 한국어를 원한다면 구태여 그것을 표현하고 있는 한글을 놔두고 다시 새로운 표기법을 읽힐 필요가 없는 것이다. 즉 로마자 표기법은 완벽한 한국어 구사를 원하는 사람을 위한 표기법이 아니라는 것이 필자의 주장이다. 이 말의 의미는 로마자로는 완벽하게 한국어를 표기하기 힘들다는 의미를 내포한다. 물론 새로운 기호를 제정한다면 가능할 지 모른다. 그러나 새로운 기호의 제정은 이미 로마자도 아니고 한글도 아니게 될 것이다.

사실이 그러하다 해도 이상적으로 완벽한 로마자 표기법을 제정할 수도 있을 것이다. 즉 한글을 고려할 필요도 없이 로마자로 완벽하게 한국어를 표기하는 방법을 고안해 볼 수도 있다. 그것은 예를 들면 중국어의 로마자 표기같은 방식이 될 것이다. 이상적 한글의 로마자 표기법은 우선 한국어의 음소에 일대일 대응되는 로마자가 요구된다. 또한 변하는 소리를 위해 몇 개의 추가적인 기호가 필요할 것이다. 그러한 기호는 이미 우리가 사용하는 로마자 표기법에 반영되어 있다. 한국어는 19개의 자음과 두 개의 반모음(활음), 7개 혹은 10개의 단모음으로 이루어진다. 물론 반모음의 결합에 의한 이중모음이 존재한다. 로마자에 없는 된소리, 유기음은 현재 사용하는 로마자 표기대로 약속을 하고 그것을 가르치면 될 것이다. 한편 로마자에 없는 모음도 새로운 기호를 만들어서 그것이 어떤 소리를 나타내는지 약속을 하면 될 것이다. 어떤 기호도 그것의 음소와 동일할 수 없다. 그것은 기호의 자의성에 의해 당연한 것이다.

이렇게 다시 태어난 한국어 로마자 표기체계는 당연히 한글만큼 복잡하게 될 것이다. 외국인은 그들이 알고 있는 대립체계와 다른 대립체계를 한국어가 가지고 있기 때문에 어차피 자신들이 가지고 있는 자국어 지식을 버리고 최선을 다해 한국어를 배우지 않는 한 한국어를 읽고 제대로 해석하기 힘들 것이다. 이상적인 로마자 표기체계는 누가 사용할 것인가? 그것은 이미 말한 바대로 한국어를 잘하고 싶어하는 사람일 것이다. 그러나 그러한 사람을 위해 한글을 놔두고 다시 로마자 표기법을 세운다는 것은 바람직한 방식이 아니다. 단지 특수한 경우를 위해 이상적인 표기를 마련해 둘 수도 있을지 모른다. 예를들면 세계지도를 표기하거나 한국에 관한 역사적 기록을 남기기 위한 방식 등이 그것이다.

현실적으로 외래어 표기법을 가장 많이 사용할 사람은 어쩌면 한국인인지도 모른다. 수출을 위해 우리의 회사이름이나 상품명을 그들에게 소개할 필요가 있을 것이다. 또한 빈번한 인적 교류는 이름을 표기하여야 할 경우가 많다. 그렇다면 상대방 외국인은 한국어에 능통한 독자가 아닌 경우가 대부분일 것이다. 여행을 온 외국인도 마찬가지다. 이는 로마자 표기법의 대상이 어떤 외국인인가 자명하다. 필자는 실용적 외래어 표기법은 로마자 이외의 글자를 써서는 안된다고 주장한다. 왜냐하면 그들은 한국어를 유창하게 구사하지 못할 뿐 아니라 현실적으로 그럴 필요도 없기 때문에 한국인이 발화하는 것과 유사하게 발화하기만 하면 될 것이다. 즉 의미의 전달이 무엇보다 중요하다.

이상적인 로마자 표기법은 한글과 일대일 대응되는 문자를 제정하기만 하면 되기 때문에 이러한 일은 쉽다. 좀더 엄밀히 말하면 한국어의 음소와 대응되는 문자를 설정하면 될 것이다. 그러나 실용적 로마자 표기법은 그 제정이 쉽지 않다. 왜냐하면 이미 언급한 대로 그 표기를 읽는 외국인의 정도를 가늠하기 어렵기 때문이다. 일단 위의 논의처럼 로마자 표기를 가장 많이 사용할 외국인은 '중', '하' 정도의 외국인이 분명한데, 이들을 대상으로 표기체계를 만들 때 고려해야 할 사항은 무엇인가? 우선 그들이 알고 있는 로마자 이외의 글자를 사용하지 않는 것이 현실적으로 가장 실용적 로마자 표기법이라 할 수 있다.

지금까지의 논리를 요약하면 사용자를 고려하여 두 가지 종류의 로마자 표기법을 제정하자는 것이다.[2] 첫째는 한국어를 완벽하게 표현할 수 있는 이상적 로마자 표기법과 둘째는 많은 사용자를 대상으로 하는 실용적 로마자 표기법이다.

4. 표기의 기본 원칙

제1항은 "국어의 로마자 표기는 국어의 표준 발음에 따른다."로 되어 있다. 로마자 표기법이란 우리말을 대상으로 하기 때문에 이미 로마자 표기법이란 의미 속에는 우리말을 표기한다는 것을 전제하고 있다. 이런 당연한 전제가 다시 원칙으로 나서야 하는 이유는 아마도 발음이 아닌 한글 표기를 기준으로 표기법이 쓰여지는 것을 막기 위한 조처로 보인다. 예컨대 '없다'로 표기되지만 '업따'로 발화되

---

2. 한가지 이상의 복수 표기법을 제정하자는 주장은 이미 여러 곳에서 제기되었다. 이상억(1981/1994;128-9)에서도 일반사회용과 언어학자용의 두 가지 표기법을 제안한 바 있다. 그러나 일반사회용은 음성에 충실한 전사법을, 언어학자용은 전자법을 주장한 것으로 본고의 사용자 중심에 의한 구분과 전혀 다르다. 국어의 로마자 표기를 전사법과 전자법으로 구분하는 불합리성에 대해서는 앞에서 언급했다.

고 있다. 그러나 이는 피상적 관찰의 결과이다. 이미 앞에서 언급했듯이 한글 맞춤법은 우리말을 소리나는 대로 적고 있는 것이다. 즉 표준 발음을 대상으로 하고 있기 때문에 이 기준은 아마도 한글 표기법이 대상이 아니라 표면형을 표기한다는 것으로 해석되어야 한다. 당연히 우리 맞춤법은 기저형을 대상으로 하는 것이지 표면형을 대상으로 하는 것이 아니다. 즉 표준 발음에 따른다는 원칙은 기저형을 고려해서 한 말이라면 한글 맞춤법을 따르면 된다. 그럼에도 이러한 원칙을 따로 세운 것은 아마 표면형을 대상으로 한다는 의미일 것이다. 과연 용례에 보면 '독립'을 'toklip'이 아닌 'tongnip'으로 적고 있다. 그러나 이는 표기법 전체의 기본을 무너뜨리는 아주 불합리한 조처이다. 국어는 주지하다시피 수많은 형태소가 결합되어 어형변화를 겪는 교착어이다. 다양한 표면형을 모두 발음대로 적는다면 어떻게 그 형태소와 의미의 일대일 대응을 신속하게 파악할 수 있을 것인가? 하나의 형태소는 동일한 기저형으로 표기되는 것이 의미파악에 있어 첩경이다. 현행 로마자 표기법은 의미 파악에 심각한 문제를 제공한다. 이 기준이 아마 한국어에 초보 수준인 외국인을 고려했다고 생각하면 대단한 착각이다. 예를들면 '바둑'은 홀로 표기하면 'paduk'로 표기하도록 되어 있다. 그런데 만일 '바둑을 두었다'에서 '바둑을'은 어떻게 표기될 것인가? 'k'를 주목해 보자. 현행 표기법에 따르면 유성음 사이에서는 유성음으로 적도록 되어 있기 때문에 'padugŭl'로 표기되어야 한다. 동일한 의미를 전달하는 단어가 이렇게 다르게 표현되면 외국인은 틀림없이 다른 의미로 파악할 것이다. 더욱이 유성음과 무성음이 변별적으로 사용되는 외국인에게는 더 말할 필요도 없다. 이 기준은 없애든지 아니면 한글 맞춤법의 기준대로 소리대로 적되, 어법에 맞도록 한다고 하면 될 것이다. 정확히 말하면 기저형을 적도록 하고 변화가 심한 일부의 어형에 표면형을 쓰도록 보완하면 될 것이다.

제2항은 "로마자 이외의 부호는 되도록 사용하지 않는다."로 되어 있다. 이 원칙은 너무나 당연하다. 로마자 표기법이니까 로마자를 사용하면 되는 것이다. 그럼에도 불구하고 이런 원칙이 요구되는 것은 아마 국어의 음소체계에 로마자로는 표기할 수 없는 것이 존재한다는 것을 의미한다. 이상적인 로마자 표기법을 위해서는 이 규정은 폐기되어야 한다. 다른 많은 나라의 로마자 표기법이 새로운 기호를 만드는 이유는 26개의 로마자로는 자국어의 소리를 모두 표기할 수 없기 때문일 것이다.

다만 실용적 로마자 표기법의 경우는 이 규정이 엄격히 적용되어야 된다고 보는 것이 필자의 입장이다. 다른 기호를 제정하면 어차피 시간을 내어서 학습을 하여야 한다. 이는 한국어에 관심이 없으면 불가능한 일이다. 이는 이상적인 로마자 표기법의 사용자에게나 해당되는 일이다. 일상적인 외국인은 자기가 알고 있는 26개의 로마자로 한국어를 발화할 수 있기를 원할 것이다.

제3항은 "1음운 1기호의 표기를 원칙으로 한다."로 되어 있다. 하나의 음운이 하나의 기호로 표기되는 것이 이상적이라고 생각하는 것은 소리의 질서를 모르는 소치이다. 음운은 환경에 따라 다양하게 바뀐다. 이는 기초적 음운론을 공부한 사람은 너무 당연한 이치라서 거론할 논제조차 안 된다. 예컨데, /k/음소가 어떤 환경에서나 /k/로 실현되는 것이 아니다. 때로는 /ng/로 나기도 하고, 탈락하기도 한다. 즉 현대 음운론은 이런 사정을 감안하여 형태소의 기저형을 가정하고 그것이 표면에 실현되는 것은 중간의 음운규칙, 혹은 제약을 거쳐 실현되는 것으로 본다. 우리의 표기체계가 변화하는 표면형을 적

도록 되면 마음속에 내재해 있는 음운규칙은 아무 작용도 하지 않는 잉여적인 것이 될 것이다.

그러므로 여기서의 음운이란 기저형의 음운을 의미하는 것이고 그런 기저형의 음운은 항상 동일한 기호로 적어야 된다는 것으로 해석할 수 있을 것이다. 만일 이렇게 해석 된다면 제1항과 충돌이 발생하는 것이다. 즉 제1항은 표면형을 적는다고 말했기 때문에 하나의 음운이 하나의 표기로 될 수 없게 되어 있다. 나아가 외국인의 입장에서는 자국의 음운체계와 한국어의 음운체계가 충돌할 수 있는데 우리의 표기법은 우리에게 하나의 음운인 것을 외국인의 입장에서 두 가지로 표기하고 있다. 즉 /p,t,k/를 유성적 환경에서 유성음 /b,d,g/로 적도록하고 있다. 이는 과연 무엇이 기준인지 뒤죽박죽이라고 말할 수밖에 없다. 스스로 정한 원칙을 위배하고 있는 것이다.

결론적으로 말해서 하나의 음소에 하나의 기호라는 원칙은 폐기되어야 하고 이상적인 로마자 표기법은 기저형의 음소에 되도록 하나의 기호를 배당해야 한다. 그러나 된소리의 경우 한글도 기존에 존재하는 기호를 사용하고 있기 때문에 이런 원칙이 철저히 지켜지기 어렵다.

5. 로마자 표기의 사용 기호

5.1 이상적 로마자 표기 기호

위에서 필자는 두 가지 종류의 로마자 표기법이 필요함을 주장했다. 먼저 이상적 로마자 표기법에 대해 논의해 보자. 이상적 로마자 표기를 위해서는 새로운 기호를 만드는 방법과 로마자 기호를 중복하여 새로운 약속을 하는 방식이 있을 것이다. 기존의 로마자 기호로는 국어를 제대로 표현할 수 없기 때문에 다른 기호가 필요하다. 그런데 여기서 오랫동안 써온 기호를 쓸 것인가? 아니면 새로운 기호를 만들 것인가 하는 점이다. 문제가 없다면 오랫동안 써온 기호를 그대로 표기하는 것이 합리적일 것이다. 문제는 이상적 로마자 표기의 원칙이 기저형의 음소에 대응되는 로마자를 표기하면 된다는 것이다. 현행 로마자 표기는 국어의 변이음을 표기하고 있기 때문에 무엇이 기준인지 복잡하게 되어 있다. 가장 문제가 되는 것은 유성의 환경에서 폐쇄음을 유성음으로 표기하는 방식일 것이다. 국어를 위해서는 이는 필요한 것이 아니다. 외국인을 위한 조처이기도 어렵다. 로마자를 쓰는 모든 외국인이 유/무성을 변별적으로 사용한다는 보장이 없는 것이다. 단지 유/무성을 구분하는 영어 화자와 같은 경우를 위한 로마자 표기법이라면 다시 원칙을 정해야 할 것이다.

철자가 곧 발화가 아니기 때문에 우리가 정한 로마자 표기가 각국의 외국인들이 동일하게 발음하리라는 보장이 없다. 어차피 우리는 우리의 기준에 맞게 표기할 수밖에 없고 그것을 읽는 외국인은 자국어의 직관에 따라 발음하게 될 것이다. 예를들면 '고기'를 'gogi'로 표기했다면 이를 읽는 외국인 화자들은 자국어의 영향에 따라 [gogi], [kogi], [ko'gi], [koki], [goki], [khogi] .... 등등으로 읽게 될 것이다. 외국인들이 다양하게 발화하는 것은 너무나 당연하다. 그들은 자국어의 음운론에 간섭을 받기 때문이다. 우리의 기준대로 원칙을 지키는 것이 중요하다. 영어를 우리나라 말로 쓰는 외래어 표기법도 어차피 영어 화자의 발화와 동일할 수 없다. 그것은 우리말의 음운론적 지식이 간섭하기 때문이다. 영어를 한국어 화자가 읽는 순간부터 영어의 한국화가 시작된다고 볼 수 있다. 거꾸로 한국어를 영어화자가 읽는다면 그 순간 영어화가 시작된다고 할 수 있다. 우리말의 로마자 표기는 영어화자만을 위한 표기가 아니다.

이상적 로마자 표기를 위해서는 국어 음소에 대응되는 기호를 일대일로 만들면 된다는 것이다. 자음은 현행 방식을 유지하고, 기저형을 적는다는 원칙에 충실하면 문제가 없을 것이다. 다시 말하면 한글 맞춤법을 따르면 된다는 것이다.

모음의 경우도 문제가 되는 것은 '으/어'인데, 이것도 지금 방식이 오래동안 이어져 왔으므로 이를 지키면 될 것이다.

국어의 기저음소에 대응되도록 로마자 표기를 한정하게 될 때 문제로 떠오르는 것은 국어의 음소가 변화될 때 발생하는 문제다. 예를들면 문자로는 '에/애'가 변별되고 있으나 많은 화자들이 이들을 변별적으로 인식하지 못하고 있는 것이 국어의 현실이다. 또한 '외/위' 같은 문자도 단모음에서 이중모음으로 변화의 과정에 있다. 이중모음 '예/예'도 그렇고, '외/왜/웨'의 발음도 변화과정에 있다. '의'도 문자와 그에 대응되는 음소가 변화했다.

이상적으로 말히면 음소기 변화되면 변회된 대로 비꾸어 표기히면 문제가 없다. 즉 '애'든, '에'든 모두 'e'로 표기하는 방법이다. 이는 외국어 화자보다 이를 표기해 주는 한국인이 받아들이기 힘들 것이다. 한글을 배운 언중은 아직도 이들을 구분하기 때문이다. 또한 문자에 의해 그 의미 차이를 느끼는 '의'도 문제가 된다. 이는 변화 과정에 있는 소리의 필연적인 속성인 것이다. 즉 언젠가는 한글 맞춤법도 변경되어야 한다. 지금 그 변화를 예측하고 미리 변한 대로 정하는 것도 나쁘지 않은 방법이다. 한국어 화자가 문제가 된다면 잠정적으로 한글맞춤법과 동일하게 표기하는 것도 하나의 방법이다. 필자는 변한 대로 표기하는 것을 주장한다.

'으/어'를 표기하는 기존의 방법이 어깨점을 찍는 것이지만 자판기호의 편리한 점을 이용해서 따옴표를 사용하기를 제안한다.

음소 (한글)	ㄱ	ㄲ	ㅋ	ㄷ	ㄸ	ㅌ	ㅂ	ㅃ	ㅍ	ㅅ	ㅆ	ㅈ	ㅉ	ㅊ	ㅁ	ㄴ	ㅇ	ㄹ	ㅎ
로마자	g/k	kk	k	d/t	tt	t	b/p	pp	p	s	ss	j	jj	jh/ch	m	n	ng	l	h

음소 (한글)	아	에	이	오	우	으	어	애	의	야	여	요	유	와	워	위	외	왜	웨	예	애
로마자	a	e	i	o	u	u	u/o	e	u/e	ya	yo/yu	yo	yu	wa	wo/wu	wi	we/wy	we	we	ye	ye

예)속리산-(songnisan), 왜관-(wegwan/we'gwan), 의성(u'so'ng/uyso'ng)

5.2 실용적 로마자 표기 기호

실용적 로마자 표기법의 가장 큰 특징은 로마자에 있는 글자만 사용한다는 제약이다. 이를 어기면 새로운 기호를 배워야 하므로 그것은 이미 실용적 로마자 표기법이 아니다. 즉 실용적 로마자 표기법은 철저히 외국인의 입장에서 최대한 한국어의 정보를 표기하도록 해야 한다. 이는 모순된 표현일 수 있다. 외국인을 고려하면 한국어의 정보가 손상될 수 있고, 한국어의 정보를 최대한 표기하고자 하면 외국인이 이해하기 힘든 기호가 사용될 수 있다. 그러므로 중용의 길을 찾아 표기에 반영하도록 해야 한다.

사용자에 있어서도 주로 영어화자를 대상으로 표기법이 정해져야 한다. 한자어도 위에서 언급한 대로 형태소 인식이 조금이라도 불분명하다면 소리나는 대로 적는 원칙을 정하는 것이 중요하다.

자음 중에서 위의 이상적 로마자 표기법은 한국어의 평음의 폐쇄음이 로마자 유성음으로 표기되고 있다. 그런데 오랫동안 이를 무성음으로 표기한 적도 있고, 그러한 관념이 드는 외국인도 있기 때문에 그것을 허용하는 것이 합당하다. 즉 유성과 무성의 이중표기를 허용하는 것이다.

모음의 경우, '어/으'의 문제도 새로 이중의 모음을 이용하여 대응하는 방법도 있겠지만

하나로 표기하는 것이 더욱 현실적이다. 이것도 두 개의 경우를 상정하는 것이 바람직하다.

국어의 로마자 표기법 비교표

음소(한글)	ㄱ	ㄲ	ㅋ	ㄷ	ㄸ	ㅌ	ㅂ	ㅃ	ㅍ	ㅅ	ㅆ	ㅈ	ㅉ	ㅊ	ㅁ	ㄴ	ㅇ	ㄹ	ㅎ
로마자	g	kk	k	d	tt	t	b	pp	p	s	ss	j	jj	jh	m	n	ng	l	h

음소(한글)	아	에	이	오	우	으	어	애	의	야	여	요	유	와	워	위	외	왜	웨	예	얘
로마자	a	e	i	o	u	u'	o'	e/e'	u', e' /uy	ya	yo'	yo	yu	wa	wo'	wi	we/ wy	we/ we',	we	ye	ye/ ye'

장	항목	현행	개정시안	개정내용
제2장 표기 일람	제2항	파열음; ㄱ(k,g), ㄲ(kk), ㅋ(k′), ㄷ(t,d), ㄸ(tt), ㅌ(t′), ㅂ(p,b), ㅃ(pp), ㅍ(p′) 파찰음; ㅈ(ch,j), ㅉ(tch), ㅊ(ch′) 마찰음; ㅅ(s,sh), ㅆ(ss), ㅎ(h) 비음; ㅁ(m), ㄴ(n), ㅇ(ng) 유음; ㄹ(r,l)	파열음; ㄱ(g,k), ㄲ(kk), ㅋ(k), ㄷ(d,t), ㄸ(tt), ㅌ(t), ㅂ(b,p), ㅃ(pp), ㅍ(p) 파찰음; ㅈ(j), ㅉ(jj), ㅊ(ch) 마찰음; ㅅ(s), ㅆ(ss), ㅎ(h) 비음; ㅁ(m), ㄴ(n), ㅇ(ng) 유음; ㄹ(r,l)	1.어두파열음ㄱ,ㄷ,ㅂ의 표기를 k, t, p에서 g, d, b로 변경. 2.유기음ㅋ, ㅌ, ㅍ의 표기를 k′, t′, p′에서 k, t, p로 변경. 3.파찰음 ㅈ은 어두에서 ch로 적던 것을 모두 j로 변경, ㅉ은 tch에서 jj로 변경. ㅊ은 ch′에서 ch로 변경. 4.마찰음 ㅅ은 s로만 적는다.
제2장	제2항	붙임1: 'ㄱ,ㄷ,ㅂ,ㅈ'이 모음과 모음 사이, 또는 'ㄴ,ㄹ,ㅁ,ㅇ'과 모음 사이에서 유성음으로 소리날 때에는 각각 'g, d, b, j'로 적고 이 밖에는 각각 'k, t, p, ch'로 적는다.	'ㄱ,ㄷ,ㅂ'은 모음 앞에서는 'g, d, b'로 적고, 자음 앞이나 어말에서는 'k, t, p'로 적는다.	1. 파열음 'ㄱ,ㄷ,ㅂ'을 어두에서 'k, t, p'로 적던 것을 'g, d, b'로 변경. 그외 환경에서는 동일함. 2. 'ㅈ'은 무성환경에서 ch로 적던 것을 j로 통일
		붙임2: 'ㅅ'은 '시'의 경우에 'sh'로, 그 밖에는 's'로 적는다.		삭제
		붙임3: 'ㄱ,ㄷ,ㅂ,ㅈ'이 모음과 모음 사이, 또는 'ㄴ, ㄹ, ㅁ, ㅇ'과 모음 사이에서 유성음으로 소리날 때에는 각각 'g, d, b, j)로 적고 이 밖에는 각각 'k, t, p, ch'로 적는다.	'ㄹ'은 모음 앞에서는 'r'로, 자음 앞이나 어말에서는 'l'로, 'ㄹㄹ'은 'll'로 적는다.	항목을 붙임2로 변경. 내용은 현행의 붙임3과 동일함.

장	항목	현행	개정시안	개정내용
제1장 표기의 기본원칙	제1항	국어의 로마자 표기는 국어의 표준발음에 따라 적는다	국어의 로마자 표기는 국어의 표준발음에 따라 적는다.	없음
	제2항	로마자 이외의 부호는 되도록 사용하지 않는다.	로마자 이외의 부호는 사용하지 않는다.	현행의 '되도록'을 삭제
	제3항	1음운 1기호의 표기를 원칙으로 한다.	1음운 1기호의 표기를 원칙으로 한다.	없음
제2장 표기 일람	제1항	모음은 다음과 같이 적는다.		
		단모음;ㅏ(a), ㅓ(ŏ), ㅗ(o),ㅜ(u), ㅡ(ŭ), l(i), ㅐ(ae), ㅔ(e), ㅚ(oe)	단모음;ㅏ(a), ㅓ(eo), ㅗ(o),ㅜ(u), ㅡ(eu), l(i), ㅐ(ae), ㅔ(e), ㅚ(oe), ㅟ(wi)	1.ㅓ의 표기를 ŏ → eo로 변경. 2.ㅡ의 표기를 ŭ → eu로 변경. 3.ㅟ(wi)를 중모음에서 단모음으로 변경.
		중모음; ㅑ(ya), ㅕ(yŏ), ㅛ(yo), ㅠ(yu), ㅒ(yae), ㅖ(ye), ㅢ(ŭi), ㅘ(wa), ㅝ(wo), ㅙ(wae), ㅞ(we), ㅟ(wi)	이중모음; ㅑ(ya), ㅕ(yeo), ㅛ(yo), ㅠ(yu), ㅒ(yae), ㅖ(ye), ㅢ(ui), ㅘ(wa), ㅝ(wo), ㅙ(wae), ㅞ(we)	1.명칭을 '중모음'에서 '이중모음'으로 변경. 2.ㅕ의 표기를 yŏ → yeo로 변경. 3.ㅢ의 표기를 ŭi → ui로 변경. 4.ㅟ(wi)를 중모음에서 단모음으로 변경.
	제1항 붙임	장모음의 표기는 따로 하지 않는다.	장모음의 표기는 따로 하지 않는다.	없음.
	제2항	자음은 다음과 같이 적는다.	자음은 다음과 같이 적는다.	

장	항목		현행	개정시안		개정내용
제3장 표기상의 유의점	제1항 음운변화가 일어날 때는 음운변화의 결과에 따라 다음과 같이 적는다.	1	자음 사이에서 동화작용이 일어나는 경우	자음 사이에서 동화 작용이 일어나는 경우		없음
		2	'ㄴ, ㄹ'이 덧나는 경우	'ㄴ, ㄹ'이 덧나는 경우		없음
		3	구개음화가 되는 경우	구개음화가 되는 경우		없음
		4	'ㄱ,ㄷ,ㅂ,ㅈ'이 'ㅎ'과 어울려 나는 경우	'ㄱ,ㄷ,ㅂ,ㅈ'이 'ㅎ'과 어울려 나는 경우		없음
		붙임	형태소가 결합할 때 나타나는 된소리는 따로 표기하지 않는다.	붙임1	단어 내부에서의 경음화는 표기에 반영하지 않는다.	현행의 붙임을 붙임1로 하고 새로 붙임2를 추가
				붙임2	인명표기에서 한자어 이름의 사이와 행정구역 표기에서 앞말과 단위명 사이에서 일어나는 음운변화는 표기에 반영하지 않는다.	
	제2항		발음상 혼동의 우려가 있을 때나 기타 분절의 필요가 있을 때는 붙임표(-)를 써서 따로 적는다.	발음상 혼동의 우려가 있을 때에는 붙임표(-)를 쓸 수 있다.		'기타 분절의 필요가 있을 때'라는 요건을 삭제함
	제3항		고유명사는 첫소리를 대명사로 적는다.	고유명사는 첫글자를 대문자로 적는다.		첫소리를 첫글자로 변경
	제4항		인명은 성과 이름의 순서로 쓰되 띄어 쓰고, 이름 사이에는 붙임표를 넣는다. 다만, 한자식의 이름이 아닌 경우에는 붙임표를 생략할 수 있다.	인명은 성과 이름의 순서로 띄어 쓴다. 한자어 이름일 경우에는 ㄱ을 원칙으로 하고 ㄴ과 ㄷ도 허용한다. ㄱ 윤숙영Yun Suk-yeong ㄴ Yun Sukyeong ㄷ Yun Suk Yeong 한하나 Han Hanna		한자어의 경우 허용 범위를 확대했다.

장	항목	현행	개정시안	개정내용
제3장 표기상의 유의점	제5항	제2항 붙임의 규정에도 불구하고 '도,시,군,구,읍,면,리,동'등의 행정 구역 단위와 '가'는 각각 'do, shi, gun, gu, ŭp, myŏn, ri, dong, ga'로 적고, 그 앞에는 붙임표를 넣는다.	'도,시,군,구,읍,면,리,동' 등의 행정 구역 단위와 '가'는 각각 'do, si, gun, gu, eup, myeon, ri, dong, ga'로 적고, 그 앞에는 붙임표를 넣는다.	모듬과 자음 표기방식이 바뀐 대로변경되고 나머지는 동일함.
	붙임	특별시, 광역시, 시, 군, 읍 등의 행정구역 단위명은 생략할 수 있다.	붙임 특별시, 광역시, 시, 군, 읍 등의 행정구역 단위명은 생략할 수 있다.	없음
	제6항	자연 지물명, 문화재명, 인공 축조물명은 붙임표 없이 붙여 쓴다.	자연 지물명, 문화재명, 인공 축조물명은 붙임표(-) 없이 붙여 쓴다.	없음
	붙임	5음절 이상일 경우에는 낱말 사이에 붙임표를 쓸 수 있다.	붙임 한글 표기에서 띄어 쓰는 말은 띄어 쓰는 단위마다 붙임표(-)를 쓸 수 있다.	'5음절 이상'이라는 규정을 수정함.
	제7항	고유 명사의 표기는 국제 관계 및 종래의 관습적 표기를 고려해서 갑자기 변경할 수 없는 것에 한하여 다음과 같이 적는 것을 허용한다. 서울 Seoul 이순신 Yi. Sun-shin 이승만 Syngman Rhee 연세 Yonsei 이화 Ewha	회사명, 인명, 단체명 등은 그동안 써 온 표기를 허용한다.	'다음과 같이 적는다'는 애매한 규정을 수정함.
	제8항	인쇄나 타자의 어려움이 있을 때에는 의미의 혼동을 초래하지 않을 경우, ŏ, ŭ, yŏ, ŭi 등의 반달표(˘)와 k′, t′, p′, ch′ 들의 어깨점(′)을 생략할 수 있다.		삭제

참고문헌

강인선(1997), 일본 로마자 표기법의 어제와 오늘, 새국어생활 7권2호.

김세중(1991), 국어의 로마자 표기 문제, 주시경 학보 제8호.

김세중(1997), 국어의 로마자 표기 실태, 새국어생활 7권2호.

김차균(1983), 우리말 로마자 표기법의 근본 문제와 그 해결 방안, 어문연구 제12호(어문연구회).

김충배(1978), 우리말 로마자 표기 문제, 언어 제3-2호(한국언어학회).

문화관광부, 국립국어연구원(1999), 〈'국어의 로마자 표기법' 개정 공개 토론회〉 발표요지.

서정수(1991), 우리말 이름의 로마자 표기에 관하여, 새국어생활 제1-1호(국립국어연구원).

송기중(1988), 북한의 로마자 표기법, 국어생활 제15호(국어연구소).

이상억(1981/1994), 국어의 로마자 표기법 문제 종합 검토, 언어와 언어학 7(외국어대 언어연구소), -「국어 표기 4법 논의」/서울대 출판부-에 재수록.

이익섭(1997), 로마자 표기법의 성격, 새국어생활 7권2호.

이현복(1979), 로마자 표기법 개정시안의 문제점, 연세대 말 제4집.

이현복(1993), 남.북한의 로마자 표기법 비교 연구, 한글 제222호(한글학회).

정희원(1997), 역대 주요 로마자 표기법 비교, 새국어생활 7권2호.

허성도(1997), 중국의 로마자 표기 실태, 새국어생활 7권2호.

III

쉽고 편리한 우리말의
문자 생활을 위하여

1. 서론

문자가 만들어지고 인간은 말 중심의 언어생활에서 문자와 말이 같이 쓰이는 언어생활로 바뀌었다. 나아가 오늘날 문자 생활은 섬섬 더 위력을 발휘해 가고 있다. 우리는 문자생활의 편리를 위하여 여러 가지 표기법 규칙을 가지고 있다.

그런데 수많은 어휘들을 어떻게 표기하는 것이 올바른지 또는 과연 올바른 표기라는 것이 존재하는 것인지 전문가조차 쉽게 결론을 내리지 못하는 경우가 허다하다. 예를 들면 '오렌지'가 맞는지 '오린지'가 맞는지, '바비큐'가 맞는지 혹은 '바베큐'가 맞는지 헷갈린다. 이것은 외래어이기 때문에 그렇다 하더라도 '없는', '사건', '효과' 등은 [엄는], [사껀], [효꽈]라고 발음하면서도 쓸 때는 다르게 쓴다.[1] '구름'이나

'하늘'처럼 소리 나는 대로 '엄는', '사껀', '효꽈'로 적으면 왜 안 되는지 정확한 답을 구하기 쉽지 않다. 여기서는 우리말과 그것을 적는 표기법의 문제에 대해서 어떻게 하면 이를 쉽게 이해하고, 편리하게 사용할 수 있는 방안이 무엇인지 살펴보기로 하겠다.

2. 본론

2.1 한글과 우리말에 대한 구별이 분명해야 한다.

너무나 상식적인 이야기이지만 문자와 말은 전혀 다르고 선후가 있다. 그러나 이러한 차이점과 그 선후를 구분하지 못하는 경우가 허다하다. 말이 우선이고 문자에 의한 표기는 거기에 따라 가야 하는 것이다. 말이란 자연스럽게 형성된 것으로 소리에 의해서 나타나는 자연 발생적인 것이다. 그런데 문자는 인위적인 것으로 시각적으로 표기된다. 치음부디 빌생된 경위와 사용 도구 및 사용 방법 등이 다르기 때문에 말과 문자는 완벽하게 대응되기 어렵다. 한글이 아무리 훌륭한 문자라 해도 완벽하게 음성언어를 표기할 수는 없는 것이다. 궁극적으로 추상적 언어가 음성으로 변환되고 그러한 음성을 완전하게 시각적으로 대치하기란 불가능하다. 왜냐하면 음성언어와 그 대상인 추상적 언어 자체가 완벽하지 않기 때문이다.[2] 추상적이고 심

---

1. [ ]는 겉으로 드러나는 발음형식, 즉 표면형을 의미한다. / /는 음운, 관념적이고 심층적인 소리를 나타낸다. ' '는 이 둘을 구분하지 않고 표기할 때 쓰는 것으로 한다.
2. 말은 음성언어라고 할 수 있다. 그런데 음성언어란 겉으로 드러나는 표면적인 음성과 관념적인 음운으로 나누어진다.

리적인 언어가 말로 전환되고 그 전환된 말이 한글이라는 문자로 표기되는 것이다. 이러한 선후관계를 명확하게 인식한다면 문자를 기준으로 해서 거꾸로 말을 규정하려는 오류를 시정할 수 있다. 간혹 말은 이미 변했는데 표기법이라는 문자에 너무 집착하여 변한 말이 잘못이라고 주장하는 경우를 간혹 볼 수 있다. 지금 변화 중에 있는 많은 경음 관련 어휘들과 장단에 관한 어휘들, 모음 관련 어휘들이 여기에 해당한다. 문자와 말에 대한 인식이 분명하지 못하기 때문에 표기법에 너무 얽매이는 오류를 범하는 것이다. 이에 대한 지식은 국어학 개론이나, 표기법 관련 서적과 음운론의 기초 서적을 읽으면 쉽게 이해하게 될 것이다.[3]

2.2 음성과 음운의 구분이 분명해야 한다.

음운론을 전공하는 사람들에게는 너무나 친숙한 이야기이지만 다른 분야의 연구자들에게는 이에 대한 구분이 쉽지않을지도 모른다. 음성은 물리적인 사실이지만 음운은 심리적인 것이다. 그런데 인간은 물리적인 음성을 듣고서 심리적인 음운으로 그것을 지각한다. 예를 들면 '가방'이라는 단어는 파동과 진동을 볼 때 물리적으로 수많은 소리가 존재할 수 있다. 그러나 우리는 그러한 무한대의 '가방'이라는 물리적 소리를 유사한 것으로 인식한다. 즉 자연의 소리는 연속적이지만 언어음은 그러한 연속적 소리를 불연속적으로, 범주적으로 인식한다. 이러한 겉으로 드러나는 연속적 자연의 소리를 음성이

---

3. 국어학 개론은 이익섭. 장소원(1994)이 참고 할 만하고, 표기법은 국어 어문규정집 (2007), 이회승외(1989)를 음운론의 기초 서적은 최명옥(2004) 등을 읽으면 이해가 될 것이다.

라 하고, 사람이 인식하는 범주적 소리를 음운이라 한다. 음운은 각각 언어마다 다르게 설정될 수 있다. 또한 한 언어권 내에서도 방언마다 다르다. 예를 들어 경상도 방언에는 성조가 있지만 서울 방언에는 성조가 없다. 영어권 화자는 유성음과 무성음이 음운으로 존재하여 그 구분에 민감하지만 국어화자는 유성음과 무성음에 민감하지 않다. 된소리는 '달, 딸'처럼 음운으로 존재하여 우리 화자에게 민감하지만, 영어권화자에게는 음성으로만 존재하기 때문에 '달'과 '딸'을 분명하게 구분하기 힘들다. 이러한 차이를 분명하게 인식하는 것은 외래어표기법이나 한글 로마자표기법에 대한 기준을 정할 때 아주 중요하다.

시중에는 많은 음운론 관련 기초서적이 있어서 참고할 수 있다. 위에 언급된 책 말고도 이기문(2000), 배주채(1996), 이진호(2005), 이문규(2004), 정연찬(1994) 등 수많은 참고문헌이 있다.

국어 교육을 할 때 음운론에 대해서 가르치는 것이 너무나 중요하다. 그러나 이러한 교육이 초등학교나 중등학교 또는 대학에서 잘 이루어지지 않고 있다. 이는 국어를 담당하는 교사에 대한 교육이 잘못되고 있다는 것을 말하고 있다.

어문규정을 교육하기에 앞서 이에 대한 기초가 되는 음운론 교육을 철저히 하여야 어릴 때부터 우리나라 말을 잘 표기하는 방법을 배울 수 있다.

2.3 외래어와 외국어를 분명하게 구분해야 한다.

얼핏 보면 너무나 당연한 이야기이지만 외래어를 취급하다보면 이에 대한 구분이 명쾌하지 않을 때가 많다. 외래어를 한국어로 명확하게 인식하는 것이 중요하다. 외래어 표기법이 너무 어렵게 된 원인도 따지고 보면 이러한 구분에 더욱 투철했다면 그렇게 복잡한 규칙을 만들지 않아도 되었을 것이다. 모든 언어는 고유어와 수많은 외래어로 이루어져 있다. 모든 언어는 다른 나라 언어와 교류하다보면 외국어가 들어와서 외래어가 된다.

외국어는 국가가 나서서 그것을 관여해야 할 특별한 이유가 없을 것이다. 그러므로 그에 대한 표기법을 마련해야 할 이유가 없는 것이다. 오히려 우리말이 있고 그것을 표기할 우리의 문자가 있는 현 시점에서 외국어는 배제하는 것이 좋은 정책일 것이다.

그러나 외국어에서 우리의 필요에 의해서 우리말로 수용된 외래어는 배척의 대상이 아니라 그 언어를 풍부하게 하는 요소 중의 하나로 소중하게 가꾸어야할 대상이다. 즉 언어를 한국어와 외국어로 구분한다면 한국어는 다시 고유어와 외래어로 구성되어 있다고 보아야 한다. 여기서 우리나라는 특히 한자어가 가장 많은 부분을 차지하기 때문에 따로 영역을 지정하여 한자어라는 범주를 설정하는 것이 보통이다. 한자어도 넓은 의미에서 외래어지만 중국에서 예전에 차용된 어휘를 한사어라는 범주로 묶고 그 외의 것을 외래어로 뎡뎡하는 것이 보통이다.[4]

2.4 한국어 표기법의 구분과 이해

우리가 가지고 있는 표기법은 '한글맞춤법, 외래어 표기법, 로마자

---

4. 국립국어연구원에서 1996년 펴낸 '새국어생활'에 특집으로 '외래어표기법'에 대한 상세한 논의를 했다. 이것을 읽으면 외래어 표기법에 대한 좋은 참고가 될 것이다.

표기법' 등이 있다. 여기서 한글맞춤법과 외래어 표기법은 우리말을 한글로 표기하는 것이고, 로마자 표기법은 우리말을 로마자로 표기하는 것이다. 앞의 두 표기가 한글을 알고 있는 우리말 사용자를 위하여 만들어진 것이라면 후자의 표기는 우리말을 로마자 방식으로 표기한 것으로 외국인을 위한 것이 목적이다. 논의의 편의를 위해 본고에서는 전자의 문제만을 가지고 논의하기로 하자.

우리말을 표기한다는 점에서 '외래어 표기법'은 사실 한글 맞춤법의 하위 규정에 속하게 될 것이다. 위에 언급한 것처럼 한국어를 어휘 분류의 관점에서 고유어와 외래어로 구분한다면 외래어는 곧 국어이기 때문에 한글 맞춤법에서 외래어 표기법은 한글 맞춤법의 일부분이 된다.

한글 맞춤법의 원리는 '표준어를 소리대로 적되 어법에 맞게 적는다'이다. 여기서 '표준어'가 무엇인지 그리고 '어법'이 무엇인지 아는 것이 한글 표기법의 핵심이다. 이 둘에 대한 분명한 규정과 이해가 한글 표기법을 올바르게 사용하는 지름길이다. 다시 말하면 외래어표기법은 표준어를 표기하는 것이기 때문에 표준어를 정확하게 이해하는 것에서부터 시작되어야 한다.

2.5 '어법에 맞게 적는다'는 것의 의미

사실 우리는 한글을 소리대로 적는 것처럼 보이지만, 어법에 맞게 적고 있다. 여기서 소리대로라는 것보다 어법에 맞는 것이 무엇인지 아는 것이 중요하다. 그것은 생성문법식으로 이야기하면 기저형이 되고, 좀 더 쉽게 이야기하면 기본형이 된다.[5] 즉 한글표기법의 원칙은 기본형대로 적는 것이 대원칙이다. 여기에 몇 가지 예외를 덧붙이면 한글 표기법의 대강을 이해할 수 있다. 예를 들면 '없는, 없이, 없고'는 각각 [엄는], [업씨], [업꼬] 등으로 소리 나지만 기본형이 '없-'이기 때문에 그것을 고정해서 적는 것이다. 또한 '바람'은 언제나 [바람]으로 소리 나기도 하지만 기본형이 '바람'이기 때문에 이 또한 기본형대로 적는 것이다. 즉 거의 모든 경우가 기본형대로 적는 것이 한글표기법의 원칙이다.

이렇게 기본형대로 표기하면 소리대로 적지 않는 불편이 있기는 하지만 사람의 심리적인 사실을 정확하게 포착하여 표기하기 때문에 누구나 쉽게 이해할 수 있고 시각적으로 고정되어 그 의미와의 일치를 확보할 수 있다. 서론에서 우리가 왜 '없는'을 [엄는]으로 적지 않는 이유를 이해할 수 있다.

2.6 국어 어휘의 기본형을 아는 것이 중요하다.

한글표기법은 소리대로 적는 것보다는 기본형대로 적기 때문에 그 기본형을 아는 것이 중요하다. 그러나 기본형은 인간의 마음속에 존재하는 심리적인 것이기 때문에 그것은 음성이 아니라 음운으로 표현된다. 이러한 기저형의 표기는 인간의 심리적 어휘부에 존재하고 겉으로 드러나는 것은 표면형으로 이러한 표면형은 다양한 음운규칙에 의해서 다르게 된다. 위에서 '없는'의 경우는 두 가지 음운

---

5. 기저형은 표준생성문법의 핵심내용이다. 표준생성문법은 어휘부의 심리적 어휘들이 규칙에 의해 표출된다고 가정된다. 여기서 심리적 어휘부의 어휘들을 기저형이라고 하고 겉으로 드러나는 음성형을 표면형이라고 한다. 기본형이란 구조주의 방식의 표면의 다양한 교체형 중에서 가장 기본이 되는 형식이라는 의미이다. 여기서는 이러한 구분을 논의하는 자리가 아니기 때문에 기저형과 기본형을 번갈아 사용할 것이다.

규칙이 적용되어 [엄는]으로 발음된다. 첫째는 자음군단순화현상이고 다음은 비음동화이다. 자음군단순화는 모음사이에 세 자음이 연속할 수 없는 국어의 음운현상 때문이고, 비음동화는 폐쇄음과 비음이 연속할 때는 뒤의 비음의 영향으로 폐쇄음이 비음으로 변경되는 현상이다.

국어에는 동화, 대치, 탈락, 첨가, 연음법칙, 중화, 자음군단순화 등의 중요한 음운현상이 있다. 이들을 상세히 이해하는 것이 국어 어휘의 기본형을 아는 중요한 방편이다. 음운규칙을 잘 아는 것도 중요하지만 사전에 등재되는 것이 대체적으로 기본형이기 때문에 사전을 숙지하는 것이 중요하다. 집안에 국어사전을 갖추는 것이 문자생활을 잘하는 기본이다. 물론 심리적 기저형과 사전에 등재되는 어휘가 모두 일치하는 것이 아니다. 근원적으로 심리적 언어를 문자로 완전하게 일치시키는 일이 여러 가지로 어렵다. 그러한 이유는 문자는 한번 정하면 고정되지만 심리적 언어는 언제나 주변의 상황에 따라 자동적으로 변하기 때문이다. 예를 들면 예전에는 '무수'라 한 것을 '무우'로 지금은 '무'로 변화가 일어나고 있다. 물론 언어는 문자의 변경보다도 더욱 빠르다. 그러므로 표기법은 언어의 변화를 따라서 변경되어야 하는 것이다.

2.7 표준어를 아는 것이 중요하다.

위에서 보았지만 '무우'인가 '무'인가는 결국 표준어가 무엇이냐에 따라 달린 것이다. 우리는 누가, 왜, 무엇을 목적으로 표준어를 정하는지 그리고 표준어를 정하는 기준은 무엇이고 그것이 무엇을 의미하는지 잘 알아야 한다. 표준어 규정에 보면 표준어는 '교양있는 사람들이 두루 쓰는 현대 서울말'로 정한다고 되어 있다. 자연의 언어는 다양한 방언으로 이루어져 있다. 그런데 이렇게 다양한 언어가 하나의 국가 안에 쓰일 때 국가의 교육이나 정책 등을 어떤 언어로 할 것인가가 중요한 문제로 떠오를 것이다. 아마도 표준어는 성문화되기 이전에 국가의 성립과 더불어 불문법적으로 사용되었을 것이다. 즉 통치자들의 언어가 곧 표준어가 되었을 것이 분명하다. 표준어는 국가의 통치를 위해, 교육을 위해, 의사소통을 위해서 필요하다. 우리나라도 일제 말에 시작하여 지금은 수정된 표준어 규정과 한글맞춤법을 가지고 있다.

2.8 '두루 쓰는 서울말'을 이해하는 것이 중요하다.

표준어 규정을 다 알지만 왜 우리는 서론에서 제기한 이상한 외래어표기법을 보게 되는 것일까? '바베큐'라고 모두 말하는데 왜 '바비큐'가 맞다고 하는 것일까? 외래어 표기법의 영어 조항에 보면 원지음을 따라 미국에서 온 단어면 미국식 발음을, 영국에서 온 단어면 영국식 발음을 따른다고 되어 있다. 그런데 'barbecue'는 미국에서 왔다고 생각해서 '바비큐'로 적는 것을 원칙으로 한다고 생각한 모양이다. 그러나 이 단어는 독일어에서 먼저 사용되었다.

그런데 무엇보다 중요한 것은 이렇게 외래어표기법의 기준을 외국어에 둔다는 것 자체가 잘못된 것이다. 왜 외래어 표기법이 필요한지, 누구를 위해서 그것이 필요한지 생각해 본다면 너무나 자명해진다. 이미 언급했듯이 외래어 표기법도 한글맞춤법의 하나이고 그것은 당연하게 우리나라 사람들을 위해 존재하는 것이다. 외래어의 기준은 한국어가 되어야 한다. 그러므로 '두루 쓰는 서울말'이 더욱 중요한 규정이 되는 것이다. 서울사람들이 많이 사용하는 언어가 무엇인가가 절대적인 기준이 되어야 한다. '오렌지', '오린지'의 문제도 마찬가지다. 어떤 발음을 서울사람들이 많이 쓰는지 그것을 따져서 표준어를 정한다면 아무런 문제가 되지 않는다. 외래어표기법 규정을 하루 빨리 바꾸어야 한다. 그리고 서울사람들이 잘 쓰지도 않는 어휘들을 용례로 들어 둘 필요가 전혀 없다. 지금 당장에 많이 사용하는 신조어들조차 표준어에 오르지 못하는데 사용하지도 않는 나라의 지명, 인명 등을 왜 올리는지 알기 어렵다. 그것은 한글 맞춤법의 대 원칙을 아직 정확하게 이해하지 못하는 사람들이 외래어표기법을 만들었기 때문에 그렇게 되었을 거이다.

 '두루 쓰는 서울말'의 규정은 표준어의 핵심 규정이다. 그러므로 이 규정에 맞게 언어 조사는 현장을 중심으로 철저하게 객관적으로 이루어져야 한다. 서울인구가 방대하기 때문에 이러한 조사는 어느 한 개인이 하기에는 부족하고 국가가 나서서 항상 관찰하고 조사를 게을리 하지 말아야 한다. 표준어를 가꾸는 것은 국가를 운영하기 위해서 필요한 것이다. 그것은 표준어가 좋거나 나쁘거나 하는 언어에 대한 가치의 문제가 아니다. 국가를 효율적으로 운영할 때 어떻게 하는 것이 좋은지가 기준이 되어야 할 것이다.

2.9 표기법은 언어의 변화에 따라 변경되어야 한다.

표기법이 언어를 따라가는 것이 정상이지만 때로는 표기법이 정상적인 언어의 변화를 방해하는 경우도 있다. 예를 들면 '효과'는 몇 년 전만 해도 거의 [효꽈]로 발음하였지만 지금은 아나운서들의 발음이 [효과]로 변경되면서 많은 사람들이 이에 영향을 받고 있다. 이는 아마도 아나운서들의 교육을 담당하는 사람들이 [효꽈]는 표준어 발음이 아니기 때문에 [효과]로 발음해야 한다고 교육한 결과로 추측해 볼 수 있다. 그런데 [사껀], [조껀], [국문꽈] 등의 문제에 이르면 그러한 교육이 어떤 근거로 했는지 알기 어렵다. 아마도 아나운서 교육을 담당하는 사람들이 글자에 따라 발음하는 것이 원칙인데 사람들이 잘못을 저지른다고 생각했을 수도 있다.

언어는 끊임없이 변한다. '에'와 '애'를 분명하게 구분하는 젊은이는 드물다. 장단도 음운의 역할을 하지 못한다. '의'나 '위', '외', '웨', '예', '애' 등의 발음이 현저하게 변했다. '계율', '계획' 등의 '계'는 모두 [개], 혹은 [게]와 같은 단모음으로 발음한다. 이처럼 기본형이 바뀌고 있다. 그러나 이러한 변화를 바로 바로 변경한다면 사람들은 혼란스러워할 것이다. 어느 선에서 이러한 변화를 바꾸어야 하는지 정확한 년도가 정해진 것은 없다. 그러나 사람들이 불편함을 심하게 느낀다면 바꾸어야 할 것이다. 예를 들어 '돐'을 '돌'로 바꾸고, '덧구두'를 제외하고 '덧신'으로 현행 맞춤법은 바꾸고 있다. 그러나 '누룽지'를 제외하고 '눌은밥'으로 정한 것은 '두루 쓰는 서울말'에 대한 규정을 현장을 통해서 조사하지 않고 관념적으로만 생각해서 결정한 것으로 볼 수밖에 없다. 언어의 변화를 항상 관찰하고 이것을 적절하게 표기법에 반영하는 것이 편리한 문자 생활의 지름길이다. 이러한 일은 개인과 국가가 동시에 노력해야 달성될 수 있는 일이다.

3. 결론

우리가 문자를 만들고 그것으로 관념적인 언어를 시각적으로 바꾸어 서로의 의사소통을 원활하게 하기 위해서 규칙을 만든 것이 한글 맞춤법이다. 언어는 자연적인 것이지만 '한글 맞춤법'은 인위적인 것이다. 또한 그것은 한글이라는 문자를 바탕으로 하고 있다. 추상적인 언어는 끊임없이 변화를 계속한다. 그러나 표기법은 한번 정하면 바꾸기 어렵다.

언어는 개개인의 마음속에서 변화를 계속하지만 표기법은 전 국민을 대상으로 하기 때문에 그것을 바꾸는 것은 혼동을 초래한다. 그러나 언어의 변화가 계속되어 표기법과 괴리가 커진다면 언어에 일치되도록 표기법을 바꾸는 것이 좋다.

표준어의 근간이 되는 서울말에 대한 세심한 관찰을 통하여 현실과 괴리가 없는 표준어를 정하는 것이 필요하다. 그것은 국가에서 책임 있게 관리해야 한다. '한글 맞춤법'을 근간으로 전 국민을 교육을 하고 공문서를 발송하고 국가 정책을 펴고, 공적인 시험을 보는 마당에 그것이 현실과 불일치할 때 느끼는 국민의 고통은 너무나 심각하다.

참고문헌

이문규(2004), 「국어 교육을 위한 현대 국어음운론」, 한국문화사.

이익섭·장소원(1994), 「국어학 개론」, 한국방송대학출판부.

이진호(2005), 「국어음운론 강의」, 삼경문화사.

이희승외(1989), 「한글맞춤법 강의」, 신구문화사.

정연찬(1994), 「한국어 음운론(개정판)」, 한국문화사.

최명옥(2004), 「국어 음운론」, 태학사.

편집부 편(2007), 「국어어문규정집(문교부 고시.문화부 공고)」, 대한교과서주
　　식회사.

편집부 편(1996), 「새국어생활 제6권 4호(겨울)」, 국립국어연구원

IV
표준어의 음운론적 기술과
표기법에 대한 연구

1. 서론

우리나라에서 시행되는 표준어정책의 '표준어'란 추상적 언어라고 할 수 있다. 표준어는 표기법의 대상이기도 하지만 표준발음법의 대상이 된다.[1] 여기서 표기법은 글자에 대한 것이고 표준발음법은 말에 대한 것이다. 말과 글, 두 가지 형식의 대상이 되는 표준어에 대한 연구는 표준어의 정의, 표준어의 대상, 표준어의 표기법, 표준어의 발음법, 표준어 정책의 필요성, 표준어 정책의 효용성, 표준어의 문법적 특징, 등등 다양한 방식으로 이루어질 수 있다. 본고의 목적은 표준

---

[1] 우리나라의 표준어 정책과 표기법의 역사에 대해서는 이기문(1963), 김민수(1973), 이익섭(1983), 박갑수(2004)를 참고. 표준발음법의 제정 과정은 이진호(2008)을 참고.

어의 소리 부분의 연구를 통하여 이상적인 표준발음법과 한글맞춤법 규정에 일조하려는데 있다. 그런데 언어란 소리만 독립적으로 존재할 수 없다. '표준어의 소리 측면을 연구한다'라는 가정 속에는 이미 표준어 규정의 제1장 총칙 제1항의 '표준어는 교양 있는 사람들이 두루 쓰는 현대 서울말'이라는 개념을 내포하고 있다. 즉 소리와 관련된 표준어의 의미와 구조, 체계, 다양한 문법 규칙 등이 관련되어 있다. 표준어의 소리에 대한 연구는 궁극적으로 한글맞춤법과 표준어규정에 대한 이론적 기반을 제공하게 될 것이다.

이상적인 한글맞춤법과 표준어발음법을 만들기 위해서는 표준어의 소리에 대한 연구가 중요하다. 한글맞춤법의 총칙 제1항은 '한글맞춤법은 표준어를 소리대로 적되, 어법에 맞도록 함을 원칙으로 한다'라고 규정되어 있다. 이 규정에서 '소리'가 의미하는 것이 무엇인지를 밝히는 것이 한글맞춤법의 원리를 파악하는데 핵심이 된다. 이익섭(1983;57)의 논의대로 한글맞춤법은 주시경 선생이 밝힌 '본음'을 표기하는 것이 원칙이고 '임시의 음'을 표기하는 것은 부차적인 것이었다. 그럼에도 불구하고 우리가 가지고 있는 한글맞춤법은 '본음'대로가 아닌 '임시의 음'을 적게 되는 경우를 많이 가지고 있다.[2] 그러한 이유는 근본적으로 소리와 문자를 완전히 일치시키는 방안을 마련하기가 어렵기 때문일 것이다.

표기법이 소리를 대상으로 할 때, 소리가 변할 때마다 맞춤법을 바꾸어야 하는 일이 발생한다. 우리는 1933년에 제정된 맞춤법 규정을 1989년에 바꾼 경험을 가지고 있다. 여기서 표기법의 대상이 소리 표준어이기도 하지만 문자 표준어도 고려해야 한다는 주장이 제

---

2. 본음과 임시의 음은 현대음운론에서 사용하는 기저형과 표면형의 개념과 유사하다.

기된다.[3)]

　그러나 한글은 본질적으로 음소문자이기 때문에 소리에서 완전히 일탈하여 표의적인 기능을 담당할 수는 없는 것이다. 본고의 논의는 맞춤법의 대상이 소리표준어인가 문자표준어인가를 논의하려는 데 초점이 있는 것이 아니지만 맞춤법의 대상은 먼저 소리표준어가 존재해야 하고 그것에 대한 소리를 어떠한 방식으로든 문자로 표시해야 한다는 주장을 하게 될 것이다. 이러한 논의는 결과적으로 소리표준어와 문자표준어의 논의에도 얼마간 보탬이 될 것이다.

　표준어는 글로도 표현되지만 말로도 표현된다. 이상적인 표준어화자라면 표준발음법을 포함한 표준어규정이 따로 필요 없을 것이다. 왜냐하면 표준어 화자가 발음하는 모든 언어가 그대로 표준어이기 때문에 그 자신이 잘 알고 발음하는 것을 따로 규정해서 또 다시 익혀야 할 필요가 없다. 그러나 그런 이상적인 화자는 현실적으로 존재하기 힘들고 방언화자나 표준어를 정확하게 모르는 사람을 위해서 표준발음법은 필요하다. 여기서 표준어의 음운론적 측면에 대한 기술이 필요하게 된다. 또한 이상적인 표순어 화자라 해도 한글맞춤법을 적용한 표준어 표기 그 자체가 바로 표준어 발음이 아니기 때문에 문자와 관련된 발음 규정이 반드시 존재해야 한다.

　표준어는 일반적으로 어휘를 지시하는 것으로 이해하는 경우도 있

---

3. 이에 대해서는 이기문(1983;10)에서의 논의가 도움이 된다. 그것을 인용하면 다음과 같다. "― 중략 ― 그러다가 개화기를 맞아 한글이 학교 교육의 매개체가 되고 교과서와 신문의 문자로 등장하게 됨에 따라 당장 시급해진 것이 표준어의 제정이었다. 이때의 표준어는 우리나라 사람들이 다 한 가지 통일된 소리로 말하라고 만든 소리표준어(spoken standard Korean)이기보다는 누구나 거기에 맞추어 통일된 방식으로 표기하도록 만든 문자표준어(written standard Korean)라는 점을 바로 인식할 필요가 있다."

다. 그 결과 표준어 정책은 결과적으로 표준어 사전의 발간으로 그 임무를 완수하는 것으로 이해되기도 한다. 그러나 한글 맞춤법이나 표준어규정을 보면 어간과 조사, 어간과 어미의 결합과 관련된 표기와 발음 규정이 다양하게 존재하는 것으로 미루어 단어 이상의 단위를 상정해야 한다. 파생과 합성과 같은 복합어 규정도 있기 때문에 형태론과 관련이 되었다고 볼 수 있다. 이러한 것을 종합할 때, 표준어란 단지 어휘만을 지시하는 것이 아니라 형태론과 통사론을 고려한 것으로 이해해야 한다.[4]

본고에서는 표준어를 우선 크게 모국어 화자의 마음속에 존재하는 추상적인 어휘부와 규칙으로 이루어진 문법, 두 부분으로 나누어 다루기로 한다. 음운론적 측면에서 어휘부는 기저형의 음소 표기로 이루어진 것으로 이해한다.[5] 음운론적 측면에서 문법을 다루는 것은 이론에 따라 복잡하다. 여기서는 단순히 기저형이 음운규칙의 적용을 받아 표면형을 도출한다는 식의 최적성이론 이전의 표준생성문법의 방식에 의지하고자 한다.[6] 국어의 음운현상은 교착어의 특성

---

4. 김선철(2004;24-39)에서는 현행 표준발음법에 대한 비판과 대안을 제시하면서 사전적 관점과 언어적 관점으로 구분하고 있다. 바람직한 대안으로 표준발음법을 폐지하고 서울말을 충실히 반영한 규범적이 아닌 기술적 사전을 발간하자고 말하고 있다. 배주채(2008;571-3)에서는 이러한 발음사전이 편찬된다고 하더라도 규칙성을 보여주는 음운현상들을 위해서 표준발음법이 필요하다고 말한다. 본고의 논의는 표준발음법이나 사전을 주제로 다루지는 않지만 기저형의 음운표시, 그러한 음운표시에 대한 문자표기, 표면형의 발음 등을 논의하면서 자연스럽게 사전의 역할과 표준발음법의 역할이 논의될 것이다.
5. 기저형이라는 의미는 어떤 어휘의 예측할 수 없는 음소를 의미한다. 그러므로 기저형의 음소표기란 의미의 중복을 가져오는 표현이다. 그러나 본고에서는 기저형의 개념을 어휘로 이해하는 사람을 위해서 기저형의 음운표시 혹은 기저형의 음운표기, 기저형의 음운론적 표기 등의 표현을 사용할 것이다.
6. 기저형은 생성음운론의 핵심적인 개념이라고 할 수 있다. 이에 대해서는 김무림.김옥영(2009;164-175)에 정리된 것을 참고하면 좋을 것이다.

에 따라 곡용과 굴절의 경우와 파생, 복합의 경우 등 형태소 결합의 과정에서 많은 음운현상이 발생한다. 이에 따라 음운규칙을 문법적 범주에 의존하는 형태음운규칙과 그렇지 않고 순전히 인접하는 음소에 영향을 받는 순수음운규칙으로 나누는 것이 편리하다.

표면형은 기저형이 음운규칙의 적용을 받아 단독으로 발화되기도 하고, 다른 문법요소와 결합된 것이 음운규칙의 적용을 받아 나타나기도 한다. 그러한 단위는 음운론적 단어를 기본으로 한다고 가정한다. 표준어의 소리와 관련된 부분은 기저형, 표면형, 음운규칙이 된다. 우리가 논의할 순서는 다음과 같다. 먼저 기저형의 음운론적 표기[7], 둘째 기저형을 어떻게 문자로 나타내는지에 대한 표준어의 문자표기, 셋째 기저형에 음운규칙이 적용되어 나타나는 표면형에 대한 표준발음법, 넷째 문자로 표기된 표준어에 대한 발음규정으로 나누어 살펴보기로 한다.

2. 기저형의 음운론적 표기

어휘부는 모국어 화자가 예측할 수 없는 요소들의 집합이다. 음운론적 측면에서만 보면 예측이 불가능한 음소들의 모임이라고 말할

---

7. 여기서 어떤 특정 어휘의 기저형을 어떻게 결정할 것인가 하는 문제는 본고의 대상이 아니다. 즉 예를 들어 '밭(田)'이라는 표기의 기저형을 /pat/로 할 것인지 /pas/로 할 것인지의 문제는 다루지 않는다. 그것을 결정하는 것은 다른 과제로 표준어 화자에 대한 어휘 조사에 의해서 결정된다. 여기서는 /pat/이든지 /pas/이든지 결정된 것을 가지고 현 상황에서 어떻게 그것을 우리나라 사람들에게 발음하고 표기하게 할 것인지를 논의하려는 것이다. 이장의 논의는 모든 기저형에 대한 음운표시를 정확하게 문자로 나타내는 문제를 다루고 있다.

수 있다. 예를 들어 어휘 '닭'의 경우에 어휘부에 저장된 소리를 발음기호로 나타내면 /talk/가 될 것이다. 이 소리는 표면형과 다르다. 표면형은 우선 한국어 음절구조 제약을 받아서 기저형에 존재하는 두 자음 중 하나가 탈락되어 [tak]이 되고 이것이 또한 1음절이 되어 [tak$]이 될 것이다.[8] 즉 기저형 /talk/는 음절구조제약과 국어 음절화 규칙의 적용을 받아 [tak$]이 된다. 기저형은 단독으로 나타나기도 하지만 단어형성과 문장형성의 결과로 더 큰 문법단위로 나타나기도 한다. 음운론적으로는 음절, 음운론적 단어나 구 등의 단위로 나타난다. 이때에는 다양한 음운규칙의 적용을 받게 된다. 기저형은 이러한 음운규칙을 통해 예측될 뿐이고 그러한 소리를 직접 들을 수는 없다. 즉 어떠한 경우에도 기저형 /talk/가 직접 들리지는 않는다. 이를 통해서 우리는 어휘부의 기저형의 음운 표시와 음운규칙이 적용된 표면형의 음운 표시가 다르다는 것을 이해할 수 있다.

본고의 논의는 표면형 [tak$]에 대해서는 표준발음법에서, 그리고 이 장에서는 기저형 /talk/의 음운 표시에 대해서 논의하기로 한다.

2.1 기저형의 표시

지금의 한글맞춤법이나 표준발음법은 표준어를 어떻게 문자로 표기할 것인가를 규정하고 표기된 문자를 어떻게 발음하느냐 하는데 그치고 있다. 즉 기저형 그 자체의 음운론적 표기에는 어떠한 규정

---

8. 여기서의 주제는 음절화와 관련된 것은 아니지만 음절화는 어휘부의 기저형이 아니라 음운부에서 일어나는 것으로 가정한다. 엄태수(1999;40-6), 신승용(2001;249-69)에서의 논의대로 어휘부에서의 음절화는 증거도 부족하고 많은 추상적 가정을 해야만 하는 부담을 가지고 있다.

도 없다.[9] 그러한 이유는 아마도 한글이 많은 부분 소리와 동일하다는 사실에서 출발해서 그렇게 되었다고 볼 수 있다. 이러한 사실은 자음의 경우에 약간의 예외를 제외하면 틀린 생각이라고 볼 수는 없다. 그러나 모음의 경우는 변화가 빨라서 단지 문자만을 표기하는 것이 완전한 것이 될 수 없다는 것을 쉽게 짐작할 수 있다.

우리는 다음의 이유로 기저형의 음운표시가 필요하다고 생각한다. 첫째, 문자와 음소가 1:1대응하지 않는다. 당연한 이야기지만 문자를 보고 바로 어휘의 소리를 알 수 있는 것은 아니다. 위에서 논의한 것처럼 자음의 경우는 대체로 일치하지만 모음은 다르다. 자음의 경우에도 예를 들면 문자 'ㅇ'의 경우에는 초성과 종성이 다르다. 한글 문자가 의미하는 기저형의 소리가 무엇인지 예측이 불가능한 경우가 많다. 많은 이중모음들도 변화가 심하다. 이들에 대한 기저형의 음운론적 표기는 한글맞춤법이나 표준어규정에 없다.[10]

둘째, 기저형은 다양한 원인으로 변화한다. 만일 기저형에 대한 음운론적 표시가 없이 문자로만 표시한다면 그 기저형의 소리는 변하고 문자표시가 그대로 될 때, 우리는 그러한 기저형이 어떤 소리를 나타내는지 알기 어렵다. 예를 들어 현대국어에서 단모음으로 발음되는 '외, 위'의 경우는 많은 변화를 겪고 있다. 그런데 이들의 표기가 변화 이전이나 이후나 동일하다면 어떤 소리를 표기하는지 알 수 없

---

9. 기저형과 표면형, 그리고 문자에 의한 표기형의 관계는 최명옥(2004; 269-280)을 참고.

10. 우리가 가지고 있는 표준국어대사전의 발음규정에는 표준발음법을 따른다고 되어 있다. 그런데 표준발음법 제4항에 한글 모음자 '외, 위'는 이중모음으로 발음할 수 있다고 되어 있다. 그러나 '외, 위'의 이중모음이 구체적으로 어떤 것인지를 명시해야 할 것이다. 예를 들어 '괴롭다'의 발음에서 '외'는 단모음 [kɛ-]로 발음하기도 한다. 변화가 심한 모음복합자들은 국제음성기호로 표기해야 객관성을 확보할 수 있을 것이다.

을 것이다.[11]

셋째, 표준어를 모르는 방언화자나 한국어를 배우고자 하는 사람들의 교육을 위해서 기저형에 대한 음운표시는 필수적이다.

2.2 기저형의 표시 방법

남광우 외(1982;23)에서 나온 방식은 표제어를 적고 그 다음에 한글을 표시하고 국제음성기호를 병기하는 방식이었다.

예) 되어 뒈어 / 뒈여 [dwejʌ]

여기서의 문제는 기저형과 표면형을 구분하지 않고, 일부 음운규칙이 적용된 몇몇 활용형을 보여주는 것으로 되어 있다. 표준국어대사전에도 몇몇 조사나 어미를 곁들여 발음을 표기하는 방식은 계속되는데 단지 국제음성기호를 사용하지 않고 표준발음법의 규정을 따라서 한글로만 발음을 표기하는 방식으로 되었다. 표준발음법에 대한 무수한 문제점에 대해서는 유재원(2001), 김선철(2004), 신지영(2006), 김봉국(2008) 등에서 여러 차례 제기되었다. 그것은 대부분 그 구성이 비체계적이고, 때로는 문자표준어를 대상으로 하고 현실 발음과 동떨어졌다는 것이었다.

표준국어대사전이 기저형과 표면형을 구분하지 않고 활용형의 발음을 표기한다는 것은 표준어를 모르는 사람이나 외국인을 위해서

---

11. 현대 표준어에 대한 모음체계에 대한 논의는 10모음체계에서부터 7모음체계까지 다양하다. 이에 대해서는 김선철(2004;26)참고.

는 필요한 일일지도 모른다. 배주채(208;571-573)에서 논의되었듯이 모든 활용형을 포함한 발음사전은 너무 방대해질 것이다. 무엇보다도 표준국어대사전의 문제는 기저형 자체의 표기가 없다는 것이다. 예를 들어 '넋'에 대한 조항을 보자.

예) 넋 [넉] 〔넋이[넉씨], 넋만[넝-]〕

여기에 세 개의 소리 표기가 나타난다. 첫째는 단독으로 발음할 때 나타나는 소리이고 나머지는 주격조사와 결합할 때, 그리고 조사와 결합할 때 나타나는 발음이다. 모두 표면형의 발음이고 기저형이 아니다. 기저형은 '너ㄱ쓰= /nəks′/'이 될 것이다. 활용이전에 추상적인 기저형 표기가 있어야만 생산적인 음운규칙에 의해서 표면형이 도출된다.

지금까지 기저형에 대한 정확한 음운론적 표시가 없었는데, 그것을 표기해야 한다면 어떻게 표기해야 할 것인가를 논의하기로 하자. 기저형의 음운론적 표기는 표준어를 완벽하게 구사하는 이상적인 표준어 화자에게는 다소 잉여적인 성격을 가지지만 이런 이상적인 화자를 찾기는 거의 불가능하고 또한 기저형을 나타내는 문자가 바로 음소와 1:1로 대응하지 않기 때문에 모든 사람을 위해 필요하다. 또한 표준어의 발음을 잘 알지 못하는 사람이나 교육적인 목적을 위해서도 필요하다.

그렇다면 그것을 어디에다 어떻게 표기하는 것이 좋을까? 모든 어휘의 기저형 표기는 너무 방대하고 변화가 심하기 때문에 어문규정으로 정하는 것은 좋지 않다. 각 음소에 대한 문자의 규정은 한글맞춤법이나 표준어규정에 하고 각 어휘 하나하나에 대한 기저형 표기는 사전에 하는 것이 좋을 것이다. 우리가 사용하는 사전은 표제어와 그 발음에 대해 한글로 되어 있다. 어휘의 음운론적 표기는 우선 한글 자모로 표기하는 방법과 국제음성기호로 로마자를 이용하는 방식이 있을 것이다. 그런데 한글 자모를 이용하는 방법은 그것이 문자를 나타내는지 소리를 나타내는지 구별하기 힘들다. 그리고 표준어를 모르는 사람을 위해서도 로마자로 나타내는 것이 좋다.[12] 그러나 모든 어휘에 표제어를 한글로 하고 다시 발음기호로 로마자를 이용한다면 발음기호와 한글이 항상 일치하는 자음의 경우는 엄청난 잉여성을 가지게 된다. 예를 들면 한글 문자 'ㄱ'은 언제나 기저형을 나타낼 때는 음소 /k/를 지시하게 되는데, 사전의 표제항에 'ㄱ'을 사용하고 다시 음운표시에 /k/를 사용한다면 불필요한 중복을 가져오게 한다. 그러므로 이렇게 표제항의 문자가 음소와 항상 일치하는 경우를 제외하는 것이 잉여성을 제거하는 것이 된다. 단지 한글문자와 음소가 1:1 대응되지 않는 경우만 표기하는 원칙을 지닌다면 많은 중복을 피하게 될 것이다. 예를 들면 '바다'의 경우는 한글의 자모와 그것이 나타내는 기저형의 음소가 언제나 1:1로 대응하기 때문에 음운론적 표기를 하지 않는 것이 좋을 것이다. 그러나 '읽'나 '읙'에 해당하는 음소가 기저형에 따라 변동하기 때문에 사전에 로마자로 그 기저형의 음소를 변화한 대로 표기하는 방식을 사용한다.

어떤 사전의 경우에는 음운론적 표기를 로마자를 이용하지 않고 오직 한글만을 이용하는 방식이 있을 것이다. '계획'의 경우에는 /계획/, 혹은 /게획/으로 표기하면 될 것인데, 변화가 심한 모음 글자에

---

12. 표준발음법은 발음에 관한 것이기 때문에 음성으로 할 수도 있다(배주채2008;573). 그러나 기저형은 겉으로 드러난 소리가 아니라 추상적인 음소의 나열이기 때문에 음성으로 들려줄 수가 없다.

대해서는 다시 그 글자가 어떤 음소를 지시하는지 여러 가지 규약이 필요하게 된다. 또한 그 사전을 이용하는 사람에게 이러한 규약을 숙지시켜야 하는 부담이 있다.

결론적으로 글자와 기저형의 음소가 일치하는 경우에는 표기하지 않고 다른 경우에만 표기하는 원칙을 표준어 사전이 가지도록 어문 규정에 명시하는 방안이 좋다.

3. 기저형의 문자표기

기저형과 표면형을 어떻게 문자로 나타낼 것인가는 표기법의 핵심 사항이다. 우리가 가지고 있는 표기법, 즉 한글맞춤법은 기저형의 음운표기가 문자로 1:1 대응되어 드러나는 경우와 그렇지 않은 경우가 있다. 소리의 변화를 반영하는 경우도 있고, 그렇지 않은 경우도 있다. 다양한 항목의 규정이 한글맞춤법에 있는데 한글 맞춤법은 그 규정과 그에 대한 표기의 방식은 원리적인 면에서 상당히 복잡하다.

한글맞춤법은 이미 1933년에 제정되어서 일반에 알려졌기 때문에 오랜 역사를 가지고 있다고 할 수 있다. 표준어 발음법을 추가하고, 몇몇 규정과 표준어를 손질하여 1989년에 새로운 한글맞춤법 규정이 오늘에 이르고 있다. 한글맞춤법의 근본 원리는 형태음소적 표기를 원칙으로 하는 것으로 규정되었다고 말할 수 있다. 그런데 이 원리를 좀 더 명확히 말하면 기저형의 모아쓰기형이라고 할 수 있다.[13] 이제

---

13. 한글맞춤법의 원리에 대한 논의는 오랜 역사를 가지고 있다. 이기문(1963157-9)에 서 음소적 원리와 형태음소적 원리를 구분해서 논의했고, 이상억(1994;3-15), 민현식(199958-69)에도 비슷한 해석이 있다. 이익섭(1992;374-384)에서는 분철(모아쓰기)

아래에서 가장 이상적인 표기법과 우리가 가지고 있는 한글맞춤법에 대해서 살펴보고 지금의 현실에서 우리가 취할 수 있는 방안을 제시하기로 하자.

어휘의 기저형과 그에 대한 표면형은 다르다. 우리는 2장에서 논의한 것처럼 어휘의 기저형에 대해 음운표기를 하지만 그것을 그대로 듣는 것이 아니다. 즉 표면형은 기저형의 단독으로 혹은 다른 기저형과의 결합에 의한 더 큰 단위로 발화된다. 이렇게 기저형이 표면형으로 전환할 때는 다양한 음운부의 규칙을 적용받는다. 예를 들어 '없는'의 경우는 기저형 /əps'+nɨn/ 에 비음동화, 자음군단순화 규칙이 적용되어 표면형 [엄는=əm\$nɨn]으로 발화되어 들리게 된다. 이들의 기저형과 표면형의 음운표시가 서로 다른데 이들 중에 어느 것을 선택해서 문자로 표기할 것인가가 표기법에서 중요하다.

우리가 가지고 있는 한글맞춤법은 대체로 표면형이 아닌 기저형을 대상으로 하여 모아쓰기 방식으로 하고 있다. 예를 들어 '없는'은 기저형을 그대로 표기한다고 할 수 있다. 그러나 불규칙 용언들이나 탈락의 경우는 그렇지 않다. 예를 들어 '짓(作)-'의 활용형 '지으니'나 '알(知)-'의 활용형 '이니'의 경우는 표면형을 적었다고 볼 수 있다. 기저형도 표면형도 아닌 경우도 있다. '가지+어'는 [가저]로 발음되지만 '가져'로 표기한다. 또한 전혀 음성과 관련이 없는 경우도 있다. 사이시옷으로 사용되는 'ㅅ'의 경우는 발음되거나 기저형으로 보기 어렵지만 역사적인 전통을 존중하여 사용하고 있다. 이처럼 현행 표기법은 하나의 기준이 아닌 여러 원칙을 가지고 있어서 복잡한 규정을 가지게

방식을 어법에 맞는 것으로 해석했다. 엄태수(2001;221-247)에서는 한글맞춤법이 5가지 표기의 원리를 가지고 있음을 상세하게 논의했다.

된 원인이 되고 배우기 어렵게 되었다.

이상적인 표기법이란 문자와 소리가 1:1 대응되어 문자를 보고 바로 소리를 예측할 수 있는 것을 말할 것이다. 한글맞춤법은 기저형의 모아쓰기 형식이기 때문에 기저형 자체를 음소에 1:1 대응하는 방식으로 표기하지 않는다. 물론 어떤 경우는 음소와 기저형이 1:1로 대응되는 것도 있지만 일관된 원칙으로 삼을 수는 없다. 엄태수(2001)에서 논의한 것처럼 우리는 표면형에 가까운 표기에서부터 기저형의 표기, 전혀 없는 소리를 표기하는 역사적 표기 등을 가지고 있다. 기저형을 그대로 문자로 표기할 수 없는 이유를 하나씩 살펴보기로 하자.

첫째, 원리적으로 한글 자체는 초성, 중성, 종성의 모아쓰기 방식이기 때문에 음소의 선조적 나열인 기저형과 원리적으로 1:1 대응될 수 없다.[14]

둘째, 'ㅇ' 글자는 초성과 종성의 두 가지 다른 기능을 가지게 되는데, 이러한 한글표기의 원칙은 기저형을 그대로 표기할 수 없게 된다.

셋째, 시간의 흐름에 따라 문자에 대응되는 음소의 변화로 기저형에 나타나는 음소를 표기할 문자와 1:1 대응되지 못하게 되었다. '외'와 '위'나 '애'와 '에' '얘'와 '예'등의 음가에 혼동이 일어나고 '의'가 지시하는 음소가 일정하지 않다.

넷째, 분절음소만을 표기하도록 되어있는 한글맞춤법의 방식은 초분절음소까지 나타나는 기저형을 표현할 수 없다. 장단, 초점, 강

---

14. 기저형의 추상적 음절화를 가정하고, 기저형의 음절과 표면형의 음절구조가 다르다는 가정을 하면 기저형대로 표기할 때 한글표기와 기저형이 아주 유사하게 된다. 그러나 표면형과 기저형의 두 가지 다른 국어의 음절구조를 사람들에게 학습시켜야 하는 부담감을 가지고 있다. 그렇다고 해도 기저형대로만 표기한다면 표준어화자의 음운론적 지식과 그러한 표기가 가장 일치한다고 볼 수 있다. 현행 표기법은 기저형대로 표기하는 것만이 아니라 좀 더 복잡한 원리를 가지고 있다.

세 등의 의미와 뉴앙스 차이를 가져오는 경우에 이를 표기할 방식이 없다.

이상의 이유로 볼 때, 현행 한글 맞춤법은 기저형 그 자체를 표기하는 것이 아니다. 다만 역사적표기와 탈락이나 삽입과 같은 표기를 제외하면 기저형에 아주 가깝게 표기하고 있다고 보아야 한다.[15] 첫 번째 이유와 두 번째 이유로 모아쓰기를 고수하는 한글 문자가 가지는 구조적 문제 때문에 한글표기와 기저형이 완전히 일치되기는 어렵지만 가장 합리적인 방안이 무엇인지 생각해보자.

세 번째 문제는 소리의 변화에 따라 문자를 변경할 수도 있는 여지를 남기고 있다. 소리의 변화에 따라 문자를 변경하지 않는다면 시간이 흘러감에 따라 문자를 보고 소리를 알기 어렵게 될 것이다. 문제가 되는 것은 기저형을 문자로 표기할 때 소리의 변화에 의해서 그에 대응되는 문자가 하나가 아니라 여럿이거나 없을 경우이다. 즉 문자와 음소가 1:1로 대응되면 기저형의 문자표기는 아무런 문제를 일으키지 않는다. 예를 들어 /pata/는 /바다/로 그대로 적으면 문제될 것이 없다. 그런데 음소 /E/에 대응되는 글자는 '애, 에'가 있다. 지금까지의 방식은 소리대로 적는 것으로 이헤히고 이들의 변화를 인정하지 않았던 것이다. 만일 모음 소리의 변화를 인정한다면 많은 경우, 한글맞춤법은 소리대로 적는 원칙을 포기하게 되기 때문이다. '예, 애' 등의 이중모음을 가지는 많은 단어들이 그 소리와 표기가 일치하지 않는다. 그러나 현실은 소리대로 적는 것으로 이해하고 있다. 예를 들어 '계획'이라는 단어는 [kEhwEk] 또는 [kEhEk]으로 발음될 것인

---

15. 모아쓰기 방식은 표면형이 음절화되어 있기 때문에 기저형과 표면형을 아우르는 한글의 표기방식은 최선의 방책이라고 말할 수 있다.

데, 이는 기저형의 음소와 그것을 지시하는 표기가 너무 동떨어져 있다. '의의'라는 표기도 [iyi], 혹은 [ii]로 발음될 것인데 표기와 발음은 전혀 달라서 기저형을 모르는 사람은 표기를 보고 기저형을 알기 어렵다.

이상적인 한글맞춤법을 정하기 전에 소리는 항상 변하고 문자는 보수성을 지닌다는 것을 마음속에 간직하고, 또한 한글의 구조가 그대로 기저형을 나타낼 수 없다는 것을 전제하는 것이 중요하다. 그러한 전제 위에 대안으로 두 가지를 생각할 수 있다. 하나는 한번 정한 표기법을 고정시키는 방안이고, 다른 하나는 문자와 소리를 1:1 대응시켜 기저형이 변할 때마다 표기법을 바꾸는 방안이다.

한번 정한 표기법을 소리가 변해도 그대로 고수하는 방안은 표기와 개념을 일치시킴으로써 오랫동안 문자정책의 안정을 가져오게 될 것이다.[16] 이러한 장점에도 불구하고 어휘의 발음을 모르는 사람은 사전에서 그 발음을 찾아야 하는 수고를 들여야 한다. 이는 순수한 표음문자의 기능을 약화시키는 문제를 발생하게 한다. 즉 차선의 방책이지 그것이 최선의 방책은 아닌 것이다. 이렇게 표기를 고정시키면 문자표준어가 될 것인데, 문자표준어는 음성언어로 표준어를 배우지 않는 사람에게는 문자표준어를 통해서 소리표준어를 상상해서 배우는 잘못된 현상이 발생하기도 한다.

소리가 변할 때마다 표기법을 바꾸는 것은 음소문자인 한글을 가

---

16. 크리스타 뒤르샤이트(2007;61,김종수역)에서는 문자의 독자성을 논의하고 있다. 구어는 연속성을 가지고 문자는 시작적인 고정성을 지니게 되므로 다르게 연구되어야 한다고 말한다. 문자로 표현되면 소리에서 멀어지지만 그 문자가 고정적으로 같은 의미를 지시하는 역할을 하게 된다는 것을 이해하는 것은 중요하다. 그러므로 문자 표기를 자주 바꾸면 혼란이 가중된다는 것도 이해할 수 있다.

진 우리에게 이상적인 것처럼 보인다. 그러나 문자를 변경하는 식으로 표기법을 바꾸는 것은 간단한 일이 아니다. 왜냐하면 한번 표기를 약속하면 수많은 사람들의 습관 속에 개념과 문자의 대응을 기억하게 될 것인데, 그것을 일시에 변경하는 것은 엄청난 혼란을 가져와 국력을 낭비하는 결과를 가져오게 된다.

이상의 두 가지 방식 모두 약간의 문제를 내포하고 있다. 필자가 생각하는 가장 바람직한 방식은 어휘에 따라 점진적으로 변경하는 방식이다. 사람들이 어떤 기저형에 나오는 소리를 전혀 사용하지 않고, 그 결과 그러한 소리를 표기하는 것이 불편하여, 자연스럽게 다른 표기로 굳어지는 과정을 용인하는 방안을 마련해 두는 것이다. 예를 들어 '돐'의 경우에 한글맞춤법이 변경되기 전에는 올바른 표기였지만 지금은 '돌'로 변경되었다. 이 경우에 'ㅅ'이 발음되지 않기 때문에 사람들이 상당기간 '돐'과 '돌'의 혼란스런 표기가 있었다. 이처럼 일정 기간 이러한 혼동을 용인하는 것이 소리와 문자를 대응시키는 자연스러운 방안이라고 생각한다. 예를 들어 '의'는 그에 대응되는 소리가 '으' 혹은 '이', '에' 등으로 나타나는데, '의사'를 '으사'로 표기해도 동의어를 만들지 않기 때문에 의미전달에 큰 무리가 없다. 이렇게 '의'에 대해서 점진적으로 소리와 대응되는 표기를 인정하는 것이 가장 이상적인 한글 표기법의 정책이라고 생각한다.

4. 표준발음법

기저형이 단독으로 발음되기도 하지만 대체로 국어의 경우는 교착어의 성질에 의해서 많은 조사와 어미가 체언어간이나 용언어간에 결합되어 어휘보다 더 큰 단위인 어절로 발음된다. 그것은 단어보다는 크고 구보다는 작지만 음운론적으로는 휴지 없이 독립되어 하나의 단위로 발음되기 때문에 음운론적 단어라고 볼 수 있다. 기저형 단독의 발음도 사실 조사가 생략되었다고 보면 하나의 음운론적 단어와 동일하다고 볼 수 있다. 이러한 음운론적 단어는 문법규칙의 적용을 받아 출력된 최종 산물이라고 이해한다면 음운론적 단어는 음운부의 다양한 음운규칙의 적용을 시작하기 위한 문법단위라고 말할 수 있다.

표준발음법이란 표준어의 발음에 대한 규정이다. 표준어란 문자로 나타난 것이 아니고 표준어 화자의 머릿속에 있는 추상적 언어이다. 어떤 표준어 화자가 표준어 단어의 기저형과 음운규칙을 알고 있다면 표면형은 자연스럽게 산출될 것이다. 예를 들면 무(無)의 의미를 지니는 기저형 '없-'과 어미 '-는'을 알고, 국어의 음운규칙인 자음군단순화와 비음동화 등을 안다면 표면형 [엄는]을 발음할 수 있다.

각 어휘의 기저형은 표준어 사전에 수록될 것이기 때문에 표준발음법에서는 표준어의 음운단위와 음운규칙만 설명하면 된다. 음운단위에 대해서는 배주채(2008;560-564)에 나와 있는 것을 참고하기로 하고 여기서는 음운규칙에 대해서 논의하기로 한다.[17)

4.1 음운규칙을 어떻게 분류할 것인가?

음운규칙의 분류는 음운론을 지배하는 이론과 관련이 있다. 이론

---

17. 배주채(2008)에서 음운단위는 다음과 같이 둘로 구분해서 논의했다. 가) 음소와 변이음 ; 모음, 자음 ,반모음에 대한 개수와 체계에 대한 규정. 나) 초분절음 ; 장단, 강세, 고저, 억양에 대한 규정.

은 항상 변하고 지금도 발전 중에 있기 때문에 음운규칙을 논쟁 없이 완전하게 분류하는 것은 어려운 일이다. 한국어 음운규칙을 분류하는데 아직 일치된 견해는 없지만 언어정책을 수립하기 위한 규범문법을 정하기 위해 학문문법에서 어느 정도 정리된 것은 수용하는 것이 바람직하다. 본고에서는 엄태수(1999)의 논의를 바탕으로 논쟁이 비교적 적은 사항을 중심으로 정리했다.

첫째, 음운규칙은 공시적인 것만을 대상으로 했다. 변화의 과정에 있는 음운규칙은 논쟁이 있기 때문에 취급하지 않았다. 예를 들면 구개음화의 경우는 그 환경을 파생으로 할 때, 비교적 예외가 적지만 형태론적으로 구개음화를 촉발하는 파생접미사가 생산적인가 하는 점이 논쟁이다. 물론 어간복합어의 경우에도 생산성에 논쟁이 많지만 일단은 명사복합의 경우는 생산적인 것으로 보고 대상으로 삼았다.

둘째, 음운규칙은 많은 음운론 개론서에서는 음운규칙을 교체, 탈락, 삽입, 축약, 도치 등으로 나누고 있으나 그러한 분류가 분류 이상의 의미를 가져오기 않기 때문에 적극적으로 수용하지 않았다. 대신에 순수하게 인접음소에 영향을 받는 음운규칙인가 아니면 형태,통시적 범주에 영향을 받는가에 따라 순수음운규칙과 형태음소규칙으로 나누었다.[18]

셋째, 음절화의 개념을 도입했다. 국어에서 자음군단순화나 연음법칙은 사실 음절화의 결과라고 볼 수 있다. 예를 들어 '사람+이'를 [사

---

18. 최명옥(2004)는 음운규칙을 형태음운규칙과 순수음운규칙으로 나누고 다시 교체, 탈락, 삽입, 축약, 도치로 분류하는 이중적인 방법을 사용하고 있다. 그러나 각 음운규칙의 구체적 배당은 본고와 약간 다르다. 가령 폐쇄음 뒤 경음화는 최명옥(2004)에서 형태음운규칙에 포함시키고 있으나 본고는 순수음운규칙에 포함하고 있다. 이에 대한 논의는 또 다른 주제가 되기 때문에 본고에서는 취급하지 않기로 한다.

라미]로 발음하는 것을 연음법칙이라고 하고, '없+고'는 자음군단순화에 의해 [업고]로 발음되는데, 둘 다 보편적 음절인 '자음+모음'을 만든 다음에 종성에 하나의 자음만을 인정하는 음절구성 과정을 겪은 결과이다. 한편 경음화와 음절화도 밀접한 관련을 가진다. '핥다'의 경우에 [할따]로 발음되는데, 이 경우는 자음군단순화를 먼저 적용하면 '할다'가 되어 '알다, 살다' 등과 동일한 구조가 되어 경음화가 발생할 수 없는 환경이 되기 때문에 경음화가 먼저 적용된 후에 자음군단순화가 적용되거나 동시에 적용되어야 한다. 이처럼 표준어의 음운규칙은 음절화 이전에 적용되거나 적어도 동시에 적용되어야 하는 경우가 존재한다. 반면에 순수음운규칙으로 분류되는 비음화는 음절화에 영향을 받지 않는다. 비음동화와 위에 언급한 경음화를 동일한 원리로 분류하기 위해서는 모든 음운규칙은 음절화 이전에 적용된다고 말하면 된다. 즉 교체, 탈락, 삽입, 축약 등의 모든 음운규칙이 적용된 후에 음절화가 이루어진다고 하면 보다 단순한 원리로 표준어의 음운규칙을 분류할 수 있다. 표준어의 음운규칙이 적용되는 순서는 다음과 같을 것이다.

〈형태음운규칙→순수음운규칙→음절화〉

음운규칙을 이렇게 분류할 때, 중화나 자음군단순화를 둘로 나누어야 하는 문제가 생긴다. 일반적으로 중화는 단독으로 음절말에서, 그리고 자음 앞에서 발생하여 형태론적 범주와 무관한 것처럼 보이지만 '옷안, 겉옷'처럼 단어 경계 앞에서도 발생한다. 그러므로 동일한 교체이지만 일반적인 중화와 단어경계 앞에서의 중화, 둘로 나눈다. 자음군단순화도 동일하다. '값없다, 닭옷' 등의 발음은 단어 경계 앞에서 앞 단어의 자음군 중에서 하나를 탈락시킨다. 이를 단어 경계 앞에서의 자음군단순화라고 말하고 일반적인 자음군단순화와 분리한다.

한편 관형사형 /ㄹ/ 뒤에서 경음화하는 현상이 있다. 그런데 이들은 음운론적 단어를 이룰 때만 발생한다. '가야할 길'을 하나의 음운론적 단어로 빨리 발음할 때는 [가야할낄]이 되어 경음화되지만 휴지를 두어 두 개의 음운론적 단어 [가야할][길]로 발음하면 경음화가 발생하지 않는다. 그러므로 [가야할낄]의 경우는 음운론적 단어형성과 동시에 경음화가 발생하거나 적어도 음운론적 단어형성이 먼저 일어나야 한다. 이제 국어의 음운과정은 다음과 같은 순서를 가진다고 가정하자.

〈음운론적 단어형성 → 형태음운규칙 → 순수음운규칙 → 음절화〉

4.2 음운규칙

4.2.1 형태음운규칙

① 단어 경계 앞 중화

    예; 옷안→[오단], 겉옷→[거돋]

② 단어 경계 앞 자음군단순화

    예; 값있다→[가빋다], 닭옷-[다곧]

③ 단어 경계 앞 /ㄴ/첨가

    예; 꽃이름→[꼰니름], 덧이→[던니]

④ 용언어간말 비음뒤 경음화

예; 감다→감따, 신다→[신따]

⑤ 용언어간말 /ㄹ/탈락

예; 알+니 →[아니], 울+는→[우는]

⑥ 용언어미 /으/탈락

예; 보+으니→[보니], 살+으면→[살면]

⑦ 용언활음화

예; 건지+어서→[건져서], 견디+어라→[견뎌라], 바꾸+어라→[바꿔라]

⑧ 용언어간 '애,에'뒤 어미 /아,어/탈락

예; 없애+어라→[없애라], 베+어라→[베라]

⑨ 용언어간말 /으/탈락

예; 크어라→[커라], 쓰+어서→서]

⑩ 관형사형어미 /ㄹ/뒤 경음화

예; 갈 사람→[갈싸람], 먹을 밥→[먹을빱]

4.2.2 순수음운규칙

① 비음화

예; 밥만→[밤만], 먹네→[멍네]

② 유음화

예; 물놀이→[물롤이],

③ 경음화

예; 국밥→[국빱], 있다→[읻따]

④ 유기음화

예;놓다→[노타], 생각하다→[생가카다]

⑤ 중화

  예;낮도→[낟도], 같다→[갇다]

4.2.3 음절화

① 자음군단순화

  없다→[업다], 닭도→[닥도]

② 연음법칙

  사람+이→[사라미]

4.3 기타의 문제

규범문법을 정하는 것은 언어정책을 펼치기 위해서다. 그런데 어떤 규칙이 변화가 심할 경우에 그것을 규범으로 정하게 되면 불편을 느끼는 사람이 많아지게 되고 규범대로 변하지 않을 경우에 심각한 혼란을 가져오게 된다. 음운현상 중에는 수의적인 현상이 상당히 존재한다. 순수히게 음운론적 측면에서 수의적인 경우도 있지만 사이시옷현상처럼 형태론적인 경우도 있다. 이러한 것들은 규범으로 정하지 말고 그것이 완전하게 굳어지면 규범으로 정하는 것이 혼란을 줄일 수 있는 방법이다. 이러한 대표적인 경우가 사이시옷현상이다. 명사복합에서 발생하는 것이 일반적이지만 어떤 구성에 들어가는지 분명한 모습을 드러내지 않는다. 많은 사람들이 예외 없이 사이시옷을 보이는 단어의 경우만을 규범으로 정하고 아직 수의적인 것은 그대로 놔두고 복수 표준어를 정하는 방안이 바람직하다고 본다. 다음의 음운현상도 순수음운규칙이지만 수의적이기 때문에 아직 규범으로 정하지 않는 것이 좋겠다.

　〈수의적 음운현상〉
　① 변자음화
　　　논만→[놈만], 듣고→[득고]
　② 후부변자음화
　　　잡고→[작고], 집까지→[직까지]
　③ 동일조음위치자음탈락
　　　먹고→[머꼬], 섞고→[서꼬]
　④ 'ㅎ'탈락
　　　좋으니-[조으니], 놓아→[노아]

　불규칙적인 현상은 기저형에 나타나지 않고 음운규칙도 없기 때문에 표면의 소리를 그대로 사전에 표시해야 한다. 표준국어대사전은 규칙적인 것뿐만 아니라 이러한 불규칙적인 모든 것을 사전에 표기하고 있다. 본고의 주장은 음운규칙에 의해서 예측되는 표준발음은 사전에 싣지 말고 불규칙적인 것만을 싣자는 주장이다.

5. 문자표기의 발음

　지금까지 표준어의 중요한 부분을 이루고 있는 기저형에 대한 음운표시와 그에 대응되는 한글표기, 그리고 기저형이 음운규칙의 적용을 받아 나타나는 표면형의 발음에 대한 것을 논의했다. 이제 한글표기를 보고 다시 발음을 어떻게 할 것인지에 대해 논의하기로 하

자. 표준발음법은 표준어휘들의 기저형을 알고, 음운규칙을 알면 누구나 올바른 발음을 유도하도록 되어 있어야 한다. 어휘들의 기저형은 사전을 통해서 익히고 음운규칙은 표준발음법을 통해서 익히면 된다. 그런데 어떤 경우는 기저형을 알아도 표면형을 알기 어려울 때가 있다. 준말의 경우에 규칙성이 없고 어휘 개별적으로 일어나는 경우가 많다.[19] 예를 들어 '걔'는 '그 아이'의 준말인데, '그'와 '아이'의 발음을 안다고 해도 '걔'의 발음을 유추할 수 있는 것은 아니다. 표제항을 선택할 때 이처럼 준말이 선택된다면 그와 함께 기저형의 문제가 제기된다. 우리가 가지는 이론은 '걔' 자체를 기저형으로 인정하지 않기 때문에 기저형은 '그'와 '아이'로 정할 수밖에 없다. 사전에서 이 표제항에 대해서 설명할 때, 이에 대한 표면형의 발음도 규정해야 한다. 기저형과 음운규칙을 알지만 준말처럼 표면형의 발음을 알 수 없을 때는 사전에 그것을 명시하고, 숫자가 많지 않기 때문에 표준발음법에도 명시하는 방안도 좋을 것이다.

한편 국어는 많은 한자어 어휘를 가지고 있다.[20] 이들에 대한 기저형의 설정은 한자를 잘 알고 있는 화자와 그렇지 않는 화자로 구분되어진다. 한자어를 잘 알지 못하는 화자는 대체로 2음절 한자어는 복합어로 인식하기보다는 하나의 단일어로 인식하지만 한자어를 잘 알고 있는 화자는 한자 하나하나를 하나의 어근으로 인식한다. 한자어의 경우에 음운규칙의 설정에도 문제가 있다. 예를 들어 '발달(發達)'은 뒤의 'ㄷ'이 경음으로 발음되는데 이는 앞 음절에 'ㄹ'이 오고 뒤에

---

19. 준말에 대해서는 송철의(2008) 참고. 준말은 두자어(頭字語), 혼효형(混淆形), 융합형(融合形)과 차이가 나는 것으로 "단어나 단어처럼 기능하는 구 차원의 어떤 형식에서 모종의 과정에 의해 음절수가 하나 이상 줄어들어 형성된 언어형식"으로 정의되었다.
20. 한자어에 대한 음운현상에 대해서는 엄태수(2007가, 나)참고.

설정음 'ㄷ,ㅅ,ㅈ'이 오는 경우에 한자어에 예외 없이 발생한다. 이들의 기저형에 대한 인식은 한자어를 아는 사람과 모르는 사람이 다르게 된다. 모르는 사람을 대상으로 사전을 편찬할 때는 이들에 대한 경음 발음을 기저형으로 사전에 명시하는 것이 옳다.

　비표준어 화자가 기저형의 음운표시도 모르고 음운규칙을 포함한 표준발음법도 알지 못할 때, 한글 표기만을 배우게 한다면 문자를 통해서 역으로 소리를 배우는 일이 발생할 것이다. 표준어의 소리에 대한 혼란은 비표준어 화자에게 표준어에 소리에 대한 철저한 교육이 이루어지지 않기 때문에 발생하는 경우가 많다. 서울말에서 장단이 신속한 속도로 사라지게 된 원인은 아마도 표준어를 문자로 배운 사람들의 영향도 클 것이다. 요즈음 방송에서 자주 듣는 것으로 한자어를 발음할 때 된소리 현상을 적용하지 않는 경우를 종종 보게 된다. 예를 들면 국법(國法)을 [국뻡]이 아닌 [국법]으로 살생(殺生)을 [살쌩]이 아닌 [살생]으로 발음하는 아나운서들이 있다. 이는 표기를 보고 그 발음을 유추한 경우이다. 그러므로 표준어를 모르는 화자를 대상으로 한글맞춤법과 표준발음법이 철저하게 교육되어야 한다.

6. 결론

　지금까지 표준어의 음운론적 측면을 표기와 관련해서 살펴보았다. 기저형은 표면형과 표준어 화자가 내재적으로 가지고 있는 음운규칙에 의해서 예측된다. 이러한 추상적인 기저형에 대한 시각적인 표시는 우리의 문자 생활에 중요한 기반을 제공하게 된다. 어휘의 기저형은 표준어 사전에 기록되면 된다. 로마자로 표기하는 방법과 한글을 이용하는 방식이 있다. 한글을 이용하는 것은 다시 그 한글이 무슨 음소를 지시하는지 규정해 두어야 한다. 한글의 음가는 변하기 때문에 문자를 사용할 때 어떤 음소를 지시하는지 명시하지 않는다면 그것을 배우는 사람들에게 혼동을 가져올 수 있다.

현행 한글맞춤법은 기저형대로 적는 것도 아니고 그렇다고 표면형대로 적는 것도 아니다. 표면형의 표기, 중간형식의 표기, 기저형의 표기, 역사적 표기 등 다양한 표기법의 원리가 내재해 있다. 사실 표기법은 음소와 1:1 대응되는 것이 가장 이상적이지만 원천적으로 소리와 문자가 철저하게 1:1 대응될 수 없을 뿐만 아니라 소리는 변하고 문자는 보수성을 가지기 때문에 소리를 기반으로 하는 한글맞춤법은 음소의 변화, 기저형의 변화, 음운규칙의 변화에 따라 적절하게 변경을 하여야 된다. 표기법의 변경은 혼란을 가져오지 않는 범위 내에서 어휘별로 순차적으로 이루어지는 것이 바람직하다.

표준어발음법은 표준어를 교육시키고, 표준어를 배우고자 하는 사람에게 필요하다. 음운단위에 대한 규정에서부터 음운규칙에 대한 규정을 두어야 한다. 음소와 필수적 음운규칙을 먼저 중요시하고 변이음과 수의적인 규칙은 보조적으로 규정하면 될 것이다.

기저형의 소리를 다 알아도 불규칙하게 표면에서 결합되어 준말이 되는 경우에 그에 대한 소리를 사전에 기록해야 한다. 또한 2음절 한자어를 분리할 수 없는 하나의 단어로 인식하는 화자에 대해서는 기저형을 다르게 기술해야 한다. 이런 화자를 위해서 사전에 표면형의 발음을 그대로에 보여주어야 한다. 물론 그들에게는 2음절 표면형의 발음이 곧 기저형이 될 것이다.

한글은 음소문자이면서 음절을 아울러 표기하고 있다. 한글의 특징은 바로 소리에 가장 가깝게 고안된 문자이다. 그러나 문자는 소리 그 자체가 아니고 시각적으로 나타난다. 또한 기저형은 음소의 나열이기 때문에 기저형과 한글표기를 완전히 일치시키는 일은 원천적으로 불가능하다. 또한 소리와 음운규칙이 변하기 때문에 우리는 문자 표준어를 고수하기 보다는 소리에 연동된 표기법이 합리적이라고 생각한다.

참고문헌

김무림·김옥영(2009), 「국어음운론」, 새문사.

김민수(1973), 「국어정책론」, 고려대학교 출판부.

김봉국(2008), 음운론적인 관점에서 본 『표준어 규정(제2부 표준발음법)』의 문제점, 「열린정신 인문학 연구」 제9집 1호, 원광대 인문학연구소. 151-174.

김선철(2004), 표준발음법의 분석과 대안, 「말소리」 제50호, 대한음성학회. 23-39.

김종수 역(2007), 「문자 언어학」, 크리스타 뒤르샤이트 지음, 유로.

남광우 외(1982), 표준국어발음사전 간행을 위한 조사연구, 「어문연구 제33호」, 한국어문교육연구회, 7-66.

민현식(1999), 「국어 정서법 연구」, 태학사.

박갑수(2004), 표준어 정책의 회고와 반성, 「새국어생활 제14권 제1호(봄)」, 5-22.

배주채(2008), 표준발음법의 이상, 「국어음운론의 체계화」, 한국문화사. 555-585.

송철의(2008), 준말에 대한 형태.음운론적 고찰, 「한국어 형태음운론적 연구」, 태학사, 85-123.

신승용(2001), 음절화의 층위, 「시학과 언어학」 제1호, 시학과 언어학회.

신지영(2006), 표준발음법에 대한 비판적 검토, 「한국어학」 30, 한국어학회. 133-158.

엄태수(1999), 「한국어의 음운규칙 연구」, 국학자료원.

엄태수(2001), 한글 맞춤법의 원리에 대한 검토, 「시학과 언어학」 제1호, 시학과 언어학회. 221-247.

엄태수(2007가), 'ㄹ'초성 한자어의 음운현상과 어휘표시, 「국제어문」 제41집, 국제어문학회, 255-281.

엄태수(2007나), 한자어의 경음화 현상과 어휘부의 어휘표시, 「새국어교육」 제77호, 한국국어교육학회, 467-488.

유재원(2001), 한국어 표준 발음법의 문제점과 개선 방향, KBS 한국어 연구 논문 통권 제52호, kbs 아나운서실 한국어연구회. 3-22.

이기문(1963), 국어표기법의 역사적 연구, 「한국연구총서」 18, 한국연구원, 서울.

이기문(1983), 한국어 표준어의 제문제, 이기문 외 「한국 어문의 제문제」, 일지사. 7-46.

이상억(1994), 「국어 표기 4법 논의」, 서울대 출판부.

이익섭(1983), 한국어 표기법의 변천과 원리, 이기문외, 「한국 어문의 제문제」, 일지사. 47-77

이익섭(1992), 「국어 표기법 연구」, 서울대 줄판부.

이진호(2008), 국어 표준발음법의 제정 과정, 「어문학」 제100집, 한국어문교육연구회.

최명옥(2004), 「국어음운론」, 태학사.

V
사이시옷 현상과
한글 맞춤법

1. 들어가기

본고는 한글 맞춤법에 규정된 사이시옷 항목의 문제점을 살펴보고 그것을 보완하고자 하는데 있다. 이를 위해서 사이시옷이 무엇이고 어떤 경우에 개입되는지를 논의한다. 나아가 이렇게 확정된 사이시옷의 개입 원리를 어떻게 한글 맞춤법에 규정하는 것이 합리적인지를 논의하고자 한다.

우선 한글 맞춤법 중 사이시옷 항목에 대한 규정을 아래에서 보기로 하자.

제30항 사이시옷은 다음과 같은 경우에 받치어 적는다.
1. 순 우리말로 된 합성어로서 앞말이 모음으로 끝난 경우
  (1) 뒷말의 첫소리가 된소리로 나는 것
     고랫재 귓밥 나룻배 나뭇가지 냇가 댓가지 뒷갈망 맷돌 머릿기름
     모깃불 못자리 바닷가 뱃길 볏가리 부싯돌 선짓국 쇳조각 아랫집
     우렁잇속 잇자국 잿더미 조갯살 찻집 쳇바퀴 킷값 핏대 햇살 혓
     바늘

  (2) 뒷말의 첫소리 'ㄴ, ㅁ' 앞에서 'ㄴ' 소리가 덧나는 것
     멧나물 아랫니 텃마당 아랫마을 뒷머리 잇몸 깻묵 냇물 빗물

  (3) 뒷말의 첫소리 모음 앞에서 'ㄴㄴ'소리가 덧나는 것
     도리깻열 뒷윷 두렛일 뒷일 뒷입맛 베갯잇 욧잇 깻잎 나뭇잎 댓잎

2. 순 우리말과 한자어로 된 합성어로서 앞말이 모음으로 끝난 경우
  (1) 뒷말의 첫소리가 된소리로 나는 것
     귓병 머릿방 뱃병 봇둑 사잣밥 샛강 아랫방 자릿세 전셋집 찻잔
     찻종 촛국 콧병 탯줄 텃세 핏기 햇수 횟가루 횟배

  (2) 뒷말의 첫소리 'ㄴ, ㅁ' 앞에서 'ㄴ' 소리가 덧나는 것
     곗날 제삿날 훗날 툇마루 양칫물

  (3) 뒷말의 첫소리 모음 앞에서 'ㄴㄴ' 소리가 덧나는 것
     가욋일 사삿일 예삿일 훗일

3. 두 음절로 된 다음 한자어
  곳간(庫間) 셋방(貰房) 숫자(數字) 찻간(車間) 툇간(退間) 횟수(回數)

위의 도표 안의 내용은 한글 맞춤법 규정 중 사이시옷에 관한 항
목이다. 위 규정의 내용을 검토해 보면 다음과 같은 여러 가지 문제
점을 지적할 수 있다. 첫째, 사이시옷은 합성어에서만 표기된다는 것
이다. 그러므로 합성어가 아닌 경우에는 어떻게 해야 하는지 알수 없
다. 예를 들어 '살어리랏다', '가잣구나', '차렷', '먹엇', '귀엣고리' 등의 사

이시옷은 위의 규정에 해당되지 않는 조항인데, 이런 사이시옷에 대해서는 표기해야 하는지 말아야 하는지 어떤 규정도 없다. 둘째, 사이시옷은 한자어 합성어에서는 6개의 예들을 제외하고는 표기하지 않는다는 것을 말한다. 여기서는 한자어의 어근 합성어와 어간 합성어를 구분하지 않고 있다. 그러한 한자어 어간합성어의 경우, 한자어에 익숙하지 않는 화자들에게는 고유어 합성어와 동일하게 인식되는데, 위의 규정은 이들 대다수 국어화자들에게 커다란 혼동을 야기하고 있다. 예를 들어 '잇병', '귓병' 등은 사이시옷을 쓰는데, 비슷한 구성인 '위병(胃病)', '화병(火病)' 등은 단지 한자어라는 이유만으로 [윋뼝], [활뼝]으로 발음하고 있음에도 불구하고 사이시옷을 쓰지 못한다는 것은 전혀 납득이 가지 않는 조처이다. 더구나 '화병(火病)'은 한글 표기만으로는 꽃병을 의미하는 화병(花瓶)으로 오해하기 쉽다. '홧병'이라고 사이시옷을 표기함으로써 이러한 혼동을 피할 수 있는데, 왜 우리의 맞춤법은 이러한 문제점을 가지고 있는가? 셋째, 앞말이 자음으로 끝난 경우에는 사이시옷을 적지 않는다는 것을 알 수 있다. 앞말이 비음이나 유음으로 끝나면서 뒷말이 평음으로 시작할 경우에(예; 눈사람/솔방울) 뒷말의 평음이 경음으로 발음되는 것은 국어에서 자연스런 음운현상이 아니다. 이런 경우에도 사이시옷과 관련이 있는데 이러한 것은 어떻게 표기하라는 규정이 없다. 넷째, 앞말이 모음으로 끝나더라도 뒷말이 된소리거나 유기음일 경우에는 사이시옷을 적지 않는다. 다섯째, 앞말이 모음으로 끝나더라도 뒷말이 비음으로 덧나지 않으면 사이시옷을 적지 않는다. 넷째와 다섯째의 문제는 사이시옷과 경음화, 또는 비음화와 겹쳐 일어날 때는 사이시옷을 표기하지 않는다는 것인데, 사이시옷이 단순히 음운론적 이유로 개입되는 것이 아니라면 이러한 규정도 다시 검토되어야 할 것이다.

　이러한 혼동은 사이시옷의 표기가 근본적으로 사이시옷이 개입하는 근본적인 원인을 살피지 않고, 결과적인 발음의 문제에서 출발했기 때문에 발생하는 것이다. '나무집'(나무로 만든 집이라는 뜻으로)과 '나뭇집'(나무를 파는 집이라는 뜻으로)에서처럼 사이시옷은 형태/의미적 문제에서 출발한다는 사실을 직시하고 여러 가지 문제점을 보완해야 한다.

2. 한글 맞춤법의 원리

　사이시옷 규정에 대해서 이해하기 위해서는 우선 한글 맞춤법이 어떤 원리 위에서 이루어져 있는가를 이해하는 것이 중요하다. 나아가 정서법이란 무엇인가를 이해하는 것이 필수적이다. 우선 정서법의 원리에 대해 간단히 생각해 보자. 정서법이란 주지하다시피 문자에 대한 규정이다. 즉 말을 문자로 표현하기 위해 정한 규칙이다. 정서법의 대상인 말을 규정하기 위해서는 언어외적인 시간과 공간에 대한 제약이 있고, 언어 내적인 제약이 있을 것이다. 한글 맞춤법은 표준어를 대상으로 하고 표준어 규정은 '교양 있는 사람이 쓰는 현대 서울말'로 되어 있다. 이는 말에 대한 언어외적인 규정이고, 언어 내적 규정으로는 '문장의 단어는 띄어 쓴다'와 같은 맞춤법 제2항과 같은 것이다.

　말은 끊임없이 변한다. 그리고 음성언어인 말을 전혀 다른 시각언어인 문자로 완벽하게 일대일 대응으로 변경한다는 것은 불가능한 일임을 이해하여야 한다. 예컨대 음소가 아닌 다양한 변이음이나 개인적인 억양, 리듬, 다양한 뉴앙스를 지니는 엑센트나 혀꼬부라지는 소리, 의성·의태어들을 자연 그대로 문자로 옮기는 것은 불가능하다. 즉 정서법이 완벽하게 되도록 노력을 해야 하지만 어쩔 수 없는 한계가 있다는 것을 이해해야 한다는 뜻이다.

다음으로 한글 맞춤법의 원리는 크게 형태음소적 원리를 따르고 있다는 것을 이해해야 한다.[1] 맞춤법 제1항 '표준어를 소리대로 적되, 어법에 맞도록 함을 원칙으로 한다'라는 의미는 형태음소적 원리를 말하는 것이다. 예를 들어 '없는'은 소리가 '엄는'으로 나는데, 소리대로 적으면 안되고 '없는'으로 적는 이유는 형태소의 기본형대로 적고, 발음은 국어화자의 자동적 음운규칙(자음군 단순화와 비음동화)에 의해서 자연적으로 유도되기 때문에 그렇게 한 것이다. 대부분의 규정은 이렇게 형태음소적 원리에 따르도록 되어 있다. 소박하게 말하면 형태음소적 원리란 형태소의 기본형을 적는다는 것이다. 사이시옷은 형태소이기 때문에 그것이 개입되는 것이 분명하다면 기본적으로 표기에 반영되는 것이 원칙일 것이다.

그런데 음운규칙에 의해서 자연스럽게 유도되더라도 그것이 기본형과 너무나 동떨어진 경우에는 소리나는 대로 적는 경우가 있다. 대표적인 경우가 탈락과 삽입의 경우다. 예를 들면 '울다'의 활용형 '우니'는 국어의 화자가 'ㄹ'탈락 음운규칙을 알고 있음에도 불구하고 기본형 '울니'로 적지 않는다. 이때의 'ㄹ'탈락은 활용이라는 범주의존적 규칙이기 때문에 어떠한 경우라도 일어나는 것이 아니어서 화자들의 기억부담이 크기 때문이다. 즉 국어의 맞춤법은 자동적 음운규칙의 경우에 형태음소적 원리를 준수한다고 볼 수 있다. 비자동적 음운규칙 중에서는 용언어간이 비음으로 끝나는 경우의 경음화처럼(감

---

1. 엄태수(2000)참고.

다, 안다, 심다) 자질변경과 같은 약간의 변화를 겪는 경우에는 형태음소적 원리를 준수한다. 그러나 탈락이나 삽입과 같이 형태소의 일부가 사라지거나 나타나는 경우에 표기에 반영한다. 나아가 불규칙적인 음운 현상은 모두 표기에 반영한다. 여기에서 규칙적인 음운현상만 소리나는 대로 적지 않는다는 사실을 알 수 있다. 우리가 표기에 반영하지 않는 소리는 예측 가능한 소리라는 점이다. 그러므로 예측이 불가능한 소리는 표기에 반영해야 하는 것이다. 더군다나 그것이 의미를 동반하는 형태소일 경우에는 필연적으로 표기에 반영해야 한다는 것은 말할 필요도 없을 것이다. 형태소의 한 부분이 예측 가능한 소리일 경우만 어법에 맞도록 표기하고 그렇지 않은 경우는 소리대로 표기한다는 것, 이것이 한글 맞춤법이 표명하는 아주 중요한 사실이다.

다음으로 우리의 '한글 맞춤법'이 사용하는 표기법의 원리는 역사적 표기이다. 예를 들면 '의'의 발음이나 사이시옷은 현실 발음으로 나타나지 않는다. '의'는 [iy]로 발음되지 않고 [으]나 [이] 혹은 [에]로 발음된다. 또한 사이시옷으로 표기된 'ㅅ'은 다른 시옷과는 달리 어떤 경우에도 [s]로 발음되는 법이 없다. 그런데도 'ㄷ'으로 표기하지 않는 것은 역사적인 사실을 존중하기 때문이다. 이러한 표기법을 역사적 표기법이라 한다. 국어의 사이시옷 표기는 기본형을 적는 형태음소적 표기와 역사적 표기를 결합한 것이다. 즉 형태음소적 원리와 역사적 표기법의 결합이라고 말할 수 있다.

3. 국어 사이시옷 현상의 원리

다음으로 위의 사이시옷에 대한 맞춤법 규정을 잘 이해하기 위해서는 우선 국어의 사이시옷 현상이 무엇인지 이해하는 것이 필수적이다. 즉 문자에 대한 규정은 그 대상이 되는 말에 대해서 이해해야 하기 때문이다. 말에 대한 사이시옷 현상을 이해하는 것이 문자에 대한 한글 맞춤법의 사이시옷 규정이 어디에 문제가 있고, 이를 어떻게 보완하는 것이 합리적인가를 알게 해 준다.

우선 표준어에서 사이시옷이 단순히 음운론적 동기로 개입되는 것인가 아니라면 어떤 이유, 예를 들면 형태/통사적 이유에 의해서 개입되는가 하는 점이 밝혀져야 할 것이다. 최근의 논의에 따르면 적어도 사이시옷이 단순한 음운론적 이유로 개입되는 것이 아니라는 것이 밝혀지고 있다.[2] 즉 사이시옷의 개입은 그 전후의 음운론적 성질과 관련된 것이 아니라는 것이다. 물론 합성어에서 주로 일어나고 합성어의 제1요소가 자음으로 끝나면서 제2요소가 모음으로 시작하는 경우에는 사이시옷이 개입하지 않는다는 음운론적 제약이 있는 점은 음운론적 요소가 어느 정도 개입된다고 볼 수 있다. 그러나 이러한 음운론적 제약은 파생과 합성과 같은 단어형성에서 종종 일어나는 일이다.

음운론적 이유가 아니라면 어떤 이유로 사이시옷이 개입하는가가 밝혀져야 할 것이다.[3] 아직 완전히 전모가 밝혀지지는 않았지만 주

---

2. 임홍빈(1981), 전철웅(1996), 김창섭(1996), 권용경(2001), 하세경(2006), 엄태수 (2006) 참고.

3. 사이시옷의 개입은 음운론적으로 확인하는 것이 일차적인 작업이다. 예를 들면 합성어를 발음할 때 기저형에 없는 제3의 요소가 표면에 나타나면 그 원인을 추적하

로 합성어에 일어나지만 다른 구성에도 일어난다는 것이고, 합성어 중에서도 규칙적인 경우와 불규칙적인 경우로 나누어야 한다는 점이 분명하다. 그리고 불규칙적인 합성어의 사이시옷은 통시적 산물로서 어휘에 고착되어 남아 있다고 생각하는 것이 합리적이다. 이들 불규칙적 합성어의 사이시옷은 어휘수가 많아서 이들이 여러 가지 유추의 모형으로 작용한다는 것도 밝혀지고 있다. 또한 한자어 어근복합어나 한자어 파생어의 경우에 나타나는 경음화는 국어 합성어의 사이시옷과는 다른 것으로 다루어야 한다는 점이다.

우선 사이시옷이 합성어에서만 나타나지 않는다는 점이다. 사이시옷이 무엇인지를 규정하기 위해서 사이시옷이 나타나는 모든 경우를 대상으로 논의하여야 할 것이다. 그런데 사이옷이 무엇인지 모르고서는 사이시옷이 나타나는 대상을 모아서 논의하기가 쉽지 않다는 점이다. 그러나 우선 합성어에서 일어나는 사이시옷과 유사하다면 일단 논의의 대상으로 삼는 것이 합리적이라고 생각한다. 아래에서 사이시옷에 대한 유형과 특징을 살펴보기로 한다.[4]

여 사이시옷이 개입했다고 결론을 내리는 방식이다. 그런데 표면에 나타나는 방식은 경음화나 'ㄴ'첨가 방식으로 나타난다. 우리의 맞춤법은 바로 이 표면의 발음 형식을 유추하여 사이시옷을 표기하도록 한 것이다. 예를 들어 [나문까지]라는 발음을 듣고 우리는 기저형이 '나무'와 '가지'라는 것을 알고 있는데, 여기에 된소리 현상이 일어난 것은 사이시옷이 개입되었다고 판단하는 방식이다. 즉 결과를 보고 원인을 추적하는 방식이다. 그러나 사이시옷이 개입되었다고 반드시 된소리나 'ㄴ'첨가가 발생해야 한다는 법은 없는 것이다. 즉 사이시옷이 개입하는 것과 음운현상이 발생하는 것은 다른 과정인 것이다. 비음운론적 이유로 사이시옷이 개입하면 그 음운론적 환경에 따라, 우리의 맞춤법 규정처럼 된소리 현상이나 비음동화만 일어나는 것이 아니라 탈락이 발생하기도 하고(앞마을, 섬마을) 'ㄷ'이 첨가되기도 하는 것이다(바다(ㄷ)아이).

4. 아래의 내용은 엄태수(2006)의 내용을 약간 수정하고 보탠 것이다.

3.1 사이시옷의 유형

사이시옷 현상이라고 언급되는 예들을 살펴볼 때 공시적 관점에서 적어도 네 가지 유형으로 크게 나누어진다는 것을 알 수 있다.[5] 기존의 논의에서 언급된 다양한 형식의 사이시옷 현상을 살펴보고 다음과 같이 분류하기로 한다.[6]

  (1) (가) 차렷, 앞으로 갓, 열중 쉬엇/ 빨리 먹어랏, 그쪽으로 가지마랏

   (나) 가잣구나, 하잣구나

   (다) 햇닷다, 살으리랏다[7]

  (2) (가) a 귀엣-고리, 눈엣-가시, 몸엣-것

    b 앞엣 사람, 뒤엣 사람, 길엣 사람, 위엣 사람, 밖엣 일, 안 엣 사람, 손엣 가방,

   (나) 앞으롯 일, 친구로부텃 편지, 서울에섯 일

---

5. 물론 이외에도 '어근(t)+명사, 접사(t)+명사, 명사/어근(t)+접사' 등의 유형이 있다. 이들은 비생산적이고 어휘수가 극히 적다. 이들은 (3)과 동일한 어휘적 사이시옷에서 유추된 것이거나 한자어와 관련된 사이시옷이다. 한자어와 관련된 것은 아래에서 논의되고 그 외는 본고에서는 다루지 않기로 한다.

6. 본고의 대상에서 제외된 것 중에는 '샛노랗다, 헛되다' 등의 접두사적이거나 '첫'처럼 관형적인 성격의 것이 있다. 이들을 제외한 이유는 예들이 극소수이고 통시적 성격이 강하여 사이시옷의 통시적 연구에 관련된 것으로 보기 때문이다. 통시적 사이시옷에 대한 문제로 눈을 돌린다면 이 외에도 더욱 세분된 분류가 필요할 것으로 본다. 본고는 단지 공시적인 연구과정에서 문제가 되는 사이시옷만을 대상으로 삼았다. 그러나 (3)의 합성명사의 경우에는 워낙 그 차지하는 어휘가 많고 아직도 공시적으로 유추의 모형으로 활동한다고 보기 때문에 본고의 대상으로 삼았다. 한편 사이시옷은 음성학적으로 /s/라고 보기 힘들다. 그것은 실제 발음에서는 /t/로 확인된다. 역사적 사실과 국어 표기법을 따라 'ㅅ'으로 표기하기도 하지만 본고에서는 간혹 /t/로도 표시할 것이다.

7. (1), (2)에 언급된 예들은 임홍빈(1981)에서 가져 왔고 몇 개는 필자가 추가 했다.

(3) (가) 윗사람, 아랫집, 바닷가-윗마을, 아랫논- 윗니, 윗옷

　　 (나) 바람소리, 된장국, 산새-물소리, 술국, 논새[8]

　　 (다) 집사람, 사막집

(4) (가) 국문과, 사회성, 마음적[9]

　　 (나) 사건, 효과

(1가, 나)는 통사적 구성으로 생산적이라는 특징을 가지고 있다. (1다)는 현대국어에서는 활발하게 쓰이지 않아서 그 생산성을 말하기 힘들다. (1)은 문장과 관련된 것으로 보인다. 이윤하(1999:76)에서는 (1가)를 강조의 의미기능을 가지는 첨사로 다룬바 있다.[10] (1가)는 명령의 종결어미 뒤에 결합되어 명령의 기능을 수행하는 특징을 가진다.

(2)는 통사적 구성의 단어화라고 이해한다. 생산성에 있어서 (2가)가 (2나)에 비해서 월등하다. 특히 (2가b)는 임홍빈(1981:11)에 언급되었듯이 현대국어에서 왕성하게 생산적으로 쓰인다. (3)은 비생산적이며 공시적으로는 생산성을 논의할 수 없다. 통시적으로 중세국어의

---

8. 제1요소가 자음으로 끝나고 제2요소가 비음이나 모음으로 시작하는 어휘의 경우에는 사이시옷이 나타나지 않는다. 예를 들어 '산노래, 산아들' 등의 어휘에 사이시옷이 나타날 환경이지만 나타나지 않는다. '이틀날'이 '이튿날'로 발음되기도 하는 것으로 보아서 예전에는 이런 환경에도 개입했을 가능성이 있으나, 현대국어에서는 사이시옷 구성에 대한 음운론적 제약으로 보는 것이 합당할 것으로 보인다.

9. 한자어 구성은 3음절일 경우에 명사(t)+어근, 어근(t)+명사로, 2음절일 경우에는 어근(t)+어근으로 분석될 수 있다. 2음절 한자어는 국어에서 분석하지 않는 경향이 높다. 한편 '수술대'처럼 'ㄹ'뒤에서 발생하는 경음화는 'ㄹ'과 설정음의 결합에 의한 경음화일 수도 있다. 규칙적인 한자어의 음운론적 경음화가 영향을 미친 것으로 본다.

10. 이윤하(1999)에서는 (1다)에 대한 언급은 없다. (1나)에 대해서는 본고와 달리 '-ㅅ구나'를 '-구(꾸)나'로 분석하고 있다. 본고는 임홍빈(1981:10)에 의거해서 '-ㅅ구나'로 분석한다. 또한 '빨리 가잣'과 같은 발화가 가능한 것으로 보아 이러한 분석이 타당하다고 본다. '구나'가 '꾸나'로 발음되는 이유도 사이시옷을 상정할 때 합리적이다. 이렇게 분석하면 청유나 평서법의 종결어미 뒤에 결합하는 사이시옷이 될 것이다.

사이시옷에서 유래한 것으로 보면 통사적 구성이 단어화 하여 어휘화된 것으로 볼 수 있을 것이다. (2)와 (3)은 제2요소인 핵이 명사로 되어 있다는 공통점을 가진다. (4)는 비생산적이며, 통사부와 무관하다. 그것의 생성은 통시적 과정을 고려한다 해도 어휘부 혹은 유추에 의해서 생성된 것으로 볼 수 있을 것이다. 또한 제2요소는 명사가 아니라 접사이거나 한자어 어근이다.

(2)는 구 구성이 어휘부에 입력되어서 발생한 것이다. 즉 통사적 구성으로는 하나의 단위가 될 수 없는 것이 어휘부에 들어오면서 사이시옷이 개입되어 단어가 된 것이다. 사이시옷이 없는 '귀에 고리'나 '앞으로 일' 전체가 단어가 되어 쓰이는 일은 없다. 사이시옷은 이러한 통사적 구성을 단어로 만드는 역할을 한다. 이를 새로운 단어를 만들기 위해 개입되는 요소라는 의미로 '형태적 사이시옷'이라고 하자. 그런데 (1)은 그 기능이 다른 것으로 보인다. '차렷', '갓'에 쓰이는 시옷은 명사형성 요소일 수 없다. 즉 단어 형성에 관여한다기보다는 문장 종결요소임이 분명하다. 그러므로 (1)은 생산적임에 틀림없지만 다른 사이시옷으로 보고자 한다. 이를 '통사적 사이시옷'이라고 하자. 이처럼 (1)과 (2)는 생산적이기는 하지만 그 기능이 다른 사이시옷이다.

(3)에 사용된 사이시옷은 많은 논의에서 언급된 전형적인 사이시옷이다. (3가)는 모음 아래에서 사이시옷이 표면에 나타나고 (3나)는 공명자음 뒤에서 뒷소리가 경음화됨으로써 사이시옷이 개입됨을 알 수 있다. (3다)는 구성에 의해 사이시옷이 개입한 것이 틀림없지만 음운론적으로 확인하기 힘들다. 이들 사이시옷은 중세국어 속격조사 사이시옷에서 유래한 것으로 보인다(김창섭 1996:11-54). 현대국어에서는 생산성을 보이지 않는다. 그런데 어떤 어휘는 시옷이 고정된 것처럼

행동하는 것을 보이는데 이는 그 어휘의 사용빈도 때문에 굳어진 것으로 보인다. 이를 '어휘적 사이시옷'이라고 하자.

(4)는 한자어에서 발생하는 경음화 현상이다. (4가)는 3음절 한자어로 국어의 파생어 현상과 유사하다. 제2요소는 접사로 취급할 수 있다. (4나)는 국어문법에서 분리 불가능하다. 이는 공시적으로 (3)과는 다른 것으로 처리하는 것이 옳다고 본다. 우선 (3)구성이 고유어와 관련된 수식관계의 합성명사임에 대하여 (4)는 전혀 다른 관계로 한자어의 어휘적 특성에 의해서 경음화 되는 것으로 보인다.[11] 그 구조는 분석할 수 없는 단일어이거나, 또는 파생어로 간주된다. (1), (2), (3)의 경우에는 사이시옷, 정확하게는 't'요소가 중간에 개입되는 것을 객관적으로 확인 할 수 있다. (2), (3)은 제2요소가 모음으로 시작할 때도 't'요소가 나타난다. (1)은 종성에 't'가 확인된다. 그러나 (4)의 경우는 다르다. 우선 제2요소가 모음으로 시작하는 경우에 어떤 흔적도 없다. 비유가 적절하지 않지만 예를 들면 '사회성'에서는 제2요소가 경음화되는데, '사회인'에서는 어떤 흔적을 볼 수 없다. 물론 '인'이 사이시옷을 유인하는 요소가 아니기 때문이라고 말할 수 있다. 문제는 모음으로 시작하는 어떠한 경우에도 흔적이 없다는 것이다. 다른 위의 예들 즉 '앞으롯일', '윗옷'에서 흔적을 보이는 것과 차이가 난다.

이러한 사실로 미루어 비록 한자어 구성도 역사적으로는 (3)구성의 사이시옷에 영향을 받았을 가능성이 많지만 공시적으로 (4)는 (3)과는 다른 성격으로 보는 것이 합리적이라고 생각한다. (4가)는 접사의 기능변화와 관련된 것으로 보인다. (4나)는 불규칙한 것으로 어두

---

11. 그러나 전세방(傳貰房), 공부방(工夫房) 등은 국어문법에서 합성어의 직접성분을 분리하면 고유어 합성어와 동일하게 취급된다. 그러므로 이러한 종류의 한자어 합성어는 본고에서 취급하는 한자어 논의에서 제외될 것이다.

경음화처럼 유추나 사회·심리적 요인이 복합적으로 개입된 것으로 보인다.

(4)를 제외하면 세 가지 종류의 사이시옷이 나타난다. 그런데 이들 사이시옷은 형식은 유사하지만 구성이나 그 기능이 다르다. 그 동일성과 차이점은 그것을 논의하는 관점에 따라 어느 것을 부각시키느냐에 따라 달라질 것이다. 사이시옷이라는 형식이 동일하기 때문에 구조나 기능이 다르지만 추상적 의미가 동일할 것이라는 가정 하에 논의를 진행할 수도 있다. 그러한 관점에 서면 이들 구성에 나타나는 사이시옷을 동일하게 강세나 초점의 의미를 부여할 수도 있을 것이다. 만일 그러한 의미를 인정한다면 형식과 의미적 측면에서 같은 것으로 다룰 수도 있을 것이다. 특히 (2)와 (3)은 수식적인 기능을 부여하거나 속격조사 '의'와 관련을 시킨다면 더욱 밀접한 관계를 지을 수 있을 것이다. 그러나 공시적인 관점에서 차이점도 크다. 세부적인 차이점을 하나씩 점검하면서 전체적인 공통점이 있는지도 파악하는 것이 사이시옷의 전모를 밝히는 길이라고 본다.

이렇게 사이시옷을 구분할 때 주의할 점이 있다. 사이시옷의 개입은 음성학적인 동기가 아니기 때문에 (3다)처럼 음성학적인 원인에 의해서 발생하는 경음화와 겹치는 부분이 있다. 예를들면 가게를 의미하는 '집'이 제2요소로 오고 무정체언이 제1요소인 경우에 대부분 사이시옷이 개입한다. '전줏집, 버드나뭇집, 빵ㅅ집' 등. 그런데 '꽃집, 옷집'의 경우에 사이시옷을 설명할 때 언급하는 경우가 없다. 즉 그것은 경음화 현상이 발생하는 것은 분명하지만 그것이 폐쇄음에서 그러한지 아니면 다른 이유에서 그런지 알 수 없기 때문이라는 전제가 깔려 있는 것이다. 그러나 위에서 보듯이 사이시옷이 명백히 음운론적인 조건에 의해서 개입되는 것이 아니라면 그러한 전제는 이미 소용이 없는 것이다. '꽃집, 옷집'은 제1요소가 용도의 의미로 쓰이고, 가게의 의미로 쓰이는 많은 '집'이 이러한 경우에 사이시옷이 개입되는 것으로 보아 사이시옷 현상이 발생할 수 있는 충분한 조건에 있는 것이다. 반대로 형태/의미적으로 사이시옷이 개입하지 말아야 할 경우에 경음화된 것만 가지고 그러한 어휘를 선택하는 잘못도 범하지 말아야 하는 것은 당연한 것이다. 예를 들어 '닭집'에서 발생하는 경음화 현상은 사이시옷에 의한 것이 아니다. 제1요소가 유정체언인 경우에 사이시옷이 개입하지 않기 때문이다. 이 경우는 폐쇄음 뒤에서 발생하는 경음화 현상이다.[12]

3.2 사이시옷의 기능과 특성

3.2.1 통사적 사이시옷과 형태적 사이시옷

(1)에서 보이는 통사적 사이시옷은 명령형 종결어미 뒤에 붙는 첨사라고 할 수 있다. 군대에서 사용되는 어휘가 많다. 명사구성을 만들지 않는다는 점에서 다른 사이시옷과 현저하게 다르다. 이때의 사이시옷 기능은 촉급하고 강한 명령의 기능을 가지는 것으로 보인다. '저리 가'와 '저리 갓'을 비교하면 전자는 단순한 명령임에 비해서 후자는 청자의 급한 행동을 요구하고, 화자의 강한 의지를 반영한 것이

---

12. 'ㄴ삽입'현상은 사이시옷과 직접적인 관련이 없다. 임홍빈(1981:6-7)에서도 언급되었듯이 사이시옷과는 달리 'ㄴ삽입'은 음운론적 조건에 의해서 그 개입이 결정된다. 즉 Kim,c.w.(1970)에 언급되었듯이 'ㄴ'은 단어 경계에서 제1요소가 자음으로 끝나고 제2요소가 이나 'y'로 시작할 때 개입한다. 이는 사이시옷이 의미적 요구에 의해서 개입되는 것과는 다른 것이다. 한편 합성어의 사이시옷과 'ㄴ삽입'에 관한 그 선후 관계와 규칙의 상실에 대해서 엄태수(1998)에 자세히 언급하였다.

다. 이에 대한 연구는 통사론과 관련된 것이다.

　명사구성으로 '차렷자세, 쉬엇자세' 등에서 사용된다. 그러나 이는 극히 예외적인 현상이다. 군대식 용어에서 빈번히 사용되면서 유추가 발생한 것으로 보인다. '갓자세, 섯자세' 등 첨사성격의 사이시옷에서 파생된 명사구성이 불가능하다. 그런데 '이리 와'라는 문장에서 '왓-소리', '저기를 보아라'에서 '보랏-말' 등이 가능하다. 이 때 핵인 '소리, 말' 등은 특정 어휘류로 제한 된 것으로 보인다. 이들 어휘는 '소리, 말, 음성' 등 정도다. 이러한 사이시옷이 합성명사와 관련이 있는지, 있다면 어떤 통시적 과정을 거쳐서 이렇게 되었는지는 앞으로 연구되어야 할 부분이다.

　한편 (2)에서 보이는 형태적 사이시옷은 구 구성을 단어로 만드는 접사(?)의 역할을 한다.[13] '의'와 대치될 수 있다는 점에서 통사적 단위로 생각될 수도 있으나 '의'는 그 구성의 내부를 더 큰 구로 확장시킬 수 있으나 이 경우의 사이시옷은 다른 요소의 개입을 불허한다. 예를 들어 '나만의 책'은 '나만의 아름다운 책'으로 확장된다. 그러나 사이시옷이 들이긴 '앞으롯 일, 나무엣 가지'는 '앞으롯 아름다운 일, 나무엣 아름다운 가지'가 불가능하다. 이는 의미적인 측면에서 단어 형성의 사이시옷은 '의'와 비슷하지만 통사적 요소가 아님을 보여준다. 또한 '의'는 굴절접사의 성격을 가져서 모든 명사구와 자유롭게 결합할 수 있지만 형태적 사이시옷은 불가능하다. 예를 들면 '나만의 소리, 나만의 가정, 나만의 경험' 등은 가능하지만 사이시옷이 개입하여 '나만ㅅ 소리, 나만ㅅ 가정, 나만ㅅ 경험' 등은 불가능하다. 이러한

---

13. (2)구성에 나타나는 사이시옷이 정확하게 어떤 성격인지 필자는 알지 못한다. 처격 조사 '에'와 관련된 명사구성은 거의 모두 사이시옷이 개입하여 그 구성이 하나의 단어와 같은 역할은 한다. 즉 생산적인 것만은 분명하다.

사실은 이 경우의 사이시옷이 구를 단어로 만드는 어떤 단어 형성 요소임을 의미한다.

그런데 (2가)와 (2나)의 경우를 보면 생산성에서 차이를 보이는 것 같다. (2가)의 경우는 아무런 제약이 없이 모든 구성에서 사이시옷이 개입할 수 있는데 비해서 (2나)의 경우는 사이시옷의 개입이 어색한 경우가 많다. (2가)와 (2나)의 생산성의 차이는 아마도 사이시옷 앞에 있는 조사의 성격에 의해서 결정되는 문제인 것으로 보인다. 처격조사 '에'와 관련된 사이시옷은 아주 생산적이다. '으로, 부터, 에서, 까지'는 어휘에 따라 잘 안 되는 경우도 있지만 '도, 마저, 조차'와 같은 조사들보다는 생산적이다. 사이시옷이 개입하는 조사들의 특징은 모두 모음으로 끝나는 것들이다. 자음으로 끝나는 조사는 사이시옷이 개입하지 않는다. 이러한 사실은 이들 조사류에 대한 음운론적 제약인 것으로 보인다. 모음으로 끝나는 경우에도 '도, 마저, 조차' 등은 잘 안 된다. 조사에 따른 의미의 관련성이 이러한 차이를 초래하는 것으로 보인다.

이들 형태적 사이시옷은 아래에 논의되는 어휘적 사이시옷과 밀접한 관련을 맺고 있는 것으로 보인다. 그러나 공시적으로 차이점도 많다. 우선 '에'와 같이 생산적인 경우가 있는 점과 그 구조가 명백히 다른 점을 들 수 있다. 의미와 기능이 어휘적 사이시옷과 유사하다고 해도 이러한 차이점으로 인해서 다른 사이시옷으로 다루어야 한다. 어휘적 사이시옷과의 관계는 앞으로 연구되어야 할 것이다.

3.2.2 어휘적 사이시옷

3.2.2.1 어휘적 사이시옷의 분류

명사구성을 논의하면서 사이시옷을 언급한 많은 연구가 있다. 이 강훈(1976) 이후의 일련의 논의(1978, 1979, 1981, 1982a, 1982b, 1984), 정국(1980), 이재인(1991), 김창섭(1996), 김인균(2002), 하세경(2006) 등에서 복합명사에 나타난 사이시옷에 대한 분류와 그 의미에 대한 해석이 있었다. 이들 합성명사에의 사이시옷 특징은 통시적인 변화가 심해서 다양한 수의성을 보인다는 것이다. 세대간, 지역간, 또는 상황에 따라서 개인도 사이시옷 개입형과 아닌 것을 수시로 선택하는 특징이 있다. 이는 합성명사의 사이시옷 현상이 여러 가지 원인에 의해서 어떤 원리와 규칙에 지배를 받는 것이 아니라 그러한 원리와 규칙을 모색해 가는 과정 중에 있다는 것을 보여준다고 하겠다. 본고는 이러한 유동적인 상황에서 확실해지는 원리를 정리하고 아직 유동적인 것을 구분하려는 목적이 있다.

김창섭(1996:40)에 정리된 현대국어의 사이시옷 양상은 다음과 같다. 우선 합성명사를 그곳에서는 다음과 같이 분류한다.

(5) (A) 병렬구성 -------손0발, 논0밭, 눈0비, 물0불

　　 (B) 관형구성 ---- (ㄱ) 비속격구성---고추0잠자리(형상표현), 쌀0밥(재료표현), 불0고기(방법.수단), 누이0동생(동격표현)
　　　　　　　　　　 (ㄴ) 속격구성 --(1) 중세국어에서 속격 '-익/의'

> 를 가지던 관계---(노루0발)
> (2) 중세국어에서 속격 '-ㅅ'을 가지던 관계---
> 봄ㅅ비(시간표현), 산ㅅ돼지(장소표현), 햇
> 빛(기원표현), 요ㅅ나라(고유명), 잠ㅅ자리(
> 용도표현)

여기서 사이시옷은 (5Bㄴ)의 (2)의 제1요소가 무정체언인 속격구조에 개입되는 것으로 밝히고 있다. 병렬구성에는 사이시옷의 개입을 허용하지 않는다. 제1요소가 재료나 형상, 수단방법, 동격, 등의 의미관계를 갖는 구조는 비속격구조로서 사이시옷이 원칙적으로 개입하지 않는다고 본다. 동격구조도 사이시옷이 개입하지 않는다. 제1요소가 유정체언인 경우에는 속격구조를 이루어도 중세국어의 영향으로 사이시옷이 개입하지 않는다. 사이시옷이 개입하는 속격구조는 제1요소가 〈장소〉, 〈시간〉, 〈기원,소유〉, 〈고유명〉, 〈용도〉의 의미관계를 갖는 것으로 말하고 있다.

이러한 파악은 병렬구성이 예외 없이 사이시옷이 나타나지 않고 관형구성에서만 나타난다는 것을 보여준다. 또한 관형구성 중에서도 속격구조와 비속격구조의 차이도 설명하고 있다. 예를 들면 '나무집-나뭇집', '고기배-고깃배'에서 발생하는 사이시옷현상의 실현과 비실현에 대해서 합리적으로 해결하는 실마리가 되고 있다. 즉 '나무집'은 '나무로 지은 집'이라는 의미로 해석되는데 이는 '나무의 집'이 될 수 없는 비속격구조로서 제1요소가 재료로 해석되기 때문이다. 반대로 '나뭇집'은 '나무를 파는 집'이라는 의미로 해석되는데, 제1요소가 용도의 의미로 해석된다. '고기배'는 '腹'의 의미로 '고깃배'는 '船'의 의미로 해석된다. 전자는 유정체언의 속격구조로서 사이시옷이 개입할

수 없는 환경이다. 후자는 '고기를 잡는 배'의 의미로 제1요소가 제
2요소의 용도로 해석된다. 여기서 한단어로 된 경우, 용도의 의미는
현대국어에서 속격구조로 이해하는데 약간의 어려움이 있지만 여러
단어로 된 용도표현의 속격구조는 가능하므로 기원적으로 동일한 속
격구조라고 말한다.

그런데 김창섭(1996)은 비속격 구조에 다양한 예외가 존재하는 것
을 인정한다.[14] 예외의 발생은 개별어휘 중심으로 설명된다. 중세국
어의 영향으로 사이시옷이 개입한 속격구조의 단어화가 발생하고 이
러한 과정에서 사이시옷이 빈번하게 사용된 장소나 시간 관련 어휘
에 사이시옷이 고착되는 현상이 발생한다고 보는 것이다. 이렇게 사
이시옷이 고착되어 단어형성에 사용된 경우에 ㅅ전치명사, ㅅ후치명
사로 부른다.[15] 이러한 연구는 이강훈(1976) 이후의 일련의 연구와 임
홍빈(1981)의 연구 등에서 본격화 되었다.[16]

속격구조의 경우는 사이시옷이 발생할 수도 있고 사이시옷이 오지
않을 수도 있다고 본다.[17] 속격구조에서는 사이시옷이 나타나지 않

---

14. 비속격 구조는 사이시옷이 오지 말아야 하는데 예외적으로 오는 경우. 김창섭(1996:
33)에서 인용함.
제1요소가 형상인 경우; 그물코ㅅ 점, 머릿돌, 코뚫소
제1요소가 재료인 경우; 판잣집, 콩ㅅ국, 김ㅅ밥, 눈ㅅ사람
제1요소가 수단.방법인 경우; 동냥ㅅ글, 눈칫밥
제1요소가 유정체언의 기원; 모깃소리, 벖집, 머슴ㅅ방, 부잣집, 할맷집
15. 이후에는 편의상 t전치/후치 명사로 부르기로 한다.
16. t전치/후치명사에 나타나는 사이시옷의 성격은 하세경(2006:46-59)의 논의처럼 어휘
자체가 가지는 성질이 아니라 그러한 어휘가 관형구성을 이룰 때 반드시 삽입되는
제3의 요소라는 의미를 지닌다. 그러한 이유는 동일한 어휘가 다른 구성이나 0전치/
후치명사들과 만날 때는 사이시옷이 나타나지 않기 때문이다.
17. 무정체언의 속격구조는 사이시옷이 와야 하는데 예외적으로 오지 않는 경우, 김창
섭(1996:35)에서 인용함.
제1요소가 시간인 경우; 가을0고치, 봄0부채, 여름0결찰서, 동지0죽, 풍년0거지

는 것이 예외적인 현상이 아니라고 말한다. 현대국어에서 속격구조는 사이시옷에 의한 것도 있지만 공시적으로 '명사+명사' 규칙에 의해서도 발생하기 때문이다. 사이시옷이 나타나는 것은 통시적 구의 단어화, 또는 중세국어 합성명사의 결과이고, 현대국어에서 생성된 것으로 보이는 사이시옷 구성은 유추적 결과라고 해석한다. 본고는 이러한 논의에 힘입어 사이시옷이 발생하는 원리를 정리하려고 한다.[18]

3.2.2.2 어휘적 사이시옷 형성원리

우선 사이시옷 현상에는 여러 가지 원리가 작용한다는 사실이 고려되어야 한다. 몇 가지 중요한 요소는 첫째, 합성명사의 구조가 병렬구조인가 수식구조인가 하는 점이다. 병렬구조의 합성명사는 예외 없이 사이시옷이 오지 않는다. 다음으로 중세국어 속격구조에 들어가는 사이시옷의 통시적 과정에서 개별적으로 어휘화된 요소들이다. 사이시옷이 전치되거나 후치되는 어휘들이 있어서 이들과 결합하는 합성명사는 예외 없이 경음화를 경험한다. 그러므로 t전치명사, t후치명사를 정리하는 것이 중요하다. t전치/후치 명사는 속격구조와 비속격 구조를 구분하는 것보다 더 큰 영향이 있다고 본다.

한편 관형구성 내에서 속격과 비속격이라는 기준은 위의 두가지 기준 즉 '병렬구성이냐 관형구성이냐, ㅅ전치/후치 명사인가 아닌가'

제1요소가 장소인 경우; 산ㅅ도깨비, 코ㅅ감기, 물ㅅ뱀, 민물ㅅ조개, 민물ㅅ도요, 들ㅅ국화,
제1요소가 기원인 경우; 장미ㅅ색, 콩ㅅ기름
제1요소가 용도인 경우; 과일ㅅ접시, 짐ㅅ수레, 화장ㅅ비누, 구두ㅅ약, 노래ㅅ방
18. 김창섭(1996)의 논의를 기본으로 삼는 이유는 지금까지 거론된 현대국어 합성명사에서의 사이시옷에 대한 형태론적 설명에서 가장 기본 골격을 이룬 것으로 보기 때문이다.

라는 기준보다 예측력이 없다고 보아야 한다. 위에서 본 예 '나무집/나뭇집'을 볼 때는 예측력이 있는 것처럼 보인다. 그러나 '콩국, 된장국'은 제1요소가 제2요소의 재료인 비속격 구조다. 이 경우에 제2요소가 경음화되어 사이시옷 현상으로 파악된다. 그런데 '국'이 제2요소로 오는 경우는 거의 예외가 없이 경음화된다. 이는 비속격 구조냐 아니냐에 민감한 것이 아니라 그것이 t전치/후치 명사인가 아닌가에 더욱 민감한 것이라고 본다. 그런데 강력한 t전치/후치 명사라도 병렬구성에서는 그 위력이 약하다. 예를 들어 '위'는 위치를 나타내는 것으로 여러 사람들에 의해서 강력한 t후치명사라고 주장되었다. '윗사람, 윗마을, 웃어른' 등에서 거의 예외가 없다. 그러나 '위아래'처럼 병렬구성에서는 사이시옷이 오지 않는다.

이러한 사실에 입각해서 다음과 같은 원리를 제시해 보자.

(6) *사이시옷 형성원리1
합성명사의 병렬구성은 사이시옷이 개입하지 않는다.

*사이시옷 형성원리2
관형구성에서의 사이시옷의 개입은 개별 어휘적으로 t전치/후치명사인가에 의해서 결정된다.

문제는 형성원리2에 나타나는 ㅅ전치/후치명사를 어떻게 결정하는가 하는 것이다. 이강훈(1976, 1977, 1978, 1979)과 임홍빈(1981)에서는 사이시옷이 단어에 고착화된 것의 목록을 나열하고 있다. 예를 들어 '가지(나무-, 대-, 버들-), 고기(물-, 민물-, 강-) 등이다. 특히 임홍빈(1981)에는 100여개의 어휘가 t전치/후치 명사로 등재되어 있다. 그런데 여기에는 한자어어와 관련된 어휘도 다수 포함되어 있다. 한자어는 다른 것으로 보는 본고의 입장에서는 이들을 다시 분류해야 하고, 무엇보다도 이전의 논의들에서 t전치/후치명사의 개념이 분명하지 않았다. 지금까지는 빈도수에 의존해서 이들을 정의했다. 그러나 빈도수란 사실 애매한 기준이다. 어느 정도 많아야 전치나 후치명사가 될 수 있는지 아무런 규정이 없다. 예를들어 '가운데-'의 경우와 '-고기'의 경우를 비교해 보자. '가운데-'의 경우는 어휘수가 몇 개 되지 않지만 예외없이 사이시옷현상이 발생한다. 그러나 '-고기'의 경우는 '개고기', '소고기'처럼 사이시옷이 개입하지 않는 경우도 있는 것이다. 그런데 '-고기'는 전치명사로 등재되어 있지만 '가운데-'는 아무도 후치명사로 등재하지 않았다. 이러한 사실에 입각해서 본고는 다음과 같은 원칙을 제안하고자 한다.

(7) 사이시옷 전치/후치 명사를 결정하는 원칙[19] : 다음 조건1,2,3 중에서 하나 이상을 만족시키는 어휘는 t전치/후치 명사이다.

   *조건1. 제1요소가 무정체언인 속격구성 속에서 일관되게 사이

---

19. 이 원리에 유추해서 동일하게 0전치/후치명사 결정원칙도 다음과 같이 자연스럽게 결정된다. 0전치/후치명사는 일관되게 사이시옷 현상이 나타나지 않는 어휘를 말한다. 그런데 위에서 언급한 t전치/후치명사의 경우와 무정체언의 속격구조를 제외하고는 국어의 합성명사에서는 사이시옷이 나타나지 않는 것이 일반적인 현상이다. 그러므로 사이시옷이 나타나지 않는다고 모두 0전치/후치로 결정하는 것은 문법이 제약적이어야 한다는 기본적 성격에 어긋나는 것이다. 그러나 속격구조인데도 사이시옷현상을 보이지 않는다면 이는 특이한 것으로 0전치/후치명사를 정하는 것이 바람직하다. 그러므로 다음 조건에 의해서만 0전치/후치명사를 결정하도록 한다. 조건: 비속격구성에서 사이시옷 현상을 보이지 않으면서 속격구성에서도 사이시옷 현상이 현저히 보이지 않으면 0전치/후치명사이다.

시옷 현상을 보인다.

*조건2. 속격구성에서도 사이시옷 현상을 보이면서도 비속격구
성에서도 사이시옷 현상을 보인다.

*조건3. 비속격구조에서 일관되게 사이시옷 현상을 보인다.

조건1은 그 어휘가 제1요소로 들어가는 모든 명사구성에 예외없이 사이시옷 현상을 보이는 어휘를 말한다. 조건2는 속격구성에서 사이시옷이 쓰이기도 하고, 예외적으로 쓰이지 않기도 하지만 비속격구성에 들어간다는 조건이 중요하다. 조건1만을 만족시키는 어휘가 있고, 조건2, 3만을 만족시키는 어휘가 있다. 그런데 조건1을 만족시키고 또한 비속격구성에서도 사이시옷이 들어가는 어휘도 있을 수 있다. 그래서 조건1과 조건2, 3을 놓고 하나 이상의 조건을 만족시킨다면 t 전치/후치명사로 인정하는 것이다.

이제 위의 원리에 따라 ‘위-’와 ‘-국’에 대해서 어떻게 전치/후치명사가 결정될 것인지를 논의해 보자. 두 어휘 다 기존의 논의에서는 강력한 t전치/후치명사로 결정되었나. 그런데 ‘위-’와 ‘-국’은 성격이 약간 다르다. ‘위-’는 위치를 나타내는 전치명사로만 쓰이는데, 속격구조에서는 예외 없이 사이시옷 현상을 보인다. 그러나 관형 구성에서 ‘위-’로 시작되는 비속격구조의 합성명사를 찾기 힘들다. 이는 ‘위-’의 의미특성 때문으로 보인다. ‘위-, 뒤-, 아래-’ 등의 위치나 장소관련 어휘들에서 이런 현상을 보인다. ‘-국’의 경우는 ‘된장국, 감자국, 시레기국’처럼 제1요소가 재료인 비속격 구조에서 사이시옷 현상이 예외 없이 나타난다. ‘위’는 조건1에 의해서 후치명사로 결정된 것이다. ‘국’은 조건3에 의해서 전치명사로 결정된다. 그런데 일정한 환경에서 어휘가 독립된 단어에서 점차 접사적 성격으로 바뀌는 것이 있다. 아마 ‘국’

도 그러한 것 중의 하나라고 생각된다.[20] 그러나 '국'은 아직도 독립적
으로 쓰이고, 의미도 변화가 없기 때문에 접사는 아니라고 생각된다.

이제 이러한 기준에 의해서 많은 t전치/후치명사가 결정될 것이다.
그런데 이들에는 또한 예외처럼 보이는 어휘가 발견된다.

   (8) -살; 주름ㅅ살, 눈ㅅ살, 비곗살, 엉덩잇살, 고갯살, 홍두갯살
      -가게; 담뱃가게, 만홧가게, 쌀t가게, 연탄t가게, 비디오t가게, 빵
        t가게

위의 예에서 '-살, -가게'는 많은 어휘에서 사이시옷을 경험하는 t전
치명사다. 그런데 '가슴살', '구멍가게'에서는 사이시옷이 들어가지 않
는다고 말하는 화자도 있다. 이는 진정한 예외라기보다는 설명이 가
능한 예외다. 이들이 경음화가 나타나지 않는 이유는 0후치명사의 영
향 때문이다. '가슴살'에서 '가슴'은 '가슴둘레, 가슴관, 가슴걸이, 가슴
지느러미' 등에서 보듯이 0후치명사로 인정된다. 또한 '구멍가게'의 경
우도, '구멍동서, 구멍새, 구멍서방, 구멍벌'처럼 0후치명사다. 이렇듯
이 t전치/후치명사가 0전치/후치가 만날 때는 그 강도에 따라 다른 것

---

20. 김창섭(1996:7-10)에서 자립성이 없으면서 특수한 의미를 가진채, 어기의 앞이나 뒤
에 오면서 약간의 분리성을 갖는 것으로 단어에서 접사로 가는 과정 중에 있는 '단
어형성 전용요소'를 설정한 바 있다. 그러나 '단어형성 전용요소'는 본고에서는 파생
접사와 명사로 구분해서 논의하려고 한다. 의미적으로 원래의 명사와 관련이 있어
서 다의어로 처리될 경우는 명사로 보고, 그렇지 않고 의미와의 관련성을 찾을 수
없고 전혀 다른 의미와 기능을 가진다면 접사로 처리하고자 한다. 김인균(2002:23)
에서 '첩'의 의미로 쓰이는 '서울집, 부산집'에서의 '집'은 파생접사로, 조그만 것을 넣
을 수 있는 주머니의 뜻으로 쓰이는 '대팻집, 안경집'등에서의 '집'은 명사로 분류한
바가 있다. 본고는 이를 따르는 것이다. 이렇게 분류된 사이시옷 관련 접사는 그 기
저형 자체에 경음을 가진 것으로 처리한다. 그러나 명사로 처리된 경우는 제3의 t가
개입하는 것으로 본다.

의 영향을 받는다고 해야 한다. 위의 가슴살/구멍가게의 경우에는 0 후치명사가 t전치명사를 이기고 사이시옷이 개입하지 않는 쪽으로 결정되지만 만일 '-살'이나 '-가게'의 강도가 강하다고 느끼는 화자는 '가슴ㅅ살', '구멍ㅅ가게'로 사이시옷이 들어가는 쪽으로 결정할 것이다. 즉 전치와 후치의 결정은 유동적인 경우가 많다. 우선 t전치/후치명사와 0전치/후치명사를 결정하고 어떤 어휘가 더 지배적인지에 대한 순위는 세부적인 논의를 통해서 결정되어야 한다. 다음은 필자가 위의 원리에 의해서 수집한 ㅅ전치/후치명사와 0전치/후치명사의 목록이다. 물론 완벽한 것은 아니고 앞으로 수정 보완되어야 할 것이다.

(9) (가) t전치명사

+가(바닷가, 냇가), +가게(담뱃가게, 만홧가게), +가락(손t가락, 발t가락), +가루(밀t가루, 콩t가루), +가마리(맷가마리, 상t가마리), +가지1(나뭇가지, 댓가지), +가지2(물건가지, 담뱃가지), +감(일t감, 장난t감), +값(술t값, 나뭇값), +개(물t개, 똥t개), +개비(성냥t개비, 나뭇개비), +거리(걱정t거리, 구경t거리), +거플(눈t거플, 쌍t거플), +겁질²¹⁾(사과t겁질, 조개t겁질), +것(애깃것, 자깃것), +결(잠결, 꿈결), +고개(산고개, 바윗고개), , +고기(물t고기, 바닷고기), +골1(산골, 바윗골), +골2(등골, 머릿골), +구멍(귓구멍, 바람t구멍), +구석(방구석, 마음구석), +국(김칫국, 된장t국), +기둥(문t기둥, 방t기둥), +기슭(산ㅅ기슭, 눈ㅅ기슭), +길(고갯길, 들t길), +날1(동짓날, 단옷날), +날2(대팻날, 콧날), +내

---

21. '겁질'로 발음하는 화자는 기저형이 '겁질'이므로 사이시옷 개입이 아니고 전치명사도 아니다.

(연깃내, 치줏내), +노래(교횟노래, 잔칫노래), +님(교숫님, 아웃님), +다리(책상t다리, 한강t다리), +단(나뭇단, 배춧단), +달(동짓달, 초승t달), +대중(눈t대중, 손t대중), +댁(부인t댁, 양반t댁), +독(돈t독, 손t독), +돈(쌈짓돈, 꾸레밋돈), +돌(다듬잇돌, 이맛돌), +등(손t등, 콧등), +말1(나랏말, 프랑스ㅅ말), +말2(팻말, 뒷말), +밤(시골밤, 겨울밤), +물(수돗물, 냇물), +바닥(길바닥, 손바닥), +바람(어깻바람, 치맛바람), +발(깃발, 서릿발), +밥(제삿밥, 삼층t밥), +방(머슴t방, 손님t방), +방망이(야굿방망이, 빨랫방망이), +방울(빗방울, 물t방울), +배(거룻배, 나룻배), +버릇(손t버릇, 술t버릇), +벌레(일벌레, 좀벌레), +법(소송t법, 일반t법), +병1(피붓병, 정신병), +병2(소줏병, 대듯병), +보(상t보, 테이블t보), +불(촛불, 담뱃불), +빛(주황빛, 햇빛), +살(주름t살, 눈t살), +상(잔칫상, 제사t상), +소(코뿔소, 하늘소),+소리(모깃소리, 노랫소리), +속(마음속, 눈속), +송이(눈t송이, 밤t송이), +잎(나뭇잎, 깻잎), +자락(소맷자락, 치맛자락), +자리[22](잠t자리, 일t자리), +잔(술t잔, 찻잔), +재(담뱃재, 연탄t재), +재간(손t재간, 글t재간), +점(그불코ㅅ점, 총t섬),+조각(유리t조각, 쇳조각), +죄(살인죄, 수뤗죄), +짐(이삿짐, 뱃짐), 집[23](빵t집, 교숫집), +

---

22. '전갈자리, 가시오피자리' 등에서 나타나는 '자리'는 '0자리'인데, 이는 합성명사에서만 나타나고 '별자리'라는 의미로만 쓰인다(김창섭1996:25).

23. 김창섭(1996:19각주설명)에서는 '집'을 다양하게 세분해서 설명하고 있다. 특히 '교숫집'과 '가난뱅이집'을 비교하면서 전자는 제1요소가 지위를 나타내는 의미가 있기 때문에 사이시옷이 들어가고 후자는 그렇지 않기 때문에 안들어 간다고 설명한다. 그러한 의미론적 제약을 가한다면 다른 종류의 집으로 분류해야 할 것이다. 본고는 하나로 통합하고 사이시옷이 안 들어간 '가난뱅이집'의 경우는 '가난뱅이0'이라는 후치명사로 처리하여 설명하고자 한다.

짓(손짓, 고갯짓)

(나) t후치명사

가운데+(가운뎃고기, 가운뎃소리), 가을+(가을t바람, 가을t산)[24], 고기+(고깃배, 고깃덩어리), 담배+(담뱃불, 담뱃진), 동냥+(동냥t글, 동냥t중), 산+(산t사람, 산t바람), 강+(강t달, 강t바람), 개+(갯가제, 갯다슬기), 겨울+(겨울t밤, 겨울t고기), 계+(곗돈, 곗날), 고기+(고깃배, 고깃가게), 공기+(공기t밥, 공기t방울), 공+(공t돈, 공t집), 공부+(공붓방, 공붓벌레), 구두+(구둣주걱, 구둣발), 귀+(귓볼, 귓등), 길+(길t바닥, 길동무), 김치+(김칫독, 김칫밥), 나무+(나뭇가지, 나뭇배), 논+(논사람, 논두렁), 눈+(눈사람, 눈바람), 담배+(담뱃불, 담뱃잎), 뒤+(뒷골목, 뒷날), 들+(들t개 들t장미), 땅+(땅집, 땅벌레), 머리+(머릿기사, 머릿소리), 모기+(모깃불, 모깃소리), 물+(물t고기, 물t개), 바다+(바닷새, 바닷고기), 밤+(밤t손님, 밤짐t승), 방+(방t구들, 방t바닥), 병+(병t조각, 병t술), 봄+(봄t비, 봄t소식), 사이+(사잇소리, 사잇길), 산+(산t돼지, 산t새), 손+(손t등, 손t재수), 술+(술t그릇, 술t병), 아래+(아랫마을, 아랫사람), 아침+(아침t밥, 아침t잠), 어제+(어젯일, 어젯저녁), 여름+(여름t방학, 여름t수영), 오늘+(오늘t밤, 오늘t저녁), 오후+(오후ㅅ반, 오훗시간), 위+(윗돈, 윗사람),

---

24. 봄, 가을, 겨울, 여름 등 계절이나, 산, 바다, 동해, 남해 등을 지시하는 명사는 대부분 사이시옷을 강하게 요구하는 후치명사가 된다. 그런데 이들 어휘들의 의미특징이 시간과 장소이지만 시간과 장소를 지시하는 모든 어휘가 이러한 특징을 가지는 것은 아니다. 이들 어휘는 오랫동안 우리가 사용한 역사적 사실과 밀접한 관계가 있을 것이다. 한밤중을 뜻하는 '심야'와 관련된 '심야전기, 심야바람, 심야산' 등에서 사이시옷이 없이 쓰이는 것이 오히려 자연스럽다. 이러한 사실은 사이시옷이 통시적 변화과정에 있음을 잘 보여주고 있다.

의부+(의붓자식, 의붓아들), 인천+(인천고기, 인천집)[25], 잠+(잠 t자리, 잠t버릇), 짐+(짐t배, 짐t삯), 차+(찻바퀴, 찻소리), 초+(촛 불, 촛대), 촌+(촌t사람, 촌t길), 코+(콧방귀, 콧병), 판자+(판자 집, 판잣문)

(다) 0전치[26]

0국수(잔치국수, 콩국수), 0국화(들국화, 산국화), 0다리(책상다 리, 걸상다리), 0방(노래방, 빨래방), 0벌(여왕벌, 말벌), 0뱀(물 뱀, 방울뱀), 0샘(창자샘, 눈물샘)[27], 0자리(쌍둥이자리, 카시오 페자리)[28]

(라) 0후치[29]

가슴0(가슴관, 가슴지느러미), 떼0(떼거지, 떼과부), 구멍0(구멍

---

25. 이 경우는 지역 명칭으로 고유명사에 해당한다. 이러한 의미적 한정을 가지는 모든 어휘가 후치명사에 드는 것으로 보인다. 그러므로 모든 지역명칭을 열거할 필요가 없고, 지역을 지시하는 고유명사라는 의미범주를 주면 될 것으로 본다.

26. 이미 위에서 언급되었듯이 이 이들 전치/후치 명사는 유동적이다. 그리고 t전치/후치 명사와 0전치/후치명사가 충돌할 경우에는 우선 순위가 다시 결정되어야 한다. 예를 들면 '벌'은 0후치로 결정되었지만 '땅벌'에서 경음화가 발생한다면 이는 '땅'이 't'후치 명사이기 때문에 충돌하여 생긴 결과이다. '땅군, 땅강아지' 등에서 't'후명사임을 보여주고 0전치보다 강도가 강함을 나타낸다. '눈물샘'의 경우에도 만일 '샘'이 경음화 되는 화자라면 '눈물'이 그 화자에게 't'후치 명사로 되어서 '0샘'보다고 강도가 강하다 고 보아야 한다. 이와 같은 어휘마다의 강도처리는 다시 다음 기회로 미루고자 한다.

27. 김창섭(1996:15-24)분비선의 의미를 가진 것으로 단어형성전용요소로 처리하였다.

28. 합성명사에만 나타나고 별자리의 뜻을 가진다(김창섭1996:25)

29. 색상관련 어휘들인 '검정, 검둥, 노랑, 누렁, 빨강, 하양' 등과 결합된 명사들이 일관되 게 사이시옷을 갖지 않는다. 그런데 이들 색상관련 어휘들을 어근으로 처리해야 한 다면 우리의 논의에서 일단 배제되었다고 본다. 다만 이들이 독립적으로 쓰이기도 하기 때문에 이들 어휘는 관심의 대상에 두는 것이 좋다고 본다.

동서, 구멍벌), 왜0(왜간장, 왜솜)

(6)의 원리에 의해서 사이시옷에 관련된 많은 어휘가 설명될 수 있다. 그런데 김창섭(1996)에서 논의된 가장 기본적인 사이시옷 개입 원리는 제1요소가 무정체언인 속격구조라는 것이었다. 사실 이 원리가 국어 사이시옷 개입의 핵심적인 원리일 것이다. 그럼에도 불구하고 본고가 (6)의 원리를 내세운 이유는 가장 강력하고 예외 없는 원칙을 세워보려는 노력의 일환이었다. 그러므로 다음과 같은 원리가 필요하다.

(9) 사이시옷 형성원리3
무정체언의 속격구조에 사이시옷이 개입한다.

위의 원리는 '나무집-나뭇집, 고기배-고깃배, 개고기-바닷고기, 눈바람-눈ㅅ바람'의 차이를 설명해 준다. 이들 예들에서 사이시옷이 개입하는 경우는 모두 속격구조인 것이다. 병렬구조나 관형구성의 비속격구조나 유정체언의 속격구조는 사이시옷이 개입하지 않는다. 이상의 논의에서 사이시옷을 결정하는 원리는 세가지인데 그러한 것은 서로 다른 강도를 가지고 있다. 그 순서는 원리1〉원리2〉원리3의 순서가 될 것이다. 원리1에 해당하는 어휘는 예외 없이 사이시옷이 나타나지 않을 것이다. 그리고 원리2에 관련된 어휘는 다시 0전치/후치와의 관계를 따져서 사이시옷이 결정된다. 그러나 원리3에 관련된 어휘는 아직 논쟁이 많다. 많은 논의에서 이들 무정체언의 비속격주조의 모든 합성명사가 원리3으로 매끄럽게 처리되지 않는다는 것을 우리는 알고 있다. (9)에 위배되는 많은 예들은 위에서 설정한 t전치/후치명사, 0전치/후치명사에 의해서 해결될 것이다. 그럼에도 불구하고 많은 어휘들이 수의적으로 사이시옷을 개입해서 나타나기도 하고 그렇지 않기도 한다.

3.2.2.3 합성명사 사이시옷의 예외적이고 수의적인 현상의 설명

이상의 과정을 통해서 우리는 합성명사의 사이시옷의 개입에 대한 원리를 어느 정도 설명하는 기반을 마련했다고 본다. 그러나 위의 원리에 맞지 않는 수의적인 현상과 예외처럼 보이는 합성명사들이 발견된다. 이들의 처리에 대해서 논의해 보기로 한다. 우선 합성명사가 다양한 과정을 통해서 형성된다는 것을 인정해야 한다. 합성명사의 형성은 '명사+명사'의 규칙에 의해서도 형성되지만 구의 단어화와 통시적 변화, 유추 등의 방식으로도 형성될 것이다.

합성명사의 사이시옷과 관련되어 제기되는 문제 중에 가장 난해한 것 중의 하나는 수의적 현상에 대한 설명이다. 지역과 세대간의 수의성은 사이시옷에 관련된 문제이기도 하지만 모든 어휘에 관련된 방언학의 문제이기 때문에 논외로 한다고 하너라도 한 개인이 상황에 따라 수의적인 선택을 한다면 이는 이론적으로 설명되어야 하는 것이다.[30] 김인균(2002)에서는 이러한 수의성에 대해서 의미적으로 해석

---

30. '모자리-못자리'에 대한 방언차이를 인정한다면 본고에서 인정한 전치명사 '자리'가 방언에 따라 다르다는 것을 보여준다. 즉 방언에 따라 다른 전치/후치명사가 결정될 것이다. 이러한 원칙은 세대간에 발생하는 수의성의 처리에도 마찬가지로 적용된다. 한편 같은 지역과 같은 세대인데도 불구하고 화자에 따라 불규칙하게 다른 어휘를 선택하는 수의성은 서로 각각 다른 기저형을 가지고 있다고 해석해야 한다. 국립국어연구원에서 보고한 표준발음실태조사(2003)에 보면 많은 어휘들에서 이런 경향을 보이고 있는데 동일한 화자이냐 아니냐에 따라 다르게 해석되어야 할 것이다. 본고에

한 바 있다.

(10) 과일바구니;과일t바구니, 사과상자;사과t상자, 기름걸레;기름t걸
    레(김인균 2002:98-9)

일견해보면 (10)의 예들은 속격구성이기 때문에 (9)에 의해서 사이
시옷이 들어가는 것이 옳은 것처럼 보인다. 그런데 김인균(2002)에
의하면 이러한 구성은 두 가지 해석이 가능하다고 한다. 하나는 제1
요소가 제2요소의 〈유형, 대상〉의 의미로 해석될 때는 사이시옷이 개
입되지 않고 〈용도〉의 의미로 해석될 때는 사이시옷이 개입한다는
것이다. 이러한 해석의 출발은 근본적으로 명사구와 조사 '의'에 대해
서 검토하면서 시작되었다.

(11) 축구 선수 - *축구의 선수
         *박지원 열하일기-박지원의 열하일기

(11)에서 '의'가 쓰이고, 안 쓰이고에 따라서 대조되는데 전자는 제
1요소가 제2요소의 보충어로 기능하여 〈유형,대상〉의 의미로, 후자
는 지정어로 기능하여 〈소유〉, 〈처소〉, 〈시간〉, 〈기원〉의 의미관계를
보인다고 주장한다(김인균2002:74-8). 이러한 주장을 확대하여 '개다
리-개의 다리'처럼 두 가지 경우가 가능한 경우에 전자는 유형/대상
의 의미로 후자는 소유의 의미로 해석한다.[31] 이러한 설명이 모든 명

서 다루는 수의성은 한 화자에 의해서 선택되는 수의성을 의미한다.
31. '배상자'나 '배바구니'는 사이시옷의 개입이 허용되지 않는다. 이는 단순히 의미관
    계가 아니라 '배'가 0후치적 성격을 획득해 가는 과정에 있는 것으로 느껴진다. 이

사구에 해당하는지, 그리고 그 원리가 모든 합성명사에도 그대로 적용되는지는 아직 모르지만 (10)에 보이는 수의성이 의미적 해석에 관련이 있다는 것은 추측해 볼 수 있다. 이러한 원인은 합성명사를 속격구조와 비속격구조로 구분했을 때 생기는 것이다. 속격구조란 대응하는 통사적구조인 '의'가 개입할 수 있는 구조라고 했을 때(김창섭 1996:34-42), 모든 사이시옷이 개입하는 속격구조의 합성명사가 분명하게 '의'를 개입하여서 설명할 수 있는 것은 아니다. 특히 '용도'관련의 표현은 이러한 경향이 농후하다. '나뭇배, 고깃배' 등은 '나무를 팔다/실어 나르다, 고기를 실어 나르다/팔다/잡다' 등으로 해석되어 용도 관련이 되는데, 이는 '의'를 개입하여 통사적 구를 만들기가 어색하다. 그러므로 (9)에서 속격구조에 개입한다고 하기보다는 김인균 (2002:91)에서처럼 〈형상〉, 〈재료〉, 〈수단, 방법〉, 〈유형, 대상〉이면 사이시옷이 개입하지 않고 〈시간〉, 〈처소〉, 〈기원, 소유〉, 〈용도〉일 때 나타난다고 할 수도 있을 것이다.[32]

사이시옷은 현대국어에서 합성어의 일부에 통시적 과정의 잔재로 남아 있다. 또한 전치/후치명사의 의미론적 범주에 의한 유추의 확대가 불규칙하게 보이는 사이시옷 현상을 만들고 있다. 의미적 해석의 추구는 중요하지만 아직 어떤 것이 사이시옷 개입의 분명한 기준인지는 좀더 진지한 연구를 기다려야 한다.

의미론적인 조건에 의한 수의성 말고도 음운론적인 제약에 의해서

처럼 예외를 처리할 때 의미적 해석과 다른 해석이 가능한지 앞으로 면밀히 검토해야 할 것이다.

32. 용도 관련에 대한 해석은 속격구조와 충돌하기 마련이다. 예를들면 '화장비누, 구두약' 등은 사이시옷이 개입하지 않는데, 제1요소가 제2요소의 용도로 해석되기도 한다. 그러나 비속격구조로 제1요소를 제2요소의 속성이나 유형으로 해석할 수도 있을 것이다. 이처럼 의미적 해석은 아직 명쾌한 기준이라고 보기 어려운 점이 있다.

마치 예외적으로 보이는 현상도 있다. 우선 가장 강력한 음운론적 제약은 자음과 비음의 결합이다. 앞에서도 이미 언급한 바 있지만 이 구성은 사이시옷이 개입하기 힘든 구조다. 예를 들면 '앞마을'이란 단어가 있을 경우 우선 제1요소 '앞'은 위치를 나타내는 명사로서 유사한 '위, 아래, 뒤'가 강력하게 t후치를 요구하기 때문에 여기서도 사이시옷이 개입할 것을 예상할 수 있다. 그러나 국어의 어떤 어휘도 이러한 구조를 가질 때 사이시옷이 개입하지 않는다. 그런데 '이튿날'의 경우를 보면 '이틀+t+날'에서 발생했다고 볼 수 있으므로 중세국어에서는 이러한 구조에서 t의 개입을 허용하면서 표면에 나타나는 것을 알 수 있다. 현대국어에서는 '핥다'에서 보듯이 설정음이 탈락하는 규칙을 가지고 있어서 't'가 개입하더라도 이것이 탈락해서 표면에 나타나지 않는 것으로 보인다. 이 제약은 강력해서 예외 없는 제약으로 보인다.

다음으로 제2요소가 모음으로 시작할 때의 문제다. 두 가지 경우가 있다.

(12) 가. 모음+모음 ;아랫옷, 웃어른, 바닷아이[33]

    나. 자음+모음 ;앞옷, 섬아이[34]

---

33. 화자에 따라서는 '바다아이'라고만 하는 경우도 있다. 이것은 그만큼 이 제약의 힘이 약하다는 것을 의미한다.

34. 서론 부분의 각주에서도 이미 언급했지만 'ㄴ'삽입과 관련되면 사이시옷 문제와 혼동이 일어난다. '나뭇잎, 홑이불'의 경우에 전자는 (12가) '모음+모음'의 구조이고 후자는 (12나) '자음+모음'의 문제다. 그런데 현대국어에서 'ㄴ'삽입은 더 이상 생산적인 규칙이 아니다. '홑이불'에서는 [호디불]과 [혼니불]의 두 가지 발음이 가능하지만 '나뭇잎'의 경우는 [나문닙]만 가능하고 *[나무딥]은 불가능하다. 여기서 '홑이불'구성이 [호디불]로 발음될 때 'ㄴ'이 삽입되지 않는 것을 의미한다. 즉 'ㄴ'삽입은 공시적으로 사라진 음운규칙으로 사이시옷과 관련이 없다. 유사한 예들로 [꼰닙]-[꼬딥], [대군

위에서 보듯이 비슷한 구조임에도 (12나)자음+모음의 구조에서는 사이시옷이 개입하지 않는다. 이 제약도 절대적인 것으로 보인다. 그런데 (12가)도 상대적으로 약하지만 제약으로 작용하는 것으로 보인다. '강이나 내에 조수가 드나드는 곳'을 의미하는 '개'는 t후치명사인데, '개어귀, 개언덕'에서처럼 사이시옷이 보이지 않는 것은 이러한 제약이 작동하기 때문이다(김창섭 1996:47).

한편 음운론적 요인으로 경음화되는 것인데, 반대로 마치 사이시옷 개입에 의한 것으로 해석되는 것도 주의해야 한다. 현대국어의 한자어에서 'ㄹ+설정음'의 구조에서 뒤 설정음(ㅅ, ㄷ, ㅈ)은 경음화된다. 이 규칙은 2음절 한자어에서 예외없이 적용되고, 파생어로 인식되는 3음절 한자어에까지 미친다. 간혹 4음절 이상의 합성명사에도 이런 현상을 보인다. '발전, 발달, 발생'과 '수술대, 미술적' 등이 그것이다. 그런데 이 제약은 중세국어에는 현대국어보다 더욱 활발한 현상이었다.[35] '돌다리, 돌담' 등은 제1요소가 제2요소의 재료로서 사이시옷이 쓰이지 말아야 한다. 그런데 일부 화자는 제2요소의 두음을 경음으로 발음하고 있다. 이는 사이시옷의 영향이라기보다는 'ㄹ'과 설정음과 관련된 음운론적 간섭임이 분명하다.[36]

이상의 논의로 많은 예외적이고 불규칙한 것처럼 보이는 사이시옷 관련 어휘에 대해서 그 이유를 설명할 수 있었다. 그러나 이러한 논의가 합성명사의 사이시옷현상을 남김없이 설명할 수 있는 것은 아니다. 미해결의 문제는 계속적인 연구가 수행되어야 할 것이다.

녁]-*[대구덕] 등 많은 예들이 있다.
35. 이기문(1972:97-8), 송철의(1987:327), 엄태수(1988) 참고.
36. 김창섭(1996:51)에 다른 예들과 함께 자세한 설명이 있다.

3.2.3 한자어 경음화

(4)에서 발생하는 경음화는 사이시옷 현상이라고 말할 수 없다. 많은 논의에서 사이시옷 현상을 다루면서 한자어에서 발생하는 경음화 현상을 동일하게 취급하기도 하고 외면하기도 한다.[37] 이 문제도 우선 합성명사에서의 사이시옷이 어떤 조건하에 들어가는지 명쾌하게 밝혀지기 전에는 분명히 파악되기 어려운 문제를 안고 있다. 그렇다 해도 구조적으로 합성명사와 성격이 다르게 한자어의 경우에는 대부분 어근복합어인 2음절 한자어이거나 3음절 한자어의 경우에는 파생어의 성격을 가지고 있다. '定價, 事件, 國文科, 入場券, 住民證, 賞狀' 등등. 이들 한자어에서 발생하는 경음화는 매우 광범위하다. 합성명사에서 발생하는 사이시옷 현상과 분리해서 다루어야 할 이유는 다음과 같다.

위에서 본 통사적 사이시옷, 형태적 사이시옷, 어휘적 사이시옷과는 구조와 그 기능이 전혀 다르다. 이들은 모두 한자어라는 특징을 갖는다. 2음절 한자어는 국어문법에서 단일어로 보아야 할 것이다. 통시적으로 2음절 한자어는 어근합성어에서 출발해서 현대국어에서는 단일어로 인식된다. 3음절은 파생어일 가능성이 매우 높기 때문이다. 이들에서 발생하는 경음화는 제2요소의 기능변화에서 출발하는 것으로 보인다.[38] 즉 합성명사에서는 제1요소의 의미가 중요하게

---

[37] 하세경(2006:32-46)에서는 한자어의 경우에 원칙적으로 사이시옷이 들어가지 않는다고 본다. 예외적으로 경음화가 나타나는 한자어의 경우는 제2요소가 명사기능을 가지고 있고, 그러한 이유로 명사+명사 구성에서의 사이시옷과 관련되어 있다고 본다.

[38] 엄태수(1986:33-44) 참고.

취급되지만 한자어에서 발생하는 불규칙적 경음화는 제2요소가 주된 원인이다. 이들 한자어에서 발생하는 경음화는 경음화 된다는 사실을 제외하고는 위에서 이미 언급한 것처럼 사이시옷을 객관적으로 확인할 길이 없다. 즉 경음화를 구태여 사이시옷에 의한 것이라고 추정할 합리적인 근거가 없다. 추상적으로 사이시옷을 설정하여 경음화를 유도할 수도 있을 것이다. 그러나 추상적 사이시옷이 설정되어야할 타당한 근거가 마련되기 전에는 동의하기 힘든 가정이다.

물론 많은 한자어에서 나타나는 불규칙한 경음화 현상이 위에서 언급한 어휘적 사이시옷 문제와 겹쳐 있을 수 있다. 한글 맞춤법에서 한자어 합성어는 사이시옷 표기를 하지 않는 것이 원칙이지만 '셋방, 곳간' 등, 몇 개의 한자어 단어는 예외적으로 인정하고 있다. 이것은 그만큼 사이시옷을 표기하지 않으면 현실발음과 동떨어지기 때문이서 그렇겠지만 한자어의 사이시옷과 위의 합성명사에 나타나는 어휘적 사이시옷을 구분하지 않았다는 증거이기도 하다. '셋방'의 경우는 '세'와 '방'이 독립적으로 사용되므로 위의 어휘적 사이시옷과 동일한 현상이라고 말할 수 있다. 그러나 그 나머지, "곳간, 숫자, 찻간, 툇간, 횟수"에 나타나는 사이시옷은 같은 것이라고 말할 수 없다. '곳간, 찻간, 툇간'의 간(間)은 동일한 의미인데, 이 '간'은 한 칸, 두 칸에서는 '칸'으로 바뀌고 있다. '곳간, 찻간, 툇간'에서는 '깐'으로 기저형을 변경하여도 될 것이다. 구태여 복합명사의 어휘적 사이시옷과 동일시 할 필요가 없는 것이다. '숫자'의 '자'나 '횟수'의 '수'도 '한자, 어림수' 등에서 경음으로 발음되고 있어 다른 기능을 가지는 것으로 보인다.

3음절 한자어의 경우에 제2요소의 기능변화가 특히 주목된다. '국문과, 영문과' 등에서 발생하는 경음화를 살펴보자. '과(科)'의 기저형을 [과]로 본다면 '국문과'에서 경음화가 발생하는 원인을 알 수가 없다. '과'는 국어에서 기저형을 '꽈'로 바꾸었다고 볼 수 있다. 이제 현대국어의 젊은 화자들은 독립적으로 '꽈'를 쓰기도 한다. 이 경우 합성명사의 사이시옷과 연관시킬 아무런 이유가 없다. '꽈'는 복합명사의 제2요소와는 달리 한자어 어근에서 변화해 온 것이다. 그리고 이 구성은 관형구성도 아니고 속격구조도 아니다. 만일 그것을 사이시옷에 의한 것이라고 강변한다면, 이러한 한자어를 포함할 경우, 위에서 언급한 복합명사의 어휘적 사이시옷과 한자어의 사이시옷은 그 기능과 의미가 달라서 정작 어떤 환경에 사이시옷이 들어가는지 더욱 알 수 없게 만든다.

필자는 3음절 한자어에 결합하는 이러한 접사기능의 한자어가 자신의 기능 변화에 의해서 기저형을 바꾸는 것으로 파악하고 있다. 중국어에서 대부분의 한자어가 원래 하나의 단어적 역할을 하지만 한국어에서는 어근으로 기능한다. 그런데 '과'는 이러한 어근의 기능에서 탈피하여 접사나 단어의 기능으로 형태론적 자격을 바꾸고 있다고 보아야 한다. 즉 '과'는 이제 기저형을 바꾼 '꽈'로 등록 되어야 한다. 그러면 /국문꽈/, /영문꽈/가 기저형이 되어 표면형과 일치하므로 아무런 규칙의 개입이 없게 된다.

물론 이러한 기능의 변화는 합성명사에서 발생하는 사이시옷에서 통시적인 영향을 받았을 것으로 본다. '냇가, 바닷가, 우물가, 창가' 등에서 '가'는 예외없이 '까'로 발음된다. 이는 자립형의 단어가 접사로 변화되는 과정에 있음을 보여주고 있다. 김창섭(1996)에서는 '칼집, 안경집' 등에서의 '집'이 의미를 변화시키면서 이러한 접사적 기능을 가지는 것으로 '단어형성 전용요소'라고 말한 바 있다.

제1요소가 재료인 경우에 사이시옷이 들어가지 않는 것이 원칙이지만 '사골국, 된장국, 김치국'처럼 '국'의 경우에는 예외적으로 사이시웃이 개입한다. 이러한 '국'의 경우도 '꾹'으로 기저형을 변화시키면서 또한 그 기능도 접사로 바뀌어 가는 과정중에 있다고 할 수 있다.

'성(性)'은 경제성, 사회성 등에서 경음화를 보여주지만 '품성, 심성' 등에서 경음화를 보여주지 않는다. 이러한 사실은 '품성, 심성' 등에서는 형태론적으로 어근의 기능을 하지만 '경제성, 사회성' 등에서는 접사의 성격을 띠기 때문이다. 기능의 변화는 2음절, 3음절의 한자어에서 보여주는 경음화를 이해하는데 중요한 요소라고 생각한다. 통시적으로 어휘적 사이시옷과 관련이 있다 해도 공시적 입장에서는 둘을 분리하여 다루는 것이 문법의 기술에 합리적이라고 생각한다.

이러한 기능의 변화 말고도 결합하는 요소의 변화와 관련된 경음화도 존재한다. '적(的)'은 대표적인 한자어 접사인데, '경제적, 사회적' 등에서 보듯이 본래 그대로의 기능일 때는 경음화가 일어나지 않는다. 그런데 '美的' '私的' 등에서 경음화가 발생한다. 이는 '미', '사' 등이 독립된 단어의 역할을 하기 힘들어서 아직도 어근의 기능을 담당하기 때문이다. 즉 '적'은 순수히 자립성분의 한자어에 결합되어 접사적 성분을 갖는 것이 자신의 본래 기능인데 그러한 기능의 변화가 된소리로 연결된 것이다. '마음적'에서도 경음화가 발생하는데 이는 '마음'이 고유어이기 때문에 발생하는 것이다.

'성'과 유사한 것으로 '氣'가 있다. '感氣, 生氣, 熱氣' 등에서는 경음화가 발생하지 않는다. 그런데 '장난기, 불기, 웃음기' 등에서 경음화가 발생한다. 이는 '기'가 어근에서 접사로 변경된 것을 의미한다. 나아가 '너 끼가 다분하다'처럼 자립형식으로도 변화가 일어나고 있다.[39]

---

39. '氣'의 경우는 '人氣, 驚氣, 狂氣'에서처럼 단지 의미적 특성에 의해서 경음화 되기도

 소리의 변화 없이 원래의 기능을 담당하는 한자어는 기저형을 원래 그대로 표현하는 것이 무방하지만 경음으로 발음하면서 기능이 변화한 경우는 바뀐 기저형을 표현하는 것이 합당하다. 즉 /마음쩍/, /경제썽/ 등이 기저형이 될 것이다. '症, 點'은 모든 어휘에서 기저형이 바뀐 것으로 보인다. '합병증, 궁금증, 거망증, 염증, 위증, 장중', '결승점, 문제점, 감점, 종점, 시점' 등에서 예외 없이 경음화를 보인다.

 한자어는 이러한 된소리화와 관련해서 유동적인 경우가 많다. 課는 '서무과'에서는 된소리로 발음되지만 '제4과'에서는 된소리로 발음되지 않는다. 이는 언중이 '과'의 의미를 다르게 파악한 결과일 것이다. 이러한 변화도 기저형의 변화로 받아들이는 것이 좋다. 물론 표기까지 그렇게 하기에는 표기에 익숙한 언중이 받아들이기에는 힘든 면이 있다. 그런데 이렇게 설명이 가능한 한자어 외에도 설명이 어려운 예외들이 존재한다. '公法-司法, 住民證-領收證, 事件-物件, 性格-資格' 등등. 아마도 한자어에서 발생하는 경음화는 통시적으로 속격구조에서 발생한 구의 사이시옷이 합성명사로 축소되고, 다시 합성명사에 의해서 유추된 어떤 원리가 다시 한자어에 적용된 것으로 추측해 볼 수도 있다. 한편 된소리 그 자체의 독자적 기능에 의해서 변별적 의미와 기능을 드러내려는 역할일 수도 있다. 한자어에 보이는 다양한 불규칙적 경음화는 이러한 변화의 과정 중에 있는 것이라고 생각한다.

 어휘적 사이시옷과 이들 한자어에서 발생하는 사이시옷의 또 다른 차이점은 경음화와 관련된 문제다. 어휘적 사이시옷은 경음화가 안

한다. 이때의 '기'의 의미는 '火氣, 水氣' 등의 '기'와는 다른 강렬한 기운의 의미가 개입하는 것으로 보인다. 한자어의 불규칙한 경음화는 '의미의 특수화'에서 시작하여 '기능의 변화'로 영역을 확대하면서 경음화가 이를 반영하는 것이다.

일어나도 사이시옷이 나타난다. 예를 들면 '윗옷'은 [위돋]으로 발음되어 '사이시옷'이 개입되었음이 명백하다. 그러나 2~3음절 한자어의 경우에는 경음화가 아니면 확인할 길이 없다.[40]

4. 현행 맞춤법의 사이시옷 규정에 대한 문제점과 대안

이상의 논의를 통해서 우리는 현대국어 사이시옷 현상에 대한 원리를 파악할 수 있었다. 그런데 이러한 원리를 맞춤법에 어떻게 반영할 것인가는 전혀 다른 문제다. 즉 언어현상과 표기법의 문제가 다른 문제이기 때문에 이를 분리해서 생각하는 것이 필요하다. 가장 중요한 것은 표기법이 현실 언어를 잘 반영하는 것이고, 또한 언중의 심리를 파악해서 문자 체계의 연속성을 유지하는 것이다. 언어의 현실과 표기법의 역사적 사실의 연속성은 종종 충돌을 한다. 예를 들면 문자 그대로 '시옷'은 현실 발음의 반영이 아니다. 현대국어 화자 어느 누구도 사이시옷을 's'로 발음하지 않는다. 그러나 우리는 역사적 사실을 존중하여 아직도 시옷을 표기에 그대로 쓰고 있는 것이다. 즉 표기법은 표기법 나름대로의 규칙이 있고 음성언어는 또한 그 나름의 규칙을 가지고 있다. 우리가 이해해야 할 것은 말이 먼저이고, 표기법은 이를 잘 반영하는데 목표를 두어야 한다는 점이다.

---

40. 한자어 '청주역'에서 [청주녁]이 아니고 [청준녁]으로 발음된다면 'n'삽입과 더불어 't' 삽입이 일어났다고 할 수 있다. 그러나 '청주'와 '역'은 독립적으로 쓰이는 명사이므로 복합명사로 보고 여기에는 어휘적 사이시옷이 개입한다고 말할 수 있다. 우리들의 논의는 복합명사와 한자어가 동일한 개념으로 충돌할 때는 복합명사가 우선적으로 고려의 대상이 된다고 말할 수 있다.

사이시옷 현상은 비음론적인 현상이고 불규칙적인 것이기 때문에 되도록 표기에 반영하는 것이 원칙일 것이다. 이제 우리의 맞춤법 규정 중 문제가 되는 것은 무엇인지 살펴보기로 하자.

사이시옷 표기와 관련해서 가장 큰 문제점은 음성언어가 가지는 여러 가지 언어적 진실을 제대로 반영하지 못하고 있다는 것이다. 위에서 보았듯이 사이시옷 현상은 적어도 네가지 유형을 가지고 있다. 그런데 맞춤법은 이러한 구분에 철저하지 못할 뿐만 아니라 오해를 가져오는 규정도 있다. 그것은 다음과 같다.

첫째, 어휘적 합성어에만 사이시옷을 쓰도록 규정하고 있으나 위에 논의된 통사적, 형태적 사이시옷도 표기에 반영되는 것이 당연하다.

둘째, 한자어 합성어를 고유어의 합성어와 동일하게 취급하여 표기에 반영해야 한다. 이렇게 되면 제30항의 1과 2는 하나로 통일된다. 사이시옷 규정은 오직 세 가지로 나누어져 단순화 된다. 한자어의 경우는 국어화자에게 분리하기 힘든 '국가', '민족' 등과 같은 이음절 어근 합성어의 한자어노 있지만 '제사상', '전세방'처럼 국어의 고유어 합성어와 동일한 어간 합성어도 존재하는 것이다. 한자어를 취급함에 있어서 고유어와 동일하게 다루면 아무 문제가 없다. 즉 국어 문법 단위로 다루어지는 것만을 대상으로 하면 된다. 이음절 어근 합성어는 이미 국어 문법에서 분석할 수 없는 단일어로 취급하여도 아무런 문제가 없다. 즉 이는 합성어라는 범주에서 제외하면 되는 것이다.

셋째 두 음절로 된 한자어 여섯 가지 항목에 관련된 것을 폐기해야 된다. 이는 바로 위의 둘째에 논의된 한자어 합성어와 관련된다. 한자어를 고유어와 동일하게 국어문법으로 다루게 되면 한자어와 관련된 여섯 항목은 각각 다르게 취급받는 것이다. 예를 들면 '곳간(庫

間)'의 경우는 그 한자 한자한자가 국어에서 자립적으로 쓰이지 못하기 때문에 국어문법에서 단일어 취급을 받는다. 이는 '효과(效果), 사건(事件)'의 경음화와 동일하게 취급하면 될 것이다. 즉 경음화를 표기에 반영하기로 하면 그렇게 하고 반영하지 않기로 하면, 반영하지 않는 표기대로 하면 문제가 없다. '툇간(退間)'도 동일하다. 나머지는 국어 문법에서 분리 가능하기 때문에 국어 고유어 합성어와 동일하게 취급하면 된다.

현대국어의 언중은 한자어인가 아닌가에 민감하지 않다. 물론 아직도 한문에 정통하여 한문문법을 사용하면서 국어의 모든 어휘를 한자어인가 아닌가를 잘 알 수 있는 화자도 있겠으나, 이는 극소수에 불과하다. 표기법은 대다수의 언중을 위한 것이다. 만일 우리가 [전세빵]이라고 발음한다면 다른 어휘와 동일하게 '전셋방'이라고 표기하여야 한다. 이는 한자어와 한자어가 결합된 합성어의 경우에도 국어 문법의 관점에서 고유어 합성어와 동일하게 파악된다면 사이시옷을 표기하도록 시급히 개선하여야 할 점이다.[41]

넷째, 'ㅅ' 표기는 현실발음에는 나타나지 않는 역사적 표기이므로 기저형에 나다나는 'ㄷ'과 병행하는 이중표기를 허용해야 한다. 왜냐하면 언젠가는 역사적 표기는 폐기되어야 할 것이기 때문에 과도기적으로 이중적 표기를 하는 기간이 필요한 것이다. 예를 들면 '헛바늘-헏바늘'의 이중표기를 허용하는 방식이다.[42]

다섯째, 외래어 합성어의 경우도 사이시옷을 넣어야 할 경우가 있

---

41. 이와 관련된 국어의 어휘는 너무나 많아서 일일이 열거할 수가 없다. 이과(理科), 치과(齒科), 영어과(英語科), 총무과(總務課), 서무과(庶務課), 초병(醋瓶), 차잔(茶盞), 차종(茶種) 충주댁(忠州宅), 등등 수도 없이 많다.

42. 한글 맞춤법의 원리와 역사적 표기의 이중표기에 대해서는 엄태수(2000)참고.

을 것이다. '나무집, 나뭇집'과 '고기배, 고깃배'의 경우처럼 사이시옷의 유무에 따라서 의미차이가 나는 경우가 있다. '눈바람'이 [눈바람]과 [눈빠람]으로 발음될 때 다른 의미를 전달한다. 전자는 눈과 바람이라는 의미이고 후자는 눈위로 부는 바람을 의미한다. 외래어가 결합하여 '바다보트'가 [바닷보트]로 발음된다면, 이는 특정 바다에 관련된 보트로서 바다에서만 사용되는 보트라서 육지용 보트와 구별되는 의미를 띄게 된다. 즉 [바다보트]가 일반적인 '바다의 보트'라는 의미로 사용되는 것과 전자의 쓰임은 대조되는 것이다. 이처럼 외래어에 사용되어 의미의 전달 기능을 한다면 사이시옷을 반드시 사용해야 하는 것이다.

여섯째, 사이시옷은 그 기능이 분명히 존재하는 형태소이기 때문에 사이시옷이 들어가는 경우와 그렇지 않은 경우에 의미 차이가 있다는 것을 이해해야 한다. 위의 논의를 통해 몇몇 예들을 이미 보았지만 '공부방'과 '공붓방'은 다른 의미를 전달한다. 전자는 새로 생긴 영업하는 장소로서의 독서실의 의미이고, 후자는 집에 있는 여러 방 중에서 공부하는 방이라는 의미다. 그러므로 어떤 단어에 일률적으로 사이시옷을 표기해야 한다거나, 하지 말아야 한다는 규정이 아니라 사이시옷이 표기되면 어떤 의미가 드러나는지를 아는 것이 중요하다. 이러한 규정을 표기법에 따로 마련해 두어야 한다. 그런데 이처럼 사이시옷이 들어가는 경우와 들어가지 않는 경우에 의미차이가 나는 어휘는 많지 않기 때문에 따로 명시하는 것이 중요하다.

일곱째, 많은 어휘에서 사이시옷의 개입이 유동적인 경우가 많다. 즉 화자에 따라 수의적 현상을 보인다. 이러한 어휘들을 국가 기관에서 조사하여 어떤 것이 대부분의 표준어 화자들이 쓰는 표준어인지 규정에 마련하는 것이 시급하다. 예들들어 '국수물-국숫물, 고기소-

고깃소, 수나라-숫나라, 농사일-농삿일, 담배잎-담뱃잎, 도세-돗세(道稅), 마루방-마룻방' 등등 수없이 많다.[43] 이러한 유동적인 경우는 자음 뒤의 경우도 당연히 많다. 그러나 자음 뒤에 나타나는 사이시옷 현상은 아예 표기에 반영되지 못하고 있다. 그와 관련해서 아래에서 논의한다.

여덟째, 사이시옷은 형태소이기 때문에 자음 뒤에서 발생하는 현상에 대해서도 방안을 마련해 두어야 한다. 이러한 이유는 사이시옷의 유무에 따라 의미차이가 현저하기 때문이다. [눈바람]은 눈과 바람이라는 의미이고, [눈빠람]은 눈 위로 불어오는 바람이다. [서울집]은 서울에 있는 집이라는 의미가 있지만 [서울찝]은 부산에 있어도 가게의 명칭으로 사용할 수 있다. 이처럼 의미차이가 나는 경우가 있기 때문에 자음 뒤에도 어떤 형식으로든 표기를 해야 한다. 가장 합리적인 방법은 동일한 모음 뒤와 같이 사이시옷을 표기하는 방안일 것이다. '헐값'이 [헐깝]으로 발음된다면 이는 사이시옷에 의해서 그렇게 된소리로 발음되는 것이다. 우리의 맞춤법 규정은 모음 뒤의 경우만 다루고 있지만 사이시옷이 하나의 형태소임을 인식한다면 자음 뒤에서 나타나 유동적인 경우나 이미 고정된 경우에 어떻게 표기해야 할 것인가도 심각하게 논의되어야 한다.

이렇게 현실과 괴리가 큰 맞춤법을 어떻게 학교 현장이나 표준어를 사용하는 공공 기관 등에서 교육하는가는 실로 굉장히 중요하고 큰 문제로 부각되고 있다. 그런데 우선 올바른 것과 틀린 것의 기준이 무엇인지 아는 것이 중요하다. 언어는 끝없이 변한다는 사실을 인정한다면 그 변화를 가장 잘 반영한 표기법이 가장 진리에 가까울

---

43. 김창섭(1996;30-31)에서 인용했고, 많은 예들이 거기에 있다.

것이다. 그런데 여기에는 그럴 수 없는 여러 가지 한계가 있다는 것을 이해해야 한다. 우선 문자 자체는 현실을 그대로 반영하기가 불가능하다는 일반적인 사실 이외에도 사이시옷 규정 자체가 현실을 그대로 반영하지 않는 문제가 있다.

우선 맞춤법을 교육시켜야 할 공공기관의 종사자는 한글 맞춤법의 사이시옷 규정 중에는 위에 언급된 여덟 가지 문제점이 있다는 것을 잘 이해하는 것이 중요하다. 다음으로 이러한 인식의 바탕 위에서 우리의 규정을 최대한 활용해야 한다. 악법도 법이기 때문에 언어 통일을 목표로 마련된 맞춤법 규정이 바뀌기 전에는 공적인 생활에서는 규정을 따르는 것이 합리적이다. 위의 규정을 학습하기 전에 배경지식이 필요하다.

첫째, 형태론적 지식이 필요하다. 단어와 구의 구별을 이해해야 한다. 구에서는 위에 논의된 통사적 사이시옷이나, 형태적 사이시옷의 경우가 아니면 사이시옷이 해당되지 않는다. 아울러 한자어와 고유어의 특징, 합성어와 파생어의 차이점을 이해하는 것이 필요하다.

둘째, 음운론적 지식이 필요하다. 국어의 일반적인 된소리 현상과 'ㄴ'삽입 현상, 비음동화 현상을 이해하고 있어야 한다.

이러한 바탕 위에서 위의 규정을 교육하고 그러한 규정에 대한 약점을 이해시켜야 한다. 규정에 없는 어휘들에 대한 사이시옷 표기 문제는 이미 위에 논의된 여덟가지 맞춤법의 문제를 참고하면 될 것이다. 수의적인 발음일 경우에 교육자는 자신의 입장이 아닌 표준어 화자 전체적인 경향성을 파악하여 대처하는 것이 좋을 것이다.

참고문헌

국립국어연구원(2003), 「표준발음실태조사 II」, 학예연구사 김선철.

권용경(2001), 「국어 사이시옷에 대한 통시적 연구」, 박사학위논문, 서울대. 3-6쪽.

김인균(2002), 「국어의 명사 연결 구성 연구」, 박사학위논문, 서강대. 1-104쪽.

김창섭(1996), 「국어의 단어형성과 단어구조」, 박사학위논문, 서울대. 1-54쪽.

송철의(1987), 15세기 국어의 표기법에 대한 음운론적 고찰, 「국어학」16. 327-331쪽.

안병희(1968), 중세국어 속격어미 '-ㅅ'에 대하여, 「이숭녕박사 송수기념논총」, 을유문화사. 335-345쪽.

엄태수(1986), 「현대국어의 경음화 현상에 대한 연구」, 석사학위논문, 서강대.

엄태수(1988), 국어 표면음성제약의 상위원리, 「서강어문」 제6집, 서강어문학회. 5-27쪽.

엄태수(1998), 합성어의 음운현상, 「서강어문」 제14집, 서강어문학회. 53-79쪽.

엄태수(2000) 한글 맞춤법의 원리에 대한 검토, 「시학과 언어학」 제1호, 시학과 언어학회. 221-247쪽.

엄태수(2006), 현대국어 사이시옷 현상의 검토, 「국제어문」 제38집, 국제어문학회. 165-200쪽.

이강훈(1976), 국어의 복합어 및 한자어 내부에서 일어나는 경음화 현상, 「논문집」 5, 서울여대. 161-195쪽.

이강훈(1977), 국어의 복합어 및 한자어 내부에서 일어나는 경음화 현상 (II), 「논문집」 6, 서울여대. 171-190쪽.

이강훈(1978), 국어의 복합어 및 한자어 내부에서 일어나는 경음화 현상

(Ⅲ), 「논문집」 7, 서울여대.

이강훈(1979), [+t-epenthesis inducement]([+"ㄷ"삽입유발])자질의 재검토", 「논문집」 8, 서울여대.

이강훈(1981), 국어의 복합어 및 한자어 내부에서 일어나는 경음화 현상 (Ⅴ), 「논문집」 10, 서울여대. 81-97쪽.

이강훈(1982a), 국어의 복합어 및 한자어 내부에서 일어나는 경음화 현상 (Ⅵ), 「논문집」 11, 서울여대. 93-107쪽.

이강훈(1982b), 국어의 (복합)명사에서의 경음화 현상, 「언어」 7.2. 299-321쪽.

이강훈(1984), 국어의 (복합)명사에서의 경음화 현상, 「언어」 9.1. 133-154쪽.

이광호(1993), 중세국어의 '사이시옷' 문제와 그 해석 방안, 「국어사 자료와 국어학의 연구(안병희선생 회갑기념논총)」, 문학과지성사. 311-337쪽.

이기문(1972), 「국어사 개설」, 민중서관.

이윤하(1999), 문말첨사의 통사.의미적 특징에 대하여, 「국어학」 34, 국어학회. 70-80쪽.

이재인(1991), 국어 복합명사 구성의 이해, 「국어학의 새로운 인식과 전개(김완진선생 회갑기념논총)」, 민음사. 612-628쪽

이희승·안병희(1989), 「한글 맞춤법 강의」, 신구문화사.

임홍빈(1981), 사이시옷 문제의 해결을 위하여, 「국어학」 10. 1-35쪽.

전철웅(1990), 사이시옷, 서울대 대학원 국어연구회편, 「국어연구 어디까지 왔나」, 동아출판사. 186-194쪽.

채현식(2003), 「유추에 의한 복합명사 형성 연구」, 태학사.

하세경(2006), 「현대국어 사잇소리 현상의 형태론과 음운론」, 박사학위논문, 서울대.

Kim,Chin-w(1970), Boundary Phenomena in Korea, Papers in Linguistics 2-1. 「Sojourns in Language Ⅱ」, Twower press (1988)에 재수록, 489-508쪽.

VI

ㄴ 첨가에 대한 표준어 규정의 연구

1. 서론

이 논문의 목적은 ㄴ첨가 현상에 대한 표준어 규정을 어떻게 하는 것이 합리적인지를 논의하는 것이다. 표순어는 한글맞춤법의 근간이 되는 것으로 이에 대한 규정은 정서법의 중요한 대상이 된다. 표준어의 설정에 앞서서 구체적으로 다양한 어휘들의 모습을 살피는 것이 급선무라고 생각한다. 그런데 단어는 개별적인 변화도 있지만 규칙의 변화에 의해서 어휘군 전체에 영향을 미치는 경우도 있다. 본고는 이러한 규칙의 변화에 의해 단어가 영향을 받아서 변화할 때 어떻게 표준어 규정을 마련하는 것이 좋은가를 논의하려고 한다. 학문문법적인 관점에서는 현상에 대한 정확한 포착이 우선이다. 그런데 언어의 변화는 한순간도 끊임없이 계속된다. 어떤 단어는 대다수 언중이 참여해서 변화하는 경우도 있고 어떤 단어는 소수의 언중이 참여하는 경우도 있다. 표준어 규정은 학문문법의 관점과는 다소 다를 수 있다. 대다수의 언중이 발음하는 쪽으로 표준어를 정하는 것이 합리적이다. 변화 중에 있는 규칙이 많지만 대표적으로 ㄴ첨가 규칙을 살펴서 어떻게 표준어 규정에 반영하는 것이 좋은지 논의해 보기로 한다.

ㄴ첨가에 대한 표준어 규정은 다음과 같이 되어 있다.

제29항 합성어 및 파생어에서, 앞 단어나 접두사의 끝이 자음이고 뒤 단어나 접미사의 첫 음절이 '이, 야, 여, 요, 유'인 경우에는, 'ㄴ'음을 첨가하여 [니, 냐, 녀, 뇨, 뉴]로 발음한다.[1]

그런데 만일 이 규정대로 관련 단어를 발음한다면 현실과 동떨어진 경우가 너무나 많다. 예를 들어 ㄴ첨가 환경에 노출된 '첫인사, 독약, 기업이윤, 역이름' 등이 있을 때, 만일 이늘에 대한 표준어 발음을 모르는 화자가 있어서 위의 예들에 제29항을 적용한다면 'ㄴ'을 첨가해서 [천닌사], [동냑], [기엄니윤], [영니름] 등으로 발음해야 할 것이다.

---

1. 표준어 규정은 형태론적 단어에 초점을 맞추고 있다. 본고에서는 음운론적 단어를 중심으로 논의될 것이다. 음운론적 단어는 소박하게 음절보다 큰 단위로 휴지가 개입하지 않는 하나의 발화단위로 정의될 수 있다. 예를 들면 '알 수 없다'에서 '알 수'는 형태론적으로 단어 이상의 구성이지만 음운론적으로 [알쑤]로 휴지없이 하나의 발화단위를 구성해서 경음화와 같은 음운현상의 적용을 받는다. ㄴ첨가도 음운론적 단어에 민감한 규칙이다. 이에 대한 논의는 본고의 주제를 넘는 것으로 다음 기회에 다루기로 한다. 국어의 음운론적 단어에 대해서는 곽동기(1992)를 참고하면 좋을 것이다.

그러나 현실은 'ㄴ'을 첨가하지 않고 발음하는 것이 자연스럽다. 이러한 이유 때문에 우리가 가지고 있는 ㄴ첨가에 대한 표준어 규정은 현실을 반영한 규정으로 바뀌어야 할 것인데, 본고는 이를 어떻게 하는 것이 올바른지를 논의하려는 것이다.

2장에서는 선행 연구를 살펴본 다음에 어떻게 기술하는 것이 합리적인지를 논의한다. 3장에서는 2장의 논의를 바탕으로 규칙적인 ㄴ첨가와 불규칙적인 ㄴ첨가를 분리하고 이들에 대해 각각 표준어 규정을 마련하는 방안을 논의한다. 4장은 지금까지의 논의에 대한 결론으로 이글을 마치기로 한다.

2. 본론

2.1 ㄴ첨가에 대한 선행 연구의 검토

ㄴ첨가는 그동안 많은 학자들에 의해서 연구되었다. 여기서는 표준어 규정을 정하는 관점에서 선행연구를 정리해 보고자 한다. 표준어 규정은 일반 국민을 대상으로 하는 국어 정책적인 성격이 본질이기 때문에 현실을 잘 반영하는 것이 중요하다. 또한 표준어를 모르는 사람에 대한 교육적인 면도 표준어 규정을 제정하는 목적의 하나이기 때문에 규칙과 불규칙을 분명히 구분하고, 그것을 명시적으로 나타내는 것이 필요하다.

ㄴ첨가는 일찍부터 관심을 보인 음운현상의 하나였다. 최현배(1937/1971;135)에서 "ㅣ(ㅣ, ㅑ, ㅛ, ㅠ)로 비롯한 생각씨(觀念詞)가 그 위에

받침으로 끝진 말과 이을 적에는 군ㄴ을 그 첫소리로 내나니"라고 기술하면서 '암여우, 밤이슬, 식염(食鹽), 백열적(白熱的)' 등의 예를 나열하고 있다. 이때의 관찰은 생성음운론 식의 규칙이라는 개념보다는 ㄴ이 첨가되는 단어들에 대한 관찰의 결과를 서술하고 있다고 보는 것이 합리적이다.[2] 생성음운론이 도입된 이후로는 이 현상에 대해 규칙의 성립에 관심을 보였다. Kim(1970)에서 생성음운론적 방식으로 다음과 같이 규칙화되었다.[3]

(1) $\emptyset \rightarrow n$ /C+ _ +{i,y}

 (여기서 +는 word boundary)

(1)이 의미하는 것은 합성어와 같은 단어를 형성할 때 선행요소가 자음으로 끝나고 후행요소가 i나 y로 시작하는 경우에 ㄴ이 첨가된다는 것이다. 예를 들면 '꽃잎'은 [꼰닙]으로 발음되는데 (1)에서 보여주는 환경과 동일하다. 그리고 '꽃이다'와 같은 서술형에서는 ㄴ이 개

---

2. 허웅(1983;121)에서도 약간 다른 관찰이 보이기도 한다. ㄴ덧나기라는 항목에서 "겹이름씨나 또는 이에 준할만 한 말에서 뒷말의 첫소리가 /i, j/일 때에는 /ㄴ/이 덧나는 일이 있다" 라고 되어 있는데 규칙을 설정했다기 보다 일부의 관찰을 서술한 것으로 보는 거이 타당할 것이다. 또한 음성학적인 관찰도 있는데, 김승곤(1985)에서는 ㄴ이 단순히 조음음성학적인 이유로 첨가되는 것으로 설명하고 있다. 곧 ㄴ은 첫째, 합성어의 앞 성분어 다음에 휴지를 두었다가 뒷성분어를 발음한다는 점과 둘째, 앞 성분어의 받침의 혀의 조음점이 [ㄴ]의 위치와 같으면서도(유사할 경우) 뒷성분어의 [i]와 [j]의 구개음적 성질에 이끌려 [ㄴ]이 덧나면서 구개음화가 된다고 설명한다. 김정수(1989;18-31)에서는 사잇소리 /ㄴ/은 "그 뒤에 오는 /i/ 나 /j/와 그 조음점이 매우 가까운 닿소리로서 사잇소리의 대표라 할 목청 터짐소리 /ㆆ/[ʔ]가 환경을 따라 동화한 결과라고 설명한다.
3. 이와 유사한 규칙으로 ㄴ첨가를 설명한 경우는 Kim Renaud(1975)와 Chung (1980), Ahn(1985) 등이 있다. 약간의 설명이 다르지만 ㄴ첨가를 규칙적인 것으로 본 것은 고광모(1991), 곽동기(1992), 김정우(1994) 등에서도 볼 수 있다.

입되지 않는데 그러한 이유로 단어경계를 설정한 것이다. 그러나 이 규칙은 너무나 소박한 것으로 현실과 거리가 멀기 때문에 수정되어야 할 것이다.

ㄴ첨가의 환경은 최정순(1986)에서 많은 변화를 가져왔다. 여기서 ㄴ첨가가 합성어뿐만 아니라 구나 파생어에서도 다양하게 일어나고 있음을 논의했다. 또한 후행요소에 대한 제한을 두었다. 이 논문에서 후행요소가 i로 시작하는 문법형태소의 경우는 삽입이 일어나지 않는다는 사실을 지적했다. 그 결과 후행요소를 어휘형태소(lexical form)로 한정할 것을 주장했다. 그러나 문법요소인 보조사 '-요'의 경우에도 ㄴ이 첨가되기 때문에 이 주장도 수정되어야 할 것이다.

이후 기세관(1990)에서는 직접구성성분 중 후행요소가 i로 시작하는 한자어의 경우에는 ㄴ첨가가 발생하지 않는다는 사실을 지적했다. 이 말은 ㄴ첨가는 후행요소가 한자어일 경우에 y로 시작하는 경우에만 주로 발생한다는 것을 의미한다. 또한 기세관(1990)은 ㄴ첨가가 신세대로 내려올수록 잘 지켜지지 않고 40대 이상에서 잘 일어나는 것을 관찰했다. 여기에는 한자어를 표기대로 읽는 것도 영향을 미친 것으로 설명하고 있다. 한자어의 경우에 대체로 i모음 앞에서 ㄴ이 첨가되지 않지만 고유어도 그런 경향이 있기 때문에 이러한 관찰은 더욱 심화될 필요가 있을 것이다. 한자어 i모음 앞에서 ㄴ이 첨가되지 않는 현상에 대한 관찰은 Lee and Lee(2006), 오미라(2006)에서 고유어와 한자어를 포함한 y와 i모음 앞에서의 규칙에 대한 차이로 발전하기에 이른다.[4] 특히 Lee and Lee(2006;422-3)에서는 i앞에

---

4. Lee and Lee(2006)에서는 y앞에서 ㄴ첨가가 아닌 후어휘 음운규칙으로서 y의 무성음화를 주장했다. 그러나 이러한 주장은 좀더 보완을 요구한다. 왜냐하면 '한약, 안약' 등과 같은 한자어 어근복합어에서 잘 일어나지 않고, '독약'과 같은

서의 ㄴ첨가가 y앞에서의 ㄴ무성음화가 다른 이유를 첫째, 일반적으로 고유어의 경우는 수의적이다. 둘째, 한자어에서는 결코 첨가되지 않는다. 셋째, 고유어의 경우에도 삽입되지 않는 경우가 있다. 넷째, 고유어의 경우에 필수적으로 삽입되는 경우가 있다는 것이다. 이를 근거로 y앞에서는 ㄴ무성음화를 인정했으나 i앞에서는 기저에 ㄴ이 있는 것으로 보고 탈락규칙을 주장했다. ㄴ탈락은 성낙수(1987a,b)에서도 주장된 것이다. 그러나 이는 고광모(1992), 김유범외(2002;45)의 설명처럼 구에서도 일어나고 고유어 '일'은 기원적으로 ㄴ이 있다고 하기 어렵기 때문에 이런 주장은 설득력이 없다. 또한 한자어 i앞에서는 결코 ㄴ이 삽입되지 않는다고 말하지만 '몰이해, 불이익, 선이론' 등의 단어에서 ㄴ이 첨가되기도 한다. 결국 y앞에서의 규칙을 설정한 것은 인정할 수 있지만 i모음 앞에서의 관찰은 좀 더 정밀 한 것을 요구한다.

이처럼 ㄴ첨가를 현대국어의 살아있는 규칙으로 관찰한 것에 비해서 엄태수(1995)에서는 ㄴ첨가는 어휘화된 것으로 규정하고 어휘부에 ㄴ첨가된 단어 전체가 수록된 것으로 설명하고 있나. 이어서 최혜원(2002), 김선철(2003)의 국립국어원 조사와 국경아외(2005)의 표준어 화자에 대한 연구에서 ㄴ첨가 발음이 유동적인 것을 관찰한 보고를 볼 수 있고, 배주채(2003)에서는 ㄴ첨가에 대한 다양한 단어를 조사하여 수록하는 한편 예외적인 단어에 대해서도 언급하고 있다. 신지영·차재은(2003;303)에서는 ㄴ첨가 현상에 대한 공시적 음운 칙을

합성어에서도 일어나지 않는다. 이는 후어휘규칙이라기 보다는 어휘규칙의 성격이 강하다는 것을 암시한다. 이 현상의 원인은 고광모(1991)의 논의처럼 어두 ㄴ제약에서 동기화되었다고 보는 것이 타당하고 어휘규칙으로서 ㄴ첨가 규칙을 설정하는 것이 합리적이라고 생각한다.

만드는 것이 무의미 하다는 주장을 하기에 이르기도 한다.

ㄴ첨가 현상의 유동적인 모습의 원인을 사회언어학적으로 접근한 오새내(2006)의 관찰도 주목을 끄는데, ㄴ첨가가 젊은층 화자로 갈수록 잘 일어나지 않는다고 설명하고 있다. 이처럼 ㄴ첨가 규칙에 대한 회의론이 등장한 것과는 달리 신조어인 '안암역, 공덕역' 등이 [안암녁], [공덩녁] 등으로 발음되는 현상과 구구성에서 활발하게 일어나는 ㄴ첨가 현상을 들어 현대국어의 살아있는 규칙이라는 주장이 대두하기도 하고(김유범외 (2002;46)), Shin(1997), 박선우(2005, 2006), Lee and Lee(2006), 김옥영(2008)처럼 형태소의 자립성이나 공명도 원리, 삽입 금지와 같은 다양한 제약을 설정하여 이를 설명하는 경우도 계속되는데, 제약기반 이론도 마찬가지로 이 현상이 결국 어떤 규칙성이 있다는 것에 기반을 두고 설명하는 것이다.

이처럼 ㄴ첨가는 아직도 어떤 규칙성이 있는지에 대한 일치된 견해도 없이 논의가 계속 진행되고 있다.[5] 이러한 이유로 우선 이 현상의 정확한 현실을 관찰한 후에 ㄴ첨가 현상에 대한 표준어 규정을 정하는 것이 순서일 것이다. 다음 장에서는 어떤 환경에서 ㄴ이 첨가되는 것으로 기술하는 것이 합리적인지를 논의해 보기로 하자.

2.2 ㄴ첨가 현상의 환경에 대한 검토와 제안

ㄴ첨가 현상의 환경은 연구 초기에는 위의 선행연구에서 보듯이 사이시옷 환경처럼 명사복합에서 발생하는 것으로 파악했다. 그러나

---

5. 최근에는 방언에 관련된 논의도 있었는데, 김옥영(2008)은 강릉방언에 대한 논의이고 정인호(2010)은 경북 경산지역에 대한 논의였다.

점차 연구가 진행될수록 환경이 다양하게 확대되는 모습을 발견할 수 있다. 그 중에서 오미라(2006)의 경우가 가장 잘 정리되었다. 오미라(2006;124)은 김유범외(2002)를 참고하고 보조사 '-요'의 경우를 더하여 ㄴ첨가 현상에 대한 환경을 다음과 같이 도표로 정리했다.

(표1)

	보조사와의 결합	한자어		고유어	구
		어근+어근	파생어,복합어,혼종어	파생어,복합어,혼종어	
선행요소의 음운조건	자음	공명자음	자음	자음	자음
후행요소의 음운조건	y	y		/i,y/	/i,y/

위의 분류에 따르면 ㄴ첨가의 환경은 적어도 다섯 가지로 분류된다는 것을 보여주고 있다.위의 도표에 나온 대로 예들을 보면 다음과 같다.

(2) 가. 밥(을)요 → [밤뇨], 국(이)요 → [궁뇨]

나. 금융 → [금늉], 검열 → [검녈], 절약 → [절략]

다. 바깥양반, 알약, 향학열, 학생용, 백여우

라. 은행잎, 봄여름, 샀일, 막일, 맨입

마. 세계적유물, 옷입다, 서른여섯, 정신적이유

그런데 계속된 논의에서 오미라(2006;125)는 후행 요소 i와 y가 비대칭성을 가진다고 주장하고 있다. 즉 위의 도표에 보이는 환경 /i,y/를 분리해서 생각하고 있다. 또한 한자어를 제외한 외래어도 추가하고 있다. 이러한 요인을 모두 합하면 ㄴ첨가 환경을 결정하는 변별적 요소가 여러 가지가 된다. 우선 크게는 고유어, 한자어, 외래어의 구분이 필요하고, 형태론적 범주로 보조사, 어근복합, 파생, 합성, 구의 구분이 필요하다. 또한 음운론적 구분으로 선행요소가 장애음인지 공명음인지와 후행요소가 i인지 y인지에 따른 구분이 필요하다. 이러한 요소들은 감안하여 필자가 다시 예들을 중심으로 ㄴ첨가를 아래와 같은 도표로 구성해 보았다. 아래의 예들은 위에 언급한 기존의 논의에서 많이 거론된 것을 중심으로 하고 필자의 직관을 반영한 것이다.

도표안의 단어들에 대한 표시는 발음형이 아니고 ㄴ첨가가 가능한 철자 표기형이고, *는 ㄴ첨가가 불가능한 단어임을 보인 것이다. 예를 들어 '막일'로 표기된 것은 철자형이지만 ㄴ첨가가 가능하여 [망닐]로 발음이 가능하다는 의미를 가진다. 그리고 *맛있다'로 표시된 것은 ㄴ첨가형인 [만닏다]의 발음이 불가능하다는 의미를 가진다. ?표시는 필자는 거의 ㄴ첨가하지 않지만 다른 논의에서 거론된 단어를 의미한다. 한자어와 고유어가 혼합된 혼종어는 제2요소를 기준으로 보면 된다. 다음으로 수의적인 경우가 있다. 예를 들면 '꽃이름'은 [꼰니름]과 [꼬디름]이 ㄴ첨가와 비첨가가 수의적으로 선택된다. 수의적인 경우는 도표 (2)에서 표시하지 않고 도표 (3)에서 표시했다. 그러나 예를 들어 '기념일'이 ㄴ첨가되지 않고 [기녀밀] 혹은 [기념일]로 연음되거나 분리되어서 발음되는 경우는 표시하지 않았다.

(표2)

고유어/한자어	장애음/공명음	i/y	보조사	어근복합 접두사	파생 접미사	파생	합성	구
고유어	장애음	i			막일,짓이기다,홑이불,핫이불,헛일,덧니	*영식이,	속잎,겹이불,앞이마,호박잎,밭일,부엌일,겉잎,삯일,꽃이름,나뭇잎,잡일,잡일꾼,?공작이끼	못이기다,못잊다,옷입어라,낯익다, // *집잃고,*값있다,*맛있다,*밥있다,*멋있다,*약이름,*역이름,*책읽기
고유어	장애음	y	밥요,국요	*얄기죽얄기죽	늦여름,놋요강,덧양말,백여우		가락엿,바깥양반	아름다운열매
고유어	공명음	i			날일,맨잎,군입질	*개똥이,	솔잎,솜이불,논일,들일,콩잎,남일,어른이,어린잎,연잎,별일,은행잎,단풍잎,?텀이슬	한잎사귀,덜익었다,궂은일,할일,한 일,잘입다,마른일,돈이야기,사람이마 // *돈있다,
고유어	공명음	y	물요,소금요	야금야금	불여우,한여름		봄여름,스물여섯,서른여섯,물엿,콩엿,알약,사랑양반,눈요기,물약,몽당연필,(담요)	문열다,쓴약,

한자어/장애음		i/y	보조사	어근복합 접두사	파생 접미사	파생	합성	구
한자어	장애음	i		*납입,*백인	*악인연,*급이상	*한국인,*경축일	*파격인사,*입인사	정신적이유

		보조사	어근복합 접두사	파생 접미사	파생	합성	구
한자어	한자어	y 한국요	*협약,*작용,*식염수*백열,*급유,*복역	목양말,극영화,악영향,약염기	산업용,향학열,	수학여행, 소독약, 색연필, 색유리, 어학연수, (*독약)6)	세계적유물
한자어	공명음 i		*길일,*상인,*군인	몰이해, ?불인정, 불이익, 순이론 //*순이익, *몰인정7)	*결산일,*기념일,*간병인,*삽십일,	*핵심인물,*등장인물,*끈이론,*눈인사,*참인간,*서울인심,*춤인생,*술인심,*어학이수	*총인구,?좋은이론
한자어	공명음 y 산요		금융,검열,절약,촬영,진열,?탕약,?양약,?정염,?정유, // *한약,*안약,*안양,*동양,*양양,*평양	신여성,공염불,	맹장염,학생용	두통약,강릉역,야간열차,천생연분,직행열차	총연습,
외래어	i					*북이태리	?내가갈이태리
외래어	y			동유럽,북유럽		북유럽	깔끔한유니폼

도표 (2)에 보인 예들을 가지고 다시 아래와 같이 정리해 보았다.

(표3)

			보조사 (요)	어근복합	파생		합성	구
					접두사	접미사		
고유어	장애음	i	■		oy	XX	oy	X
		y	o	X	o		o	o
	공명음	i	■		oy	XX	oy	o?
		y	o	o	o		o	o
한자어	장애음	i	■	XX	XX	XX	XX	X
		y	o	XX	o	o	o	o
	공명음	i	■	XX	X	XX	XX	
		y o		X	o	o	o	o
외래어	자음	i	■				X	
		y	o		o		o	o

(0;ㄴ첨가, X;ㄴ첨가에 대한 예외가 있음, XX;ㄴ첨가를 불허함, oy;ㄴ첨가와 비첨가가 수의적임, o?;대체로 ㄴ첨가, 빈간은 예들을 찾지 못함)

도표 (2)의 구분은 기존의 논의를 망라한 것이다. 이 구분이 설득력을 가지려면 예외가 없어야 하고 분류의 기준이 타당해야 할 것이다. 가장 눈에 띠는 문제점은 이런 분류로는 어떤 규칙을 세우기 힘들고 합리성이 발견되지 않는다는 것이다. 우선 한자어와 고유어는 정도성의 차이만 있을 뿐 결정적 차이가 발견되지 않는다. 또한 형태론적 구분도 어떤 규칙성을 발견할 수 없기 때문에 중요한 것으로 볼 수 없다. 보조사 '-요'를 구분하는 일도 ㄴ첨가가 가능하지만 다른 굴절접미사는 불가능하기 때문에 특정 어미에 한정된 특수한 현상으로 볼 수 있다. 마지막으로 공명음과 장애음의 차이로 ㄴ첨가와 비첨가를 구분하기도 힘들다.

그런데 약간의 손질을 가할 경우 규칙을 세울 가능성이 있다. 도표 (2)을 재구성한 도표 (3)을 보자. 어근복합어를 제외한다면 후행요소가 y일 경우는 예외가 거의 없이 규칙적이고, i일 경우는 예외를 보인다는 차이점을 발견할 수 있다. 즉 i를 제외하면 y앞에서만 규칙적으로 ㄴ이 첨가 된다. i의 경우는 후행요소가 한자어의 경우는 더 많은 예외를 가지고 고유어의 경우는 더 적은 예외를 가진다는 정도성이 차이가 있다. 후행요소 i의 경우를 규칙에서 제외해야 하는 또 다른 이유는 i의 경우에 ㄴ첨가의 단어들이 대부분 수의적으로 ㄴ첨가를 하지 않고 발음하는 경우로 대치되고 있다는 것이다. 예를 들면 '꽃이름'의 경우에 [꼰니름]이라고도 하지만 [꼬디름]으로도 자주 발음한다. 그러나 y의 경우는 삽입이 필수적으로 일어난다. '늦여름'을 [느뎌름]으로 발음하는 경우는 거의 없다. 이러한 차이는 ㄴ첨가 규칙이 후행요소가 i로 시작하는 단어에서 점차 사라지는 것을 보여주는 증거가 된다.[6]

이러한 사실을 근거로 ㄴ첨가 현상은 후행요소가 y인 경우만 규칙적인 것으로 한정하기를 제안한다. 이렇게 될 때 남은 문제는 두 가지가 된다. 먼저 어근복합어를 어떻게 처리할 것인가? 다음으로 후행요소가 i로 시작하는 단어들은 어떻게 할 것인가?

---

6. Lee and Lee(2006;423)의 각주 11에서 '늦여름'의 경우 y앞에서의 수의성을 보이는 것에 대해 설명하고 있다. y앞에서는 i앞에서와는 달리 파생접사와의 결합에서는 수의성을 보이고 어간합성의 경우는 필수적으로 ㄴ이 첨가되는 것으로 설명하고 있다. 필자는 약간 다르지만 점차로 이러한 수의성도 필수적으로 ㄴ첨가쪽으로 방향을 바꾸는 것으로 판단된다. 이는 i모음 앞에서의 ㄴ첨가 규칙은 사라지는 쪽으로 방향을 잡고, y앞에서의 ㄴ첨가 규칙은 강화되는 쪽으로 방향을 잡기 때문으로 보인다.

어근복합어의 경우는 그것을 하나의 단위로 처리하여 표면의 발음형을 기저형으로 삼을 것을 제안한다. 국어의 경우에 형태론적으로 한자어의 경우나 고유어의 경우에 어근복합을 규칙으로 가지는 경우는 극히 드물다. 특히 한자어 어근복합어는 국어문법을 사용하는 입장에서 보면 그것을 분석하는 것조차 어렵다. 예를 들어 '단풍(丹楓)'이라는 단어의 경우에 한자를 모르는 국어화자는 이 한자 어근복합어를 분석할 능력이 있을 수 없다. 그러므로 이와 관련된 한자어는 모두 표면의 발음이 어휘부에 등재되어 있다고 생각하는 것이 옳다. 고유어 어근복합어도 이와 동일한 방식으로 처리하고자 한다.

i의 경우는 좀 더 복잡하다. 현상을 자세히 관찰하면 ㄴ첨가 규칙이 사라지는 과정 중에 있다고 생각된다. 젊은 층으로 내려갈수록 ㄴ을 첨가하지 않는 쪽으로 발음을 변경하고 있다는 선행연구도 이를 뒷받침하고 있다. 그러나 많은 고유어 단어에서 아직도 ㄴ첨가 단어가 쓰이고 있고, 심지어 '못이기다, 옷입다'처럼 구에서도 활발하게 쓰이고 있다. 현대국어의 경우에 학문적인 관점에서는 서울말에서 ㄴ첨가 현상이 후행요소가 '이'의 경우에는 적용이 안되는 방향으로 변경되고 있다는 사실을 지적하는 것으로 그칠 수밖에 없다. 지금까지의 논의를 정리하고 그 예들을 보면 다음과 같다

(3) ㄴ첨가 현상에 대한 설명

가. 어떤 성분이 음운론적 단어를 형성할 때 앞선 요소가 자음으로 끝나고 후행요소가 y로 시작하면 ㄴ이 첨가된다.[7]

---

7. 이 경우 예외가 거의 없기 때문에 음성학적인 동기가 있는 것처럼 보이지만 동

　나. 후행요소가 i로 시작하는 경우에는 어휘화되어 ㄴ이 첨가된 채로 어휘부에 등재된 단어와 그렇지 않은 단어로 구분된다.

　이러한 설명에 대한 예들은 위의 도표를 참고하면 될 것이다. (3가)에 대한 예외는 몇 개 되지 않는다. '독약'의 경우에 각주 6)에서 언급했듯이 [동냑]으로 발음되지 않기 때문에 예외가 되는데, 이는 아마도 어근복합어에 유추되어 처음부터 이런 발음으로 고정되었기 때문으로 보인다. 즉 '한약, 안약'처럼 ㄴ이 첨가되지 않는 단어에 유추된 것으로 보인다. '독약'의 경우를 제외하면 생산적인 합성이나 구에서 y앞의 ㄴ첨가는 예외가 거의 없는 것으로 보인다. 한편 (3나)의 i모음 앞에서의 ㄴ첨가 예들은 좀 더 세분해서 논의할 필요가 있는데 이는 아래에서 좀 더 자세하게 논의될 것이다.
　이상의 논의에 대해서 어떻게 표준어 규정을 하는 것이 좋은가에 대한 문제는 다음 장에서 논의하기로 한다.

3. ㄴ첨가에 대한 새로운 표준어 규정

　위에서 논의되었듯이 ㄴ첨가는 어근복합어를 제외하면 후행요소가 y인 경우는 규칙적이고, i인 경우는 사라지는 규칙으로서 불규칙적이다. 규칙적인 경우는 표준어 규정에서 그대로 정하면 되기 때문에 문제가 되지 않는다. 그러나 문제는 후행요소가 i의 경우다. 두 가

일한 환경의 어근복합어에서 ㄴ첨가가 일어나지 않는 경우가 많다. 이러한 사실은 이 현상이 음성적인 동기가 없다고 할 수 없지만 전적으로 음성학적인 동인만 있는 것이 아님을 보인다.

지 경우가 있을 수 있다. 규정으로 규칙을 만드는 경우가 있고 규칙을 만들지 않는 경우가 있을 것이다. ㄴ첨가 규칙을 만들면 삽입되지 않는 것이 예외가 되고, 규칙을 만들지 않으면 삽입된 경우가 예외가 된다. 이는 쉽사리 결정하기 어려운 문제다. 경험적으로 보면 i의 경우에 세 가지 유형의 어휘군으로 분류될 수 있을 것 같다.

(4) 가. 덧니, 헛일, 막일

　　나. 꽃이름 → [꼰니름]~[꼬디름], 호박잎 → [호방닙]~[호바깁], 솜
　　　　이불 → [솜니불]~[소미불]

　　다. 약이름 → *[양니름], 책읽기 → *[챙닐끼], 눈인사 → *[눈닌사]

(4가)의 경우는 거의 필수적으로 ㄴ을 첨가하는 어휘군이고, (4나)는 ㄴ첨가와 비첨가가 수의적으로 교체하는 경우이고, (4다)의 경우는 ㄴ이 거의 필수적으로 첨가되지 않는 경우다. 문제가 있지만 이 세 가지를 고려하고 점차 사라져가는 규칙임을 감안하면 규칙을 제정하지 않는 것이 바람직하다고 본다. 그렇게 되면 문제가 (4가)와 (4나)인데, (4가)는 예외 규정을 두어 기억하기로 하고 (4나)의 경우는 과도기적으로 두 가지 발음형을 모두 표준어로 인정하는 방안을 제안한다. 구의 경우에도 후행요소가 i일 때는 ㄴ을 첨가하지 않는 것을 표준 발음으로 인정하는 것이 이러한 취지에 평행하게 맞게 될 것이다.[8]

---

8. 구의 경우 '꽃은일, 못잊다'와 같이 항상 'ㄴ'이 첨가되는 경우는 어휘화된 것으로 보고, '잘입다, 정신적이유'처럼 ㄴ이 첨가와 비첨가의 수의적인 경우는 첨가 규칙이 사라지는 과정 속에 나타난 것으로 보인다. 구의 경우는 어휘화된 것만 규정에 넣고 그 외의 경우는 첨가되지 않는 것을 표준어로 인정하는 것이 바

(5) ㄴ첨가에 대한 새로운 표준어 규정

1. 어떤 성분이 음운론적 단어를 형성할 때 선행요소가 자음으로 끝나고 후행요소가 y로 시작하면 ㄴ이 첨가되어 발음된다.

2. 음운론적 단어를 형성할 때 선행요소가 자음으로 끝나고 후행요소가 i로 시작하는 경우에 다시 둘로 구분하여 언제나 ㄴ이 첨가되는 발음을 하는 경우와 두 가지 표준어를 인정하는 경우로 구분한다.

2.1 언제나 ㄴ이 첨가되는 단어
덧니, 막일, 헛일 ....

2.2 ㄴ이 첨가되는 경우와 ㄴ이 첨가되지 않는 경우를 모두 표준어로 인정하는 경우
꽃이름, 호박잎, 솜이불 ....

위의 규정 2에 대한 단어 하나하나의 설정은 국립국어원에서 조사하여 정하는 방안이 가장 합리적이라고 생각된다.

람직하다.

4. 마무리

지금까지 ㄴ첨가 현상을 살펴보고 이에 대해 어떤 규정을 마련하는 것이 합리적인지를 논의했다. 표기법은 그 대상인 표준어의 연구가 무엇보다도 중요하다. 그러나 표준어는 사실 언중과 함께 끊임없이 변화하기 때문에 정확한 사실을 포착하기 힘들다. 더욱이 어휘 개별적인 현상이 아니고 음운현상이 변하는 경우는 어휘군 전체가 영향을 받기 때문에 더욱 대상을 포착하기 어렵다. 현대국어에서 많은 음운현상이 유동적인 변화를 보이고 있다. 사이시옷 현상을 비롯하여, 경음화, 유음화 등이 대표적이다. 이들을 모두 다루어야 유동적인 현상에 대한 표준어 규정을 어떻게 하는 것이 합리적인가 하는 점이 들어날 것이다. 여러 가지 제약으로 인해서 본고에서는 ㄴ첨가 하나의 현상을 살펴보았다.

그 결과 어떤 단어를 언중 대다수가 규칙적으로 발화하는 경우에는 규정에 포함시키고 소수의 사람이 발화하는 경우에는 예외적으로 처리하였다. 또한 수의적으로 교체하는 경우에는 두 가지 모두를 표준어로 인정하는 방안을 마련했다.

구체적으로 ㄴ첨가는 y앞의 경우만 규칙적인 것으로 하고 i모음 앞의 경우는 사라지는 규칙이 적용되는 것으로 파악했다. 이러한 논의 결과를 그대로 표준어 규정에 반영하는 것이 합리적이라고 주장했다. 후행요소가 y로 시작하는 단어처럼 규칙이 적용된 단어에 대한 규정은 간단하다. 모두 ㄴ을 첨가해서 발음하도록 하면 되기 때문이다. 그러나 규칙이 사라지고 어휘화된 경우는 발음형에 따라 일일이 조사하여 결정해야 하는 어려움이 따른다. 이는 시간과 경제적 비용이 많이 드는 것으로 국가에서 시급하게 해결해야할 문제라고 생각한다.

ㄴ첨가 이외에도 여러 음운현상이 유동적인 경우가 있다. 이들에 대한 표준어 규정의 문제도 항상 관심을 가지고 관찰해야할 것이다. ㄴ첨가에 대한 위의 논의가 이들 현상에 대한 표준어 규정에도 영향을 미칠 것으로 기대한다. 학문 문법에서 이루어진 성과를 국어정책에 반영하여 국민에게 편안한 언어생활을 제공하는 것도 국어와 관련된 모든 사람의 책임이라고 생각한다.

참고문헌

〈단행본〉

김선철(2003),『표준발음실태조사2』, 국립국어연구원. 22~32쪽.

이기문(1972),『국어음운사연구』. 탑출판사.

이명규(2000),『중세 및 근대국어의 구개음화』. 한국문화사.

이호영(1996),『국어음성학』. 태학사.

최현배(1937/1971).『우리말본』. 정음문화사(깁고고침)

최혜원(2002),『표준발음실태조사,국립국어연구원. 8~36쪽.

허웅(1983;121),『국어학-우리말의 오늘 어제』, 샘문화사.

홍윤표(1994),『근대국어연구1』. 태학사.

Kim-Renaud. Young-Key(1975),『Korean Consonantal phonology』, 탑출판사.

〈논문〉

고광모(1991), ㄴ첨가와 사이시옷에 관하여.『언어연구3』. 서울대 언어학과. 1~22쪽.

고광모(1992), ㄴ첨가와 사이시옷에 대한 연구.『언어학14』.한국언어학회.
    199~228쪽.

곽동기(1992), 운율단위에 의한 국어 음운현상의 분석. 서울대박사학위논문.

국경아·김주원·이호영(2005), 선호도 조사를 통한 ㄴ첨가 현상의 실현양상
    연구.『말소리 제53호』. 사단법인 대한 음성학회. 37~60쪽.

기세관(1990), 국어 단어형성에서의 /ㄹ/탈락과 /ㄴ/첨가에 대한 음운론적
    연구. 원광대 박사학위논문.

기세관(1990b), 국어의 음운 탈락 및 음운첨가에 대한 연구.『어학연구(순천
    대)2』.

기세관(1991), 첨가음 /ㄴ/의 기능.『어문논총(전남대)12.13』.

기세관(1999), 첨가음 'ㄴ'의 성격.『선청어문(서울대 국어교육과)27』.

김승곤(1985), 한국어 어중첨가음 'ㄴ'의 음성학적 고찰.『미오당김형기선생
    팔순기념 국어학논총』. 서울;창학사.

김승호(1992), 콧소리 덧나기.『동아대국어국문학논문집 11』.

김옥영(2008), ㄴ-첨가 현상의 제약;강릉지역어를 대상으로.『음성.음운.형태
    론연구 제14집 제1호』. 한국음운론학회. 53~75쪽.

김유범·박선우·안병섭·이봉원(2002), 'ㄴ'삽입 현상의 연구사적 검토.『어문
    논집 제24집』. 민족어문학회. 41~71쪽.

김정우(1994),『음운현상과 비음운론적 정보에 관한 연구』. 서울대박사학위
    논문.

김정우(1998), 'ㄴ'삽입의 음운론과 형태론,『'방언학과 국어학'-청암 김영태
    박사 화갑기념 논문집』, 태학사.

박선우(2005), 위치적 유표성과 한국어의 ㄴ삽입.『음성.음운.형태론 연구.
    11.2』, 한국음운론학회, 323~335쪽.

박선우(2006),『국어의 유추적 음운현상에 대한 연구』. 고려대박사학위논
    문.

성낙수(1987a), 이른바 'ㄴ'덧나기에 대하여.『한국어학과 알타이어학』. 대구;
    효성출판사.

성낙수(1987b), 이른바 한국어의 두음법칙 연구.『한글197호』. 한글학회,

성낙수(1995), 구개음화되는 /n/의 표기에 대하여.『동박학지(연세대) 제
89.90집』.

신지영·차재은(2003),『우리말 소리의 체계』, 한국문화사.

양순임(1996), 현대국어의 사잇소리 덧나기와 된소리 되기.『우리말 연구6』.

엄태수(1994),『국어기저형과 음운규칙에 대한 연구』. 서강대 박사학위 논
문.

엄태수(1995), 복합어의 음운현상과 최적원리.『어문연구(한국어문연구회)
88』.

오미라(2006), ㄴ-삽입 환경의 재검토.『언어학 제14권 제3호』. 대한언어학
회. 117~135쪽.

오새내(2006),『현대국어의 형태음운론적 변이 현상에 대한 사회언어학적
연구』, 고려대박사학위논문.

오정란(2002), 국어 부동음소의 설정과 그 음운현상.『21세기 국어학의 현
황과 과제』. 한국문화사.

임홍빈(1981), 사이시옷 문제의 해결을 위하여.『국어학10』. 국어학회.

정인호(2010), ㄴ첨가 관련 현상의 방언 비교,『방언학 10호』, 한국방언학회.
195~219쪽.

최정순(1986),『국어 음운규칙의 단계적 적용에 대하여』. 탈락과 삽입을 중
심으로.

최정순(1995),『국어통사음운론 연구』. 서강대박사학위논문.

Ahn Sang-Cheol(1985),『The interplay of phonology and morphology
in korean Doctoral dissertation』, University of Illinois at Urbana-
champaign.

Chung,Kook(1980),『Neutralization in Korean. Doctoral dissertation』.
University of Texas at Austin.

Kim, Chin-W(1970), Boundary phenomena in korea,『Papers in

Linguistics 2:1』. 489-508쪽.

Lee, yongsung, and minkyung, Lee(2006), n-insertion as y-devocalization in korean. 『korean journal of linguistics 31.3』, 413~440쪽.

Shin, seung-hoon(1997), constraints within and between syllables; syllable licensing and contact in optimality theory. seoul. thahaksa.

제2부
국어의 현재와 미래

한글 표기법과 글쓰기에 대한 연구

I

음성학·음운론 **연구동향**

1. 서론

이 글은 2000년도에 논의된 음성학과 음운론의 연구 동향을 파악하려는 목적으로 집필되었다. 국내 학자들이 연구한 음성학과 음운론 분야는 그 분량이 대단히 많지만 여기서는 공시적 연구 분야만을 대상으로 해서 논의했다. 이 글에서 제외되는 통시적 연구나 방언연구는 따로 해당 분야가 있기 때문에 그것을 참고하면 될 것이다. 다만 통시적 연구라 하더라도 공시적 음운론과 관계있는 내용이 상당히 포함되어 있다면 본 논의에 포함되었다. 또한 방언 연구에 있어서도 서울방언은 표준어와 관련되기도 하고 현대국어의 가장 큰 비중을 차지하기 때문에 논의에 포함되었다. 실용적 목적으로 컴퓨터에 이용되는 언어공학적 연구나 전문적 질병치료를 위한 언어병리학적 연구, 외국어로서의 한국어 교육 등과 관련된 연구는 제외하였다. 한자음 연구라 하더라도 중국음 연구에 전적으로 기울인 것은 제외하였다. 음운론과 관계 있다 하더라도 그 주된 목적이 지명연구나 사회학적 연구에 있다면 제외하였다.

대상이 되는 글은 모두 136편으로 단행본 7편, 학위논문 31편, 일반논문 98편이다. 전년에 비해 약간 증가되었다고 볼 수 있겠다. 물론 여기에는 필자가 찾지 못한 논문들이 많이 누락되었을 것이기 때문에 정확한 수치라고 볼 수 없다.

논의의 순서는 음성학과 음운론으로 나누고 음성학은 실험음성학, 음성학의 응용의 순으로 그리고 음운론은 시간을 기준으로 현대와 현대 이전으로 나누고 다시 각각 음운체계와 분절음, 음운현상, 음절, 초분절음소, 표준발음, 문헌의 음운론적 연구 등으로 논의되었다.

이 글은 주로 각 발표자의 내용을 소개하는데 초점을 두었다. 그러나 논문의 내용의 질이 모두 동등하지 않기 때문에 논문의 평가를 위해서는 여기에 소개된 내용을 참고로 다시 읽어야 할 것이다.

용어는 간혹 필자가 사용하는 것으로 바꾼 것도 있으니 관계된 필자들의 너그러운 이해를 바란다.

2. 음성학

지난해에 비해 상당한 양의 음성학적 연구성과가 이루어졌다. 이는 컴퓨터를 이용한 실험 방법의 개선도 중요한 영향을 미쳤지만 무엇보다도 음성학 연구자들의 증대와 노력의 결과로 보여진다.

음성학 전반에 관련된 한 권의 책이 발간되었다. 『말소리의 이해』

(신지영)은 음성학 연구의 바탕을 제공하는 책인데 책의 내용은 전부 8장으로 구성되어 있다. 1장 서론, 2장~5장은 조음 음성학적인 특징을 설명하고 있다. 6장은 우리말 소리체계로서 음운론에 대한 설명이다. 7장, 8장은 음향 음성학에 대한 논의로서 이 책의 가장 큰 특징으로 파악된다. 7장에서는 음향음성학의 기초개념을 설명하고 있다. 음파와 스펙트럼에 대한 설명이 있다. 8장은 우리말 소리의 음향적 특성을 설명하는 자리로 모음, 활음, 자음의 순서로 되어 있다. 부록으로 음향 분석기 이용법이 소개되어 있다.

2.1. 실험음성학

논의의 순서를 자음과 모음 그리고 초분절음소의 순으로 했다. 자음의 경우는 평음에 대한 연구가 많았다. 평음과 유기음, 평음의 유성음화 등에 관련된 논의가 돋보인다.

"국어의 /ㅅ/는 평음인가 격음인가"(이경희)는 /ㅅ/을 음운론적으로 평음으로 음성학적으로 유기음으로 보는 기존의 견해를 비판하고, VOT 구간 길이, /ㅅ/의 약유기음화 현상, 유성음화, 지각 실험에 의해서 음성학적으로도 평음 계열에 서야함을 주장하고 있다. 먼저 /ㅅ/의 VOT 구간의 실험에서 강세구 초/어두에서는 격음과 평음이 /ㅅ/과 유사하며 강세구 내/어중에서는 경음과 평음이 /ㅅ/과 유사했다고 말한다. 즉 /ㅅ/은 기존 논의와 달리 격음보다는 오히려 평음과 가깝다는 것이다. 다음으로 /ㅅ/의 약기음 실험에서도 다른 평폐쇄음과 동일하게 약기음화 되었다고 한다. 한편 /ㅅ/의 유성음화는 화자의 특성, 발화 속도에 따라 실현되기도 하고 그렇지 않기도 하여 규칙화할 수 없었으며, /ㅅ/의 지각실험에서도 평음으로 판단되었다는 것이다.

"On the Lenis Stop Consonants in Korean"(안현기)는 평폐쇄음이 경음과 유기음에 비해 차이가 나는 점을 음향음성학적으로 탐구한 논문이다. 이를 위해 세 종류의 자음과 결합하는 모음의 음향학적 특징(H1-H2)을 살피고, 나아가 VOT, F0 크기 사이의 관계를 탐구하고 있다. 그 결과 한국어 폐쇄음의 음운론적 취급에서 [constricted glottis] 자질과 [spread glottis] 자질은 그대로 유지하고, [stiff vocal folds] 자질과 [slack vocal folds] 자질은 통합할 것을 주장한다. 그리고 단지 [slack vocal folds]만을 평폐쇄음의 음운표시를 위해서 사용할 것을 제안하고 있다.

"국어 파열연자음 유성음화에 관한 음향음성학적 고찰"(김효숙, 김선주, 김선미)는 다양한 문법구조를 가진 120개 문장을 표준어를 쓰는 40대 남성화자에게 읽혀서 녹음된 것을 음향분석하였다. 그 결과 유성음화가 일정한 영역(말토막, 음운구 또는 엑센트구)에서만 일어나는 현상이고 또한 유성화가 음향적 특징에 따라 완전유성과 부분유성으로 나누어지는데, 다만 발화속도에 대한 요소의 고려가 필요하고 파열음의 빈도수가 고르게 분포된 자료를 선택할 필요가 있다고 말한다.

"국어 평음의 음성적 실현에 대한 해석"(신지영)은 일반적으로 국어의 평폐쇄음은 모음과 모음사이에서 유성음화하고 그외는 무성음으로 실현되는 것으로 보고 있으나 실험 결과 강세구 초에서는 규칙적으로 약한 기식성을 가지고 실현되고 그 이외에서의 모음사이에서는 선후행 분절음의 후두동작과 밀접한 관계를 가지고 있다고 판단된다고 한다. 즉 유성음화는 음성학적으로 규칙적으로 발생하는 것으로 보기 어렵다는 것이다.

"한국어 평마찰음과 경마찰음의 음향적 특성과 지각 단서"(이경희, 이봉원)은 한국어 /ㅅ/과 /ㅆ/은 음향학적으로 CV환경과 VCV환경에서 마찰구간 길이와 기식구간 길이가 차이가 나는데, 이러한 결과는 지각 구별에도 영향을 미친다는 것이다.

"한국어 모음에 관한 팰라토그래픽 인상"(백운일)은 혀의 입천장 접촉에 관한 사실을 눈으로 관찰하기 위해 인공구개를 만들고 녹말가루 같은 분말을 바른 인공구개를 입속에 넣고 이를 꺼내어 관찰하는 방법을 사용한 정적 팰라토그래피의 방법으로 모음을 관찰하고 있다. 이 결과는 전통적 모음 분류와 일치하지 않는 점도 있으나 대체로 일치하고 있음을 보여주고 있다고 한다.

"한국어 단순모음의 장단에 관한 연구"(이재강)은 한국어 단순모음의 포먼트 양상을 살피는 연구다. 표준어를 사용하는 사람을 젊은 세대와 나이든

세대, 남녀로 나누어 각 4명씩 16명을 대상으로 실험했는데, 8개모음이 음성학적으로 어떤 유형화를 발견하기 어려웠다고 한다. 단지 어두에서 짧고 강세인 경우에 다양화가 두드러진 것을 발견했다고 한다.

"한국어 리듬패턴 변화에 관한 연구"(김선주)는 장음의 상실에 의한 리듬변화를 알아보기 위해 2음절 단어를 중심으로 20대와 60대의 서울말 화자를 대상으로 실험한 결과이다. 그 결과 20대의 경우에 첫음절이 단모음화 되면서 두번째 음절의 길이를 증가시켜 리듬의 변화를 보였는데 20대 화자들은 두번째 음절에 강세와 고저를 집중시키는데 반하여 60대 화자는 일정한 경향을 보기 어려웠다고 한다.

"한국어의 중간구 오름조 현상에 대하여"(곽동기)는 한국어 표준어인 서울말의 중간구(음운론적 구) 끝에서 나타나는 오름조 현상은 엑

센트와 연관이 있다기보다는 친근한 태도를 나타내며, 또한 중간구의 구절화를 통하여 화자가 청자에게 의미를 보다 잘 전달하려고 하고 청자에게 발화가 아직 끝나지 않았으므로 계속 청취해 달라는 등의 복합적인 의미가 담겨 있다고 말한다. 즉 한국어의 중간구 오름조 현상은 악센트와는 상관없이 중간구의 구절화를 통하여 여러 화용론적인 정보를 전달하기 위한 장치로 보인다고 말한다.

"의미의 강조에 의한 운율 특징음향음성학적 관점에 의한 분석"(김선희)는 대구방언을 중심으로 한 연구로 초점에 의한 운율 특성의 양상을 살펴보았다. 초점을 받으면 피치, 지속시간, 강도 등의 모든 운율요소의 변화가 나타나지만 언어학적으로 의의가 있는 것은 피치의 변화라고 볼 수 있다는 것이다. 또한 초점이 있는 단어뿐만 아니라 초점어에 접속한 조사에 있어서도 더 높게 나타났다고 한다. 그러나 이는 모든 조사의 특성이라기보다는 비교격조사 '보다'의 기능상 특성으로 해석할 수 있다는 것이다.

"Acoustic Cues of Korean Nuclear Tones"(이호영)은 한국어 억양구의 마지막 음절에 부과된 억양 패턴(Nuclear Tone)에 대해 여러가지 음향음성학적인 특징을 설명하고 있다. 기존에 본인이 설정한 9개 종류의 한국어의 억양패턴을 구분하는데 있어서 목표주파수, 목표주파수의 방향, 시작과 끝의 F0, 정점과 저점의 시간, 상승과 하강국면의 지속, 선행 음절의 F0 등의 음향학적인 특성이 중요한 역할을 할 수 있음을 보여주고 있다.

"한국어 강세구의 음성적 실현 양상과 재음절화"(신지영, 김민정, 김기호)는 음성학적으로 /ㄹ/이 초성에서는 탄설음으로 종성에서는 설측음으로 실현되는데 만일 재음절화가 발생한다면 종성의 /ㄹ/은 초성으로 이동되어 탄설음으로 발화될 것이라고 한다. 이를 바탕으로 표준어 화자를 중심으로 실험한 결과, 재음절화는 억양구가 아니라 강세구내에서 발생하며, 다만 조사가 없는 3음절 이하의 강세구에서는 탄설음으로 실현되는 경우가 많았고, 화자나 발화속도에 거의 영향을 받지 않는다고 말한다.

"한국어 의문문 억양에 나타난 초점과 문미억양의 관계"(김미란)은 음성실험을 통해 가부의문문, 의문사의문문, 반복의문문의 억양 패턴이 차이를 보이는데 특히 이러한 패턴은 화자가 의도하는 초점에 크게 영향을 받는 것으로 보았다.

"화자 인식을 위한 개별화자의 음성 파라미터 추출"(배재연)은 화자들의 개별음성이 어떤 음향적 특징에 의해 결정될 수 있는지 실험한 결과 진폭값과 기본 주파수 값은 화자간, 출신지역간에 편차가 크지 않고 다만 포먼트 주파수가 지역간에는 편차가 없으나 화자간의 음성특징을 결정짓는데 중요함을 보인다고 말한다

"한국인의 외국어 /ʃ/음에 대한 실험음성학적 연구"(이숙향, 강현숙)은 영어와 독일어의 /ʃ/음은 음절초에 올 때 한국어의 [슈]로 음절말에 올 때 [쉬/시]로 반영되는데 영어화사와 독일어화자를 가지고 각 나라의 단어들을 실험해 본 결과 음절초와 음절말에서 /ʃ/음의 마찰소음 지속시간이 음절말에서는 길게 음절초에서는 짧게 나타났다고 한다. 이러한 음성학적 차이가 한국어 화자들에게 다른 음소로 반영된다고 말한다.

"외국어 습득에 모국어가 미치는 영향에 대하여-폴란드어 화자의 한국어 단순모음 청취에 대한 연구-"(Anna Izabella Paradowska)는 한국에 온 적이 없는 폴란드 화자 21명을 대상으로 실험했다. 그 결과는 자국에 없는 모음을 인식하기 어렵다는 것을 보여준다. 두 나라에 동일한 위치에 존재하는 음소는 잘 인식하고, 비슷한 위치에 있는

경우에는 모국어에서 음가와 비슷한 모음으로 인식하였다는 것이다. 폴란드인이 한국어 모음을 인식하는데 있어서 선행 모음이 어떤 것이냐에 따라 후속 모음의 인식이 달라지는데 이 경우 원순성이 가장 중요한 역할을 하는 것으로 보인다고 한다.

이밖에 "한국어 비음의 지속시간에 관한 실험음성학적 연구"(성철재)라는 논의도 있었다.

2.2. 응용 음성학

음성을 응용한 많은 연구가 있지만 국어 음운론에 관련된 논의만 다루었다. 컴퓨터학과나 물리학과, 전자공학과에서도 활발한 음성연구가 이루어지고 있다. 그러나 그러한 연구의 목적이 음운론 연구와 직접 관련이 없기 때문에 논의에서 제외하였다.

"단순 조음장애 환자군에 대한 통계적 연구"(표화영)은 신체적 문제가 없는 단순 조음 장애 환자 130명을 대상으로 한 배경 정보와 오류를 보이는 음소와 음운변동 양상을 통계분석 하여 발표했다. 결과는 남자환자가 여자환자의 빈도수보다 2배이상 많았는데, 가장 많은 환자수를 보인 연령층은 5세였다. 이는 남여간의 성비의 차이에도 간접적인 영향이 있을 것으로 보인다고 말한다. 조음시 오류를 보이는 경우는 파열음과 치경음이 많았고, 음소의 수는 2~5개이며, 연령층이 높아질수록 오류의 음소수는 감소하며 음운변동 중 가장 많이 나타난 것은 대치였고, 생략이 가장 적었다고 말한다. 음운 변동 중 가장 많이 나타난 것은 조음방법 중에서는 파열음화, 조음위치 중에서는 치경음화인 것으로 나타났다고 보고한다.

〈조음장애 아동의 한국어 자음 대치변동 현상〉(박내리)는 말소리를 정상적인 아동보다 현저히 잘못 발음하는 조음장애 아동들을 대상으로 자음의 대치에 대한 연구를 했다. 18명의 아동을 대상으로 연구한 결과 조음방법에서는 /ㅈ/이나 /ㅅ/의 파찰음이나 마찰음을 /ㄷ/계통의 파열음으로 발음하는 경우가 많았고, 위치변동에 에서는 구강 앞쪽으로 이동시키는 변화가 많았다고 한다.

"국제한글음성문자의 음성학적 자판배열"(조운일, 이현복)은 국제한글음성문자(IKPA)를 컴퓨터에서 사용하게 될 때, 글자판을 어떻게 배열하는 것이 합리적인가를 모색하고 있다. 오른쪽에는 모음을, 왼쪽에는 자음을 배치하였는데, 자음은 조음위치와 조음방식을 기준으로, 모음은 모음사각도의 모양을 그대로 배치하고 있다.

3. 음운론

먼저 음운론 전반적인 내용이 담긴 글을 소개하고 다음으로 현대국어와 그 이선의 연구도 나누어 소개할 것이다. 시기적인 구분에 의해 내용적으로 구분했는데 현대국어와 그 이전의 항목이 다르다. 현대국어는 주로 음운현상에 대한 연구에 집중되었다. 중세국어는 음운체계와 문헌연구가 많았다. 이것도 하나의 특징이 아닌가 한다.

『증보판 국어음운론』(이기문, 김진우, 이상억)은 1984년에 출판된 국어음운론의 증보판이다. 내용을 간략히 살펴보면 제1장 서론, 제2장 음성학의 약사, 제3장 음운론의 약사, 제4장 음성학, 제5장 음소, 제6장 기술음운론, 제7장 생성음운론, 제8장 역사음운론으로 구성되어 있다. 증보판에서는 '최적성 이론'이 추가되었고, '국어 이음 일람표'와 '음변화 현상 목록'도 추가되었다. 또한 그 동안 발표된 중요한 논저들도 추가되었다.

"형태론과 음운론"(송철의)은 형태론과 음운론이 어떤 관련성을 가지는가를 논의하고 있다. 형태론과 음운론이 서로 관여할 때 따로 '형태음운론'을 설정하는 논의가 있을 수 있겠으나 여기서는 그러한 관점을 취하지 않고 형태론과 음운론의 독자성을 인정하는 관점에서 논의를 진행시킨다. 파생과 복합에서의 음운론이 어떻게 관여하는지 설명하고 형태론과 음운론의 공시성과 통시성 문제도 언급하고 있다.

3.1. 현대국어

현대국어는 음운현상에 대한 논의가 절대적으로 많았다. 특히 2000년도는 최적성이론에 의한 분석이 많은 양을 차지했다. 대신에 초분절음소에 대한 논의는 적었다. 특히 서울방언에 대한 연구가 상당히 많았는데 이는 전적으로 『서울말 연구1』의 출간 때문이었다.

현대국어 전반을 다룬 논의로 『국어의 음운표시와 음운과정 연구』(김경아)가 있는데 이는 저자의 1996년도 박사학위 논문을 책으로 간행한 것으로 그것을 참고하면 될 것이다.

3.1.1. 음운현상 및 음절

『국어 자음의 음운현상에 대한 원리와 제약』(조성문)은 2000년도 박사학위 논문을 수정 보완하여 책으로 간행한 것으로 제1장 서론, 제2장 최적성 이론, 제3장 음절구조 제4장 음절구조제약, 제5장 음절연결제약으로 구성되었다. 제3장에서 국어의 음절구조가 좌분지 구조임을 주장하고, 제4장, 제5장에서는 제약의 설정과 그 우선 순위에 의해 국어 음운현상을 설명하고 있다.

〈국어 자음의 변동원리와 제약-최적성이론에 의한 연구-〉(김태경)은 박사학위 논문으로 국어의 자음체계와 관련된 음운변동현상을 최적성 이론에 의해 설명하고 있다. 제약을 절대적 제약과 상대적 제약으로 나누어 설명하고, 특히 비음운론적 영역내의 규칙성을 보이는 음운현상을 최적성이론으로 설명하고 있다.

"국어의 자음군단순화 현상-최적성 이론을 중심으로-"(문양수)는 표준어 자료를 중심으로 제약의 우선 순위에 의해 자음군 단순화를 설명하고 있다. 음절말음에는 분절음이 둘 이상 올 수 없다는 *Complex제약을 제일 상위에 두고, 다음에 형태소를 보존하기 위해 입력형의 요소는 출력형에 구조가 부여되어야 한다는 Parse제약을 두고 있다. 다음으로 형태소 제약으로 구강의 주변음이 탈락되면 안된다는 Parse-peripherality제약이 있다. 다음으로 한 형태소 통일된 음성실현을 추구하는 Contiguity제약이 있다. 마지막으로 음운세약으로 음절말음은 공넝성 자음을 좋아한다는 언어보변석 제약(Nocoda- sonorant)을 마련하고 있다.

〈현대국어 어중이화에 관한 음운론적 연구〉(오새내)는 유음탈락과 한자어에서 발생하는 'ㄹ'뒤 경음화를 필수굴곡원리에 지배받는 현상으로 보았다.

"말머리에 나타나는 이유없는 된소리 현상 연구"(박동근)은 어두 된소리 현상에 대해 서울말을 중심으로 연구했다. 결과는 고유어에서 주로 발생하는 것으로 강조의미나 비하하거나 부정적 의미를 더하거나 표현의 강화 등 의미분화를 실현하기 위해서 발생하고 동음충돌을 회피하기 위해서도 발생한다고 한다.

"Preliquid Nasalization"(Jongho Jun)은 한자어 '자음+유음' 연쇄에서 발생하는 비음화와 관련해서 '비음+비음' 뿐만 아니라 표면에서 '비음+유음' 연쇄도 발화되는 이유를 설명하고 있다. 읽기자료와 자연스런 발화 자료를 중심으로 화자들이 기저의 '자음+유음'을 '비음+비음' 뿐만 아니라 '비음+유음'도 인정하는 것을 보이고, 이 현상은 현대국어에 유음 앞에서 비음화 규칙이 새롭게 등장한 것이라고 말한다. 그 원인을 어두 유음의 허용과 한자어의 기저 유음의 재분석에 기인함을 말하고 있다.

"Phonological Variation"(Yongsoon Kang)은 한국어의 /nl/연쇄는 [ll] 혹은 [nn]으로 실현되는데 '천년'이 '철련'으로 발화되는 현상은 규칙중심이론이나 제약이론으로 설명할 수 없다고 한다. 이런 현상은 비례식에 의한 유추로 설명될 수 있는데 '일년, 칠년, 팔년'에서 발생하는 [ll]의 유추에 의해 설명할 수 있다고 한다.

"'노근리'의 발음"(최혜원), "'온리 유(Only You)'의 발음"(최혜원)은 '새국어 소식'에 발표된 글로 외래어와 한자어에 나타난 /ㄴ/과 /ㄹ/의 연쇄 발음에 대한 논의다. 요지는 행태소 분석이 불가능할 때는 'ㄴㄹ'을 [ㄹㄹ]로 발음하고, 형태소를 분석할 수 있는 합성어나 파생어의 경우에는 앞 말의 소리는 그대로 유지한 채 뒤의 'ㄹ'소리를 'ㄴ'으로 바꾸어 발음한다는 것이다.

"Obstruent Geminates in Korean"(오미라)는 폐쇄 경음화 현상과 자음 중복현상을 살피고 있다. Cho and Inkelas(1994)와 달리 자음 중복현상은 경음화 이후에 발생하는 후어휘부 현상으로 보았다. 특히 이 자음중복현상이 양음절적 현상으로 종성제약을 어기는 것은 아니라고 본다.

"공명자음 뒤에 위치한 /ㅎ/"(신지영, 차재은)은 공명자음(유음, 비음)

뒤에 위치한 /ㅎ/이 수의적으로 탈락을 보이기도 하지만 탈락하지 않을 때 음운론적으로 어떻게 처리될 수 있는지를 살피고 있다. 유음은 초성에서 탄설음으로 종성에서 설측음으로 실현됨을 근거로 음성학적 실험을 한 결과, 공명자음은 다음 음절로 이동되어 발화됨을 볼 수 있는데 이런 결과에 대해 음운론적으로 비음과 유음 뒤의 /ㅎ/을 활음으로 해석하고 국어의 표면 음성형에서 두개의 활음 연쇄를 허용하는 것으로 보았다. 또한 /ㅎ/의 주요 부류 자질을 [-자음성, -모음성]으로 보았다.

"'ㄹ'탈락 현상과 '으'계 어미의 기본형"(이동석)은 '으'계 어미에 대해서 '으'가 삽입되는 것으로 보았다. 다만 '으시, 으쇼서'의 경우는 중세국어에 'ㄹ' 뒤에서 '으'가 존재하는 것으로 보아 본래부터 어미에 '으'를 가진 것으로 보았다. '으'삽입이 발생하는 이유는 어미초 자음 강도가 어간말 자음 강도보다 높아야 하는 활용의 강도제약을 지키기 위해 발생하는 것으로 이에 대한 예외인 중세국어의 '-ᅀᆞᆸ-', '-ᄂᆞ-', '-네' 등은 실사에서 유래한 것이기 때문이라는 것이다. 현대국어에서 발생하는 예외들은 활용의 강도세약이 악화되있기 때문이라고 보았다.

"/ㄹ/탈락과 언어의 화석"(조학행, 강희숙)은 /ㄹ/탈락과 관련하여 통시적 변화를 고려한 규칙의 화석문제를 다루고 있다. 합성어와 파생어에서는 /ㄹ/탈락 규칙이 화석으로만 존재하고 용언의 활용에서 '으'계 어미가 연결되면 유음에 의한 /으/탈락에 이어 어미의 첫 음이 /ㄴ, ㅅ/으로 시작하는 경우에 공시적 규칙으로 존재함을 언급하고 있다. 다만 어미의 첫 음이 /ㄷ, ㅈ/인 경우에 공시적 현상이 아닌 패러다임의 단일화 방향으로 변화를 겪는 과정에서 나타나는 언어 변이 현상으로서의 /ㄹ/탈락은 규칙 화석으로 해석하였다. 규칙 화석 이외에도 단위 화석의 하나인 공손법 어미 '-으오-/-으옵-', '하오체' 어미의 종결어미 '-으오'와 결합할 때 /ㄹ/탈락이 일어난다고 설명하고 있다.

"Korean Umlaut Revisited"(Hyunsoon Kim)은 다양한 방언 화자를 중심으로 현대국어의 움라우트 현상을 조사했다. 움라우트가 중간자음의 조건에 지배를 받는지, 또는 화자나 지역적 차이에 의해 조건 되어지는가도 조사했다. 그 결과 한국어 움라우트는 비음운론적 조건에 의해 발생하는 것으로 보았다. 각 방언을 대표하는 화자들을 조사한 결과 어휘적, 방언적, 개인적 차이에 따라 움라우트가 달리 발생하고 또한 확산되는데 움라우트는 중간자음의 자질에 상관없이 인접모음으로 [coronal]자질이 확산되는 것으로 볼 수 있다고 한다. 이를 어휘적 확산이라고 주장한다.

"Derived Environment Effects : A Functional Approach"(Jin-hyung Kim)은 구개음화나 모음충돌(히아투스 해소) 같은 형태론적으로, 음운론적으로 도출된 환경의 투명한 결과는 충실성 제약이나, 적형성 제약과 같은 제약이론에 의해 설명될 수 있다고 한다. 그러나 히아투스 유지, 'ㅅ' 불규칙 동사처럼 과도적용되거나 과소적용되는 불투명한 결과는 계열관계의 안정성, 경제성, 규칙성과 같은 기능적 접근에 의해 해결될 수 있다는 것이다.

"An Optimality-Theoretic Account of the Asymmetry in Korean Vowels; A Functional Approach"(Hyunsoon Kim. Jeong-Im Han)은 국어 모음의 합류현상에 대해 최적성 이론으로 설명하고 있다. 전설모음 /에/와 /애/의 합류는 활발하게 발생하지만 후설모음 /오/와 /어/는 합류하지 않는 비대칭 현상의 이유를 모음자질의 계층적 우열에 의해 설명될 수 있다고 말한다.

"The Diachronic Residue in Phonological Representation : Assimilation and Linked Structure in korean"(Kim Jong-Kyoo)는

표준 서울말에 나타나는 모음충돌 현상을 최적성 이론으로 설명하고 있다. 필수적 모음탈락과 수의적 모음탈락을 구분했다. 필수적 모음탈락은 /으/탈락과 동일모음탈락이 있는데, 접미사는 Onset을 가져야 하는 ONSETsuff제약과 충실성제약의 우선순위로 설명한다. 수의적 모음탈락은 평상발화에서 발생하는 것으로 유동적인 Onset제약을 설정함으로써 처리하고 있다. 이러한 방식은 활음형성에서도 그대로 적용되는데, 특히 구개음으로 시작하는 '지-'와 순자음으로 시작하는 '푸-'의 필수적 모음탈락이 통시적 구개음화와 순음화의 결과를 반영하는 것으로 MAX-(F)제약에 의해 설명된다고 말한다.

"朝鮮語庸言の活用にわける音韻現象と音韻規則"(矢野謙一)는 용언활용에서 발생하는 음운현상을 논의하고 있다. 어간을 모음, /ㄹ/, 자음의 세 가지로 분류하고, 어미를 모음, /ㄴ/, 자음의 세 가지로 분류해서 이들의 결합으로 발생하는 음운현상을 설명하고 있다.

"국어변동규칙 설정에 있어서의 몇 가지 문제"(구현옥)은 허웅(1985, 국어음운학, 샘문화사)에 나오는 몇 가지 변동규칙의 설정의 문제점을 밝히고, 그와는 다른 견해를 말하고 있다.

"한국어 음절구조에 대한 고찰"(조성문)은 한국어의 음절구조가 음절두음과 음절핵음이 먼저 결합한 뒤 음절말음과 결합되는 좌분지 구조를 갖는다고 주장한다. 이러한 증거를 축약현상, 한글 교육, 말놀이, 중첩현상, 음절형성규칙, 등의 기존논의와 중화, 자음동화, 불규칙동사, 조음소, 통시적 근거 등, 필자의 견해로 논의하고 있다. 전이음도 두음에 속하는 것이 아니라 음절핵에 포함되어야 한다고 말한다.

3.1.2. 초분절 음소

"Metrical Identity Effect of Phonological Variants : Vowel Langthening in Korean"(김종규)는 표준 서울방언의 모음충돌에 대한 설명을 목적으로 하는데, 우선 언어를 모음 충돌의 결과 탈락이나 활음화가 발생할 때, 모라가 분절음과 관계없이 행동하는 CL(보상적 장모음화)언어와 탈락이나 활음화에 모라가 독립성을 가지는 비CL언어로 구분하는 것으로부터 시작한다. 서울방언은 필수적 모음탈락의 경우 장모음화가 일어나지 않기 때문에 비CL언어라고 말한다.

모음충돌의 결과 발생하는 보상적 장모음화 현상을 설명하기 위해 우선 수의적 보상적 장모음화 현상과 필수적 모음탈락을 구분했다. 필수적 모음탈락은 '으'탈락, 동일모음 탈락, '이'탈락이 있다. 그 외 주로 어간 내에서 탈락하는 수의적 모음탈락의 경우로 구분할 수 있다. 보상적 장모음화는 바로 수의적 모음 탈락의 경우에만 발생한다. 이러한 차이를 설명하기 위해 음운론적 과정을 운보(Foot) 배당전과 배당후로 나눈다. 즉 필수적 탈락은 배당전에 일어나는 것으로 운보와 무관하다고 주장한다.

또한 최적성 이론에 의한 제약의 우선 순위에 의해 두 현상의 차이를 설명하고 있는데, 수의적 음운현상을 보이는 항목들은 Output-Output 대응제약(출력형은 운보구조가 동일해야 한다)에 지배를 받는 것으로 해결한다. 필수적 모음탈락을 일으키는 항목들은 운보를 배당받지 못하기 때문에 이 제약과 무관할 것이라고 본다.

"성조방언의 운율 유형"(이문규)는 경상도 방언을 중심으로 성조방언의 운율체계를 구성하고 있는 요소들을 검토하고 있다. 이들 성조방언은 몇가지 유형의 문미억양을 가지고 있어 이들이 성조형에 영향을 미치는데, '안+후속성분', '의문사+후속성분'의 성조현상을 검토 분석한 결과 기존의 성조중심 운율체계 전반이 변화하고 있음을 보여준다.

3.1.3. 표준발음

"한국어 합성어의 'ㄴ,ㄹ'의 발음에 대한 고찰, -방송언어를 중심으로"(김상준)은 표준발음법에 규정된 두음법칙, 유음화와 관계된 항목을 살펴보고 혼란스러운 발음에 관련해서 논의를 전개하고 있다.

"서울말과 표준발음법"(이호영)은 '표준발음법'의 각 조항에 나타난 규정의 문제점을 살피고 있다. 논의의 순서는 자음, 단순모음, 이중모음, 음장, 음운규칙 순으로 되어 있다. 특히 음운규칙이 길게 논의되었고 강세와 리듬, 억양에 대해서도 논의하고 있다. 또한 표준발음법과 현실발음이 차이나는 점에 대해 보완이 되어야 함을 강조했다. 표준발음법은 가장 핵심적인 사항만 규정하고, 세부사항은 부록을 만들 것과 적어도 20년 주기로 표준발음법이 개정되어야 함을 논의하고 있다.

"발음사전 편찬에 대하여"(전영우)는 발음사전의 편찬 경위와 그 동안 나온 발음사전의 내용에 대해 설명하고 있다. 본문은 발음사전의 태동, 한국어 표준발음사전, 우리말 발음사전과 표준 한국어 발음대사전, 발음의 오용과 사전편찬, 음소표기와 음성표기의 순서로 논의되었다.

"표준발음"(권인한)은 현대한국어의 표준발음법을 해설하고 있다. 자음과 모음, 소리의 길이, 받침의 발음, 음의 동화, 경음화, 음의 첨가 순서로 논의되었다. 표준발음의 교육과 보급이 지역감정해소에도 도움이 된다고 말한다.

3.1.4. 서울방언

『서울말 연구1』(이상억 편집)은 사라져 가는 서울말을 조사, 정리, 기록하고 그에 따른 연구를 수록 보존하기 위한 학술지로 매년 1회 이상 발간을 목적으로 창간호로 발행되었다. 내용은 윌리엄 라보프 교수의 창간 축사에 이어, "현대국어 한국어의 변화들에 대한 단상"(이기문), "아직도 귀에 쟁쟁한 '사랑'"(강신항), "내가 써 온 서울말 몇 가지"(정양완), "서울말 모음의 통시적 변화"(우메다), "되돌아보는 서울지역의 땅이름"(이명규), "빠른 발화, 평상 발화, 그리고 재구조화"(김영기), "서울 옛말씨 분석; '생인손' 등의 하층계급어법"(이상억), "한국 합성어 'ㄴ, ㄹ'의 발음에 대한 고찰"(김상준), "서울말과 표준발음"(이호영), "서울말의 비어두 모음 /오/의 상승변화"(채서영), "'잡숫다'류 동사의 사전기술"(유필재) 등이 수록되어 있다. 위 논의 중 음운론에 관련된 것은 본고에 소개되었다.

"서울방언의 국어학적 연구"(송철의, 유필재)는 서울방언의 공시언어학적 기술을 목적으로 작성되었다. 1930년대 이전에 출생한 사람 3명을 대상으로 조사한 결과를 음운과 문법 항목으로 나누어 기술했다. 음운은 자음목록체계, 모음목록체계, 음운배열 순으로 논의되었다. 문법항목에서도 곡용, 활용에서 음운현상을 다루고 있다.

"서울방언 용언 자음어간의 형태음운론"(유필재)는 서울 종로구에서 3대 이상 거주해온 토박이 화자를 중심으로 연구했다. 용언 활용의 패러다임을 어미의 종류에 따라 자음어미, 모음어미, 매개모음어미의 3가지 유형으로 분류했다. 이러한 분류를 활용해서 어간말 자음체계와 불규칙 활용에 대해 논의하고 있다.

"서울말의 비어두 모음 /오/의 상승현상"(채서영)은 비어두 음절에서 보여주는 /오/의 /우/로의 변화는 문헌자료와 서울말 화자를 조사해 본 결과 모음조화의 이화나 혹은 중화라는 설명과는 달리 단순하고 독립적인 음운변화임을 주장하고 있다. 어두에서 잘 일어나지 않고 비어두에서 주로 발생하는 오〉우의 현상은 /ㆍ/의 분리와 소실로 모음체계가 달라져 모음조화가 깨져서 이러한 불안정이 상승변화를 했다고 말한다.

"음장 및 성조"(이상억)은 현대국어(서울말 중심의 표준어)의 음장과 관련된 단모음화, 장모음화를 논의했다. 현대국어는 음장의 동요를 보이는데, 9개의 사전과 서울말 화자 5명을 대상으로 조사한 결과를 도표로 보여주고 있다. 또한 중세국어, 함경도 방언, 경상방언에 나타난 성조에 대해서도 논의했다.

"서울말 모음의 통시적 변화"(우메다 히로유키)는 현대 서울말 모음에 관해서 세대별로 조사하여 보고하고, 통시적 변화과정을 논의했다. 특히 후설평순모음 /ə/의 장단에 의한 음가차이에 주목하고 있다. 1910년대 제보자에서부터 1960년대 제보자에 이르기까지 모두 18명을 대상으로 조사한 결과 1910년대에는 장단의 대립을 가진 9모음체계가 있었다고 말한다. 이후 /ə/는 비원순후설반개모음 /ʌ/로 합류해서 현대는 장단이 없는 7모음체계라고 말한다.

3.1.5. 기타

"빠른발화, 평상발화, 그리고 재구조화"(김영기)는 빠른 발화현상에서 나타나는 모음 약화와 자음약화 현상을 살피고 있다. 나아가 부정표지 '안+하'에 나타난 평상발화의 현상도 흥미롭게 논의하고 있다. 빠른 발화는 속도에 의한 구분이고, 평상발화는 언어사용역에 의한 구분인데, 빠른 발화에 의해 축약된 형태는 새로이 어휘부에 등재되어, 외연으로 평상성, 친근함, 나아가 무례함과 같은 의미를 갖게 된다고 말한다. 빠른 발화를 결정짓는 요인으로 음성학적인 것뿐만 아니라 통사론, 의미론, 화용론적인 것에 대한 연구도 필요함을 말하고 있다.

"사잇소리 현상과 된소리되기의 학교문법론적 접근"(이관규)는 '고등학교 문법(1996)'과 '표준 발음법(1988)'에 규정된 된소리와 사잇소리 현상의 불일치에 대해 논의하고 있다. 사잇소리는 합성명사, 합성부사, 파생어, 용언어간과 어미, 두 단어 사이 등 형태소와 형태소의 결합에 들어가는 것으로 적용되기도 하고 적용되지 않기도 한다고 하면서, 이 때 들어가는 소리는 [t], [n], [?]라고 말한다. 된소리되기는 다양한 환경에서 발생하는 예외없는 음운규칙으로 앞 말 끝소리가 안울림 소리이고 뒷말이 예사소리일 때 일어나는데, 된소리되기는 앞 말 끝소리가 불파되면서 자동적으로 [?]를 생성시켜 발생한다고 말한다. 다만 두 단어의 연속에서는 발생하지 않는다고 한다. 위의 논의에 근거해서 '고등학교문법'과 표준발음법에 나타난 여러가지 항목을 살펴보고, 수정되어야 할 점을 지적하고 있다.

"국어 음운변화의 한 기제"(김정우)는 중세국어에서 현대국어에 이르기까지 나타난 비음화 등 6가지의 동화현상을 살펴본 결과 확산과 위축이라는 발달 과정을 거쳤다고 말한다. 확산을 겪은 비음화, 순행적 유음화는 조음방법 동화, '이'모음역행동화는 조음위치동화였는데, 위축을 겪은 /ㄷ/구개음화는 원순모음화, 전설고모음화는 음운체계의 조정과정에서 발생한 것으로 그 체계의 조정이 완료되면서 효력이 상실되었다고 본다. 경쟁규칙이 존재한 경우에도 위축을 보이는데, 이러한 제약이 없다면 규칙은 확산될 것이라고 말한다.

"불규칙활용"(배주채)는 현대국어와 중세국어의 불규칙활용을 분류하고 문제점을 지적했다.

"차용어 형성의 음운론적 과정에 대한 검토(1)"(김선철)은 공시음운론에서 차용어 음운부는 모국어 음운부 이전단계에 위치하는데 차용어 음운부는 형태분석과 전환, 모음 삽입의 세 과정이 존재한다고 한다.

"현대국어 음운론의 통시적 조망"(김유범)은 갑오경장 이후 100여 년의 시기를 '위'와 '외'의 변화에 따라 세 부분으로 나누었다. 또한 여러 음운 현상의 특징을 살피고 있다.

〈20세기 초기 국어의 음운특성연구〉(원흥연)은 신소설자료를 중심으로 표기된 모습을 살펴보았다.

〈『독립신문』의 국어학적 연구〉(이송렬)은 독립신문에 나타난 국어의 모습을 음운, 형태를 중심으로 개관했다. 음운면만 보면 표기법의 특징을 실핀 후에 구개음화 원순모음화 전실모음화 움라우트현상을 보았다.

"한·일어 대조 연구Ⅲ-파열·파찰음 체계의 비교-"(전재호)는 일본어와 한국어의 폐쇄음 체계를 비교한 연구다. 일본어는 무성과 유성의 대립체계를 가지고 있는데, 음성적으로는 무성 폐쇄 파찰음은 어두에서 유기음으로, 어중에서 성문음으로 발화된다고 한다. 이러한 변이음 체계는 한국어의 유기음, 성문음, 무기.무긴장음의 음소적 3중 체계와 비슷하다고 말한다. 또한 첩해신어, 왜어류해, 전일도인에서 조선어음과 일본음이 어떻게 대비되었는가를 보이면서 위의 논의의 타당성을 말하고 있다.

"남북한 언어의 발음 차이에 관하여"(이현복)은 북한의 문화어와 남한의 표준어의 차이나는 발음에 대해 모음, 자음, 운율의 순으로 살피고 있다.

"강화 현상 연구"(박홍길)은 어휘 자료를 중심으로 청각인상의 강화, 문법인식의 강화, 어휘 형태의 강화 등 통시적 변천을 살피고 있다.

3.2. 현대 이전

성조나 음운현상에 대한 논의가 부족한 것을 제외하면 이전의 논의들과 비슷한 수준이었다고 보인다. 음운체계와 분절음에서는 모음에 대한 논의가 활발했음을 볼 수 있다. 문헌 연구와 한자음에 대한 연구도 계속되고 있음을 알 수 있다. 논의는 우선 시대순으로 하고 다음에 동일시대라면 자음 모음 등의 순으로 전개했다.

3.2.1. 음운체계 및 분절음

"고대국어의 모음체계(1)"(박창원)은 기존의 업적을 정리하고 비판적인 시각에서 이미 논의된 자료와 이론상의 문제점을 검토하고 있다. 기존의 연구사가 고대국어의 지명이나 인명자료를 통한 음운체계의 재구, 중국 한자음이 한국 한자음에 어떻게 반영되었는가에 대한 연구, 알타이제어와의 비교연구 등을 통해 발달해 왔다고 말한다. 이어 이들 연구에는 또한 문제점도 있는데, 주장된 논의의 논리성과 증거 부족, 이론적 추구의 결과 언어 보편적 원리와 동떨어진다는 점, 문자와 음성의 혼동, 중국음과 한국음을 대비할 때 그러한 대비의 합리적 기준의 미비 등을 지적하고 있다. 마지막으로 지금까지 연구자들이 언급한 모음체계를 정리하고 있다.

"계림유사 〈고려방언〉의 모음체계(1)"(박창원)은 계림유사에 전사된 한국어 자료를 바탕으로 12세기 초 모음체계를 재구하기 위해 작성되었다. 'ᄋᆞ'를 중심으로 '아'와 '으'표기를 비교하였다. 계림유사는 고려어를 중국 한자로 표기한 것이므로 그 당시의 중국 모음체계 내에서 전사되는 것을 전제로 하는데, 이 당시에 편찬된 소옹의 『황극경세. 성음창화도』에서 추정되는 모음체계는 /i, u, o, a, ə/의 5모음체계라고 한다. 이를 바탕으로 재구한 결과 'ᄋᆞ'는 음운론적 변별력을 가지고 있으며, 중설모음일 가능성이 가장 크다는 것이다. 원순모음은 '오', '우'였고, 'ᄋᆞ'는 비원순모음이었는데, 'ᄋᆞ'의 개구도는 '으'보다 크고 '아'보다 작다고 한다. 'ᄋᆞ'의 음가는 [ʌ]이거나 이와 아주 가까운 모음이었을 것으로 본다.

『중세국어의 음운연구』(우민섭)은 저자의 1988년도 박사학위 논문에 약간의 수정을 가해 편찬했다. 부록으로 세 편의 논문이 들어 있다. 구성은 제1장 서론, 제2장 각자병서론, 제3장 ㅂ계 합용병서론, 제4장 ㅄ계 합용병서론, 제5장 ㅅ계 합용병서론, 제6장 결론으로 되어 있다. 각자병서는 유성유기의 흐린소리를 표기한 것으로 보았다. 합용병서는 모두 경음을 표기한 것이지만 음성적인 시차성이 있어서 상호 변별되는 것으로 보았다.

"ㅂ계 합용병서의 음운론적 고찰"(박종희)는 15세기 'ㅂ'계 합용병서의 첫글자 'ㅂ'을 기저형에 존재하는 잠재음으로 가정하여 그와 관련된 표기법을 설명하였다. 그리하여 표면형으로 표기될 때는 나타나지 않기도 하고 기저형으로 표기될 때는 그것을 나타내는 것이라고 보았다.

"사이 ㅅ의 소리값"(오원교)은 중세국어의 복합어 사이에 나타나는

'사이 ㅅ'의 소리값이 복합어의 제1요소 끝 자음이 비음일 때는 뒷 자음의 조음점에 따라 'ㄷ, ㅂ, ㄱ'이고 끝 자음이 'ㄹ이나 모음' 일 때는 'ㅎ' 인데 'ㅎ'은 무음 상태로 소리 값은 뒷소리의 anticipation(선취발음)에 의해 각각 'ㄷ, ㅂ, ㄱ'이 된다는 것이다.

〈중세국어 ᄫ에 대한 연구-ᄫ의 음성적 실재와 음변화를 중심으로-〉(최호섭)은 우리말 표기에 쓰인 ᄫ과 중국음 표기에 쓰인 ᄫ, 그리고 방언 반사형을 고려한 종합적 검토에서 ᄫ의 음가는 짧은 폐쇄성과 양순성, 유성성, 원순성을 지닌 [β]라는 결론이다.

〈15세기 국어의 중성모음 'ㅣ'의 연구〉(진문이)는 15세기 국어의 모음조화에서 중성적 역할을 하는 'ㅣ'를 기원적으로는 음성과 양성의 대립이 있었을 것으로 가정하고 어휘별로 그 음운행위를 조사하였다. 그 결과 'ㅣ'모음을 가진 어휘가 일정하게 음성모음이나 또는 양성모음하고 결합하는 경우가 있었다. 즉 이 경우 모음조화를 유지한다고 보았다. 한편 'ㅣ'모음을 가진 어떤 어휘는 음성모음과 양성모음을 가진 어미나 조사와 결합이 일정하지 않았는데 이 경우는 진정한 중성모음 'ㅣ'로 보았다. 15세기는 'ㅣ'모음의 중성화에 이르는 과도기로 보았다.

〈15세기 국어의 홀소리체계에 대한 연구〉(안대현)은 훈민정음의 해석과 모음조화 및 원순모음화 /ㆍ/의 소실 등을 통해 15세기 중기는 설축과 구축/구장의 대립을 가진 대각체계에서 15세기 후기에 '구축/구장'의 자질이 '둥긂'자질로 바뀌면서 수직 수평체계가 된다고 말한다.

"중세국어 /ㆍ/의 음가에 대한 연구"(장향실)은 중세국어 모음체계를 수립하는데 있어서 훈민정음 해례의 기술에 의존하는 것은 해례의 기술의 모호함과 용어 해석상의 난점으로 한계를 지닌다고 본다. 이에 구체적인 음가를 보여주는 자료인 번역노걸대, 번역박통사에 나타난 한자음 자료를 이용하여 고찰한 결과 아래아의 음가를 후설반폐모음이었을 것으로 추정하였다.

"중세국어 모음체계의 대립과 조정양상"(오정란)은 훈민정음에 나타난 설축, 구축, 구장 등의 주요 개념을 해석한 결과 설축은 설근후축의 [+RTR]로 설불축은 설근 전진의 [+ATR]로 설소축은 [-RTR, -ATR]로 보았다. 또한 구축은 원순성 자질이며, 잉여자질로 후설모음화를 초래하며, 구장은 상대적 개구도 증대 자질이며, 잉여자질로는 저모음화를 초래한다고 보았다. 그 결과 15세기 모음체계는 하나의 전설모음(ㅣ)과 두개의 후설모음(ㅜ, ㅗ), 그리고 중설모음에 'ㅡ'(고모음), 'ㅓ'와 'ㆍ'(중모음), 'ㅏ'(저모음)으로 구성된다고 한다. 이는 중설중고모음에서의 과부하체계이면서 동시에 전설모음쪽의 과경량 체계라는 것이다. 모음체계의 변화는 이러한 음소간의 불투명성 해소 및 전체 체계상에서의 균형과 동형성 부합의 욕구에 의하여 이루어진다고 말한다.

"ㅓ/의 1단계 변화와 그 원인"(신승용)은 ㅓ/의 1단계 변화는 모음체계의 변화에 원인이 있는 것이 아니라 조사나 어미와 같은 문법형태소가 '-ㅇX'계열에서 '-으X'계열로 단일화된 결과에 영향을 받았을 것이라는 주장이다.

3.2.2. 음운현상 및 성조

『중세 및 근대 국어의 구개음화』(이명규)는 크게 1부 구개음화에 대한 통시적 연구와 2부 구개음화에 대한 문헌적 고찰로 이루어져 있다. 1부는 중세에서부터 근대국어의 구개음화의 전개 양상을 살피고 있다. 먼저 15세기의 /ㅈ/이 치경음임을 밝히고 이의 구개음으로의 변화에서부터 구개음화가 시작됨을 말하고 있다. 이어서 /ㄷ/ 구개음화,

/ㄱ/, /ㅎ/, /ㄴ/, /ㄹ/ 등의 구개음화에 대한 논의를 시대별로 현대국어에 이르기까지 현대 음운이론에 바탕하여 살피고 있다. 2부는 필자의 석사학위논문을 바탕으로 구성한 것으로 주로 문헌자료에 의거하여 구개음화 특성을 살피고 있다.

"Feature Combination and Discrepancy in Vowel System"(김종규)는 중세국어 모음조화를 종래와는 달리 음운체계와 음성체계의 불일치로 보고 특히 [RTR] 자질의 대립과 2단계 고저 대립으로 해석하였다.

"원순모음화 현상의 음운사적 연구"(박종희)는 근대국어 시기에 나타난 원순모음화 현상은 15세기모음체계가 [ATR]자질(설축)에 의한 모음조화 체계에서 [ATR]대립의 붕괴로 비변별적이던 구축(원순성)대립이 변별적인 기능을 발휘하면서 발생하였다고 한다.

"특수어간교체설 재고"(김양진)은 중세국어 특수한 형태교체를 보이는 '나모 ~ 낡', '노릇 ~ 놀ㅇ' 등의 어간에 대해 기존의 논의를 비판하고 추상적인 하나의 접사를 설정하여 설명하고 있다.

"국어 초분절소(운소)의 바른 이해를 위하여"(김영만)은 기존에 본인이 주장한 운소에 대한 관점을 바탕으로 중세국어와 현대국어에 나타난 운소를 종합적으로 정리한 것이다. '훈민정음'의 방점 표기 중에서 無點(0점)은 평성도 나타내지만 실제로는 거성인데 그것을 생략한 경우도 있다는 것을 말하고 있다. 이러한 결론은 훈민정음, 용비어천가, 두시언해 등의 표기법과 훈몽자회, 노걸대, 박통사, 번역소학, 소학언해 등의 표기법을 비교 검토함으로써 확립된다고 말한다. 생략의 경우를 고려하면 기존의 어말평성화나 去不連三과 같은 논의는 재고되어야 한다고 본다. 이밖에 고저와 장단이 동부방언에 동시적으로 존재하는 문제와 중세국어와의 관계, 평성, 거성, 상성의 용어 해석상의 문제 등을 다루고 있다.

3.2.3. 문헌의 음운론적 연구

"〈조선관역어〉 국어 모음 寫音에 대하여"(이윤동)은 조선관역어에 나타난 중세국어가 중국음으로 어떻게 사음되어 있는가를 살펴보고 중세국어 모음과의 대응관계를 기술하고 있다. '아'는 /a/, '오'는 /o/, '우'는 /u/, '어'는 /e/, '으'는 /ə/, '이'는 /i/의 6모음 체계이며, 아래아는 당시에 음소로 존재하지 않았고, 여러 변이음으로 표기되었다고 말한다.

〈육조법보단경 언해의 표기법과 음운연구〉(김양원)은 1496년 자료인 육조법보단경 언해의 표기법의 특징과 음운과정이 표기법에 어떻게 반영되었는지를 살펴보았다. 또한 현실한자음을 사용하고 있다는 점도 말했다.

〈16세기 남부방언과 관련된 몇 가지 문제〉(박승철)은 남부방언을 반영한 문헌자료를 검토한 결과 ㅿ〉ㅅ, ㅸ〉ㅂ 의 변화를 확인할 수 있었고 중앙어는 ㅿ〉ㅇ, ㅸ〉w(또는 ø)로 보인다고 한다. 구개음화도 16세기에 남부방언에서 최초로 시작했음을 알 수 있다고 말한다.

"〈현풍 곽씨 언간〉의 음운사적 연구"(백두현)은 17세기 필사본 자료인 〈현풍 곽씨 언간〉에 나타난 음운현상을 정리한 글이다. 모음의 변화는 /·/의 변화, 오〉우의 변화, 중모음의 변화, 원순모음의 동화와 이화, 모음충돌회피 등을 다루고 자음의 변화는 구개음화, ㅸ 및 ㅿ 관련변화, 자음 동화 등을 다루고 있다. 대체로 17세기 초의 현풍방언을 반영한 표기로 판단되지만 이와는 달리 'ㅸ'으로 표기된 어형들은 양반층의 어휘를 반영한 것으로도 보인다고 말한다.

〈17세기 국어의 어간말 자음에 대한 형태 음소론적 연구〉(조남민)

은 17세기 문헌에 나타난 용례들을 통해 표기법의 특징을 살피고 그
에 따른 여러 음운현상의 존재를 확인했다는 것이다.

"십구사략언해 이본의 언어적 특징에 관한 비교연구"(백두현)은 십
구사략언해의 각 이본들간의 언어적 특징을 논의한 글이다. 이 중에
표기법과 음운적 특징도 논의했는데, 아래아, 모음조화, 비원순음화,
'ㅣ'역행동화, 구개음화, 어간말 자음변화에 대해 논의했다.

〈근대국어 모음에 관한 연구사역원 역학서를 중심으로〉(장향실)은
박사학위 논문으로 근대국어 시기에 편찬된 사역원 역학서를 중심으
로 모음체계와 관련된 여러가지 음운현상을 살피고 있다. ㅓ/의 비음
운화 현상과 그 원인에 대해 논의하고 있다. 15세기 모음체계가 고저
대립체계임을 가정하고 있다. 움라우트현상, 원순모음화, '오~우' 교체
및 '오〉우' 현상, 이중모음의 단모음화 등에 대한 역학서의 실상을 살
피고 그 원인에 대해서도 논의하고 있다.

3.2.4. 한자음 연구

"고구려 표기 한자음 형성 기층과 그 어휘 연구"(최남희)는 삼국사
기 권37의 지명 자료중 고구려 지명에 대한 연구다. 중국의 여러 학
자가 재구한 고대국어의 자음체계에 따라 고구려 한자음을 추정하
였다. 이들 한자음 대부분이 상고음 기층의 고구려 한자음으로, 상고
한자음을 기층으로 형성되기는 하였으나, 상고 자음 운미의 반영이
없는 점으로 보아, 5,6세기 경의 후기 상고음과 일부 중고음이 고구
려 한자음의 형성 기층이며, 또 고구려어와 신라어 및 백제어와는 약
간의 방언 차이를 가진 것으로 보이고, 세 나라의 언어가 단일어임을
말하고 있다.

"이두자 '味'의 독법과 한자음의 관계"(권인한)은 이두자 '미'는 대체로 석독하여 '맛'으로 읽고 있으나 '맛'으로 읽을 때의 통사관계의 부적절성과 표기형태를 통해서 비판하고, 음독하여 '말'로도 읽을 수 있음을 주장하였다.

"『사기』, 『유사』의 同音 異文 자료"(김무림)은 삼국사기와 삼국유사에 나타난 동일어휘에 대한 복수 음독 표기자료의 목록을 작성하여 제시하고 있다.

"《화동정음 통석운고》의 정·속음과《전운옥편》한자음의 비교 고찰"(이돈주)는 근대국어 시기의 한자음을 나타낸 두 운서를 비교한 것이다. '화동정음 통석운고'의 정·속음이 '전운옥편'에서는 그 중 1음만이 표시된 한자가 확인되는데 이에 해당하는 146자만을 대상으로 두 책의 음들이 현대국어 한자음에 어떻게 전승되고 있는가를 살펴보고 있다.

"제주본 『훈몽자회』의 한자음"(정승철)은 제주본 '훈몽자회'의 한자음을 검토한 결과 일반적으로 규장각본의 '훈몽자회'를 저본으로 하면서 예산본을 참조하였다고 한다. 전사과정에서 誤讀, 誤寫에 의한 변개, 음운변화에 의한 변개 등이 이루어졌다고 한다. 한편 한자음 수정을 위한 참고 자료로서 전운옥편을 활용하였음을 볼 수 있다고 한다.

〈현대 한국 한자음 고찰〉(문연식)은 중국 중고음의 성모(聲母)가 현대 한국 한자음에 어떻게 반영되고 있는가를 살피고 있다.

〈남·북한 한자음의 차이와 통일방안에 대한 연구〉(박현주)는 남북한의 차이가 나는 한자음을 사전을 중심으로 찾아보고 통일음을 설정하고 있다.

"한자음"(김무림)은 국어 음운연구 등에 한자음 연구가 중요함을 논의했다.

4. 결론

지금까지 개략적으로 2000년도의 음성학과 음운론의 연구동향을 살펴보았다. 음성학의 발전이 전년도에 비해 괄목한 것으로 여겨진다. 음성학의 발달이 음운의 이해에 도움을 준다는 면에서 이 방면의 발전은 바람직하다고 할 것이다. 다만 자료의 객관성을 확보하기 위해 더 많은 양이 확보될 때 믿음직스러운 결론으로 이끌어질 것으로 보인다. 몇몇 화자를 대상으로 해서 내린 결론은 아무래도 신뢰성이 가지 않을 것이기에 자료의 공정성과 객관성 확보를 위해 앞으로의 노력을 기대해 본다.

음운론의 경우는 우선 현대국어의 경우에 표준발음과 서울말에 대한 관심이 지대했던 한 해였다고 보여진다. 이에는 여러 가지 원인이 있을 것이다. 아직도 서울말의 과도기적 상황으로 인해 그 정의가 흔들리고 있는 시점이기 때문에 서울말에 대한 여러 방면의 탐구는 지속적으로 계속되어야 한다고 본다.

현대국어의 경우 음운체계나 음운현상에 대한 연구는 이제 소진된 느낌이 들 정도로 줄어들고 있다. 다만 새로운 이론인 최적성 이론에 의해 새롭게 조망해 보는 시도가 늘고 있다. 새로운 이론을 따라가는 우리의 입장으로서는 어려운 일이지만 진정한 음운론의 발전을 위해서는 이론의 독창성을 추구해야할 것이다. 그러나 아직 우리 학계는 이에는 미치지 않았나 하는 점을 지적하고 싶다.

현대국어 이전의 연구는 이전년도의 연구들과 비슷하다고 보여진다. 중세국어의 경우는 특히 모음체계와 관련된 모음의 연구가 활발한 점이 눈에 뜨인다. 그러나 아직도 고대국어 쪽의 연구는 힘들다는 것을 보여주고 있다. 문헌연구도 활발히 이루어지고 있으나 성조에 대한 연구는 별로 없었다. 다양한 방면의 연구가 국어의 음운론을 살찌운다는 점에서 많은 노력이 요망된다고 하겠다.

　필자의 노력부족으로 발견하지 못한 논문이 많이 있을 것인데, 이를 언급하지 못한 점을 죄송하게 생각한다. 또한 읽고도 마땅하게 언급할 자리를 마련하지 못한 논문도 있었다. 음성학과 음운론의 범위를 어디까지로 하느냐의 문제와 관련이 있었다. 내용의 소개에 급급한 나머지 훌륭한 논문의 중요한 업적을 크게 부각시키지 못한 점을 부끄럽게 생각한다. 필자의 단견을 너그러운 마음으로 용서해주기 바라며 이 글을 마무리한다.

II
국어학의 **방향 모색**

1. 들어가기

현재의 상황도 정확히 모르면서 미래를 예측한다는 것은 어불성설일지도 모른다. 그렇다고 미래를 예상하지 않고 일을 한다는 것은 설계도 없이 공사를 하는 것과 마찬가지일 것이다. 할 수 있는 최선의 방책은 과거의 경험을 바탕으로 미래를 예측하는 것이라고 생각한다. 이에 따라 과거를 되돌아보고 그러한 바탕 위에서 미래를 예측하면서 우리가 취할 수 있는 최선의 방책이 무엇인지 제시해 보고자 한다. 이 글은 특히 이제 국어학을 시작하는 대학원 학생에게 권하고 싶은 내용이다.

학문도 시대의 흐름과 무관할 수 없다. 어떤 분야 어떤 사상이 주도하는지는 시대마다 다르지만 역사를 돌이켜볼 때 어떤 학문도 시대의 조류를 등지고 홀로 고고히 나타난 적이 없다.[1] 국어학도 예외는 아니어서 일제 시대를 시작으로 현대국어학이 시작되었다고 할 것이다. 국어가 거의 말살되어 가는 상황에서 국어학의 연구는 민족의 해방이라는 역사적 요청을 무시할 수 없었다. 거슬러 올라가서 세종대왕 때의 국어학 연구를 국어학의 시발로 삼는 경우가 있다. 이 경우에도 문자의 창조라는 목적을 위해 언어학의 연구가 시작되었다. 모든 학문이 그렇듯이 시대적 요청과 무관한 학문은 자리를 잡아서 크게 꽃을 피우기 어렵다. 주시경 선생 이후에 나타난 왕성한 국어학의 연구도 우리 국어학의 기초를 다져야 한다는 긴요한 시대적 요청이 있기에 가능했던 것이다. 해방 전후에서 60년대까지 이룩한 학문의 업적은 그 당시의 척박한 토양을 생각한다면 대단한 것이라고 생각한다.

우리가 이 당시에 수용한 서구의 구조주의는 그 당시 서구인의 관점에서 보면 자신들의 시대적 요청에 의해서 발생한 것이다. 그러나 우리의 입장에서는 당시 그러한 사상이 왜 필요한지 전혀 고려됨이 없이 수용되었다.[2] 이러한 학문의 유입은 유교전통의 우리나라에서는 가히 혁명적인 패러다임의 변화를 경험한 것으로 보여진다. 다만 아쉬운 것은 우리의 시대적 환경 때문에 어쩔 수 없는 것이었겠지만 그것이 우리의 철저한 과거 역사에 대한 반성의 결과로 얻어진 것이 아니라는 점이다. 우리는 그만큼 세계사의 주류에서 밀려나서 그것

---

1. 서구에서 중세시대에는 신학이, 문예부흥시대에는 인문학이, 그 이후에는 사회학과 자연과학이 발전했다. 동양에서는 춘추전국시대 이후 오랫동안 인문학의 시대였다고 말할 수 있을 것이다.
2. 일본을 통해서 전달된 구조주의는 그 당시의 시대적 상황으로 보아서 우리에게는 피할 수 없는 현실이었다.

을 수용하는데 급급할 수밖에 없었다. 그 이후에 그것이 조금도 나아진 것으로 보여지지 않는다. 변형생성문법의 수용이 그것이다. 변형문법의 발생이 구조주의의 반성에서 시작되었지만 우리는 그러한 반성이 미흡한 상태에서 새로운 학문이 들어온 것이다. 즉 우리가 최상으로 여기고 있는 구조주의 사상이 이제 막 정착하려는 시기에 그러한 구조주의 이론의 결함을 지적하면서 새로운 이론이 나타난 것이다. 우리는 이러한 변형문법이 우리에 의해서 창조된 것이 아니기 때문에 왜 그러한 이론을 우리가 수용해야 하는지 아무런 생각도 없이 수용하기에 바빴던 것이다. 우리는 우리의 자생적인 이론을 가진 적이 없다.[3] 애석하게도 현대에는 왜 수용해야하는가 하는 목적도 상실한 채로 거의 무의식적으로 외국의 이론을 수용하고 있는 실정이다. 즉 세종대왕 때에는 한글 창제라는 목적을 가지고 외래이론을 수용했고 그래서 성공했다고 보아도 무방할 것이다. 해방이후에 척박한 토양에서 학문을 했던 선배들은 이론 자체가 없었기 때문에 서구의 이론을 수용할 수밖에 없었다. 그런데 지금은 무엇을 위해 변형문법을 수용했는지 아무런 목적이 없다. 단지 우리는 우리의 상황을 너무 열악한 것으로 스스로 믿고 거의 무비판적으로 서구의 이론을 수용하고 있다. 필자가 학문을 시작한 80년대의 상황은 거의 무조건적으로 외국의 이론을 수용할 수밖에 없는 상황이었다. 필자는 그것을 그 당시의 시대 상황이라고 말하고 싶다.[4]

---

3. 국어학과 달리 국사나 문학과 같은 다른 분야에서는 외국이론의 무조건적인 수용에 대한 비판이 있었고 우리 학문을 수립하려는 시도가 있었지만 국어학은 없었다고 보아야 할 것이다.

4. 조동일,『우리학문의 길』, 지시 산업사, 1993.『인문학의 사명』, 1997, 서울대학교 출판부. 위의 책에서 외국이론의 수용을 수입학이라고 규정하고 그것을 비판하면서 자립학과 나아가 창조학을 주창하고 있다.

80년대 말부터 정치적 상황과 맞물려 국학을 발전시켜야 한다는 의식이 싹트기 시작했지만 큰 진전이 없었다. 90년대 중반부터 인문학의 위기에 대한 논의가 시작되고 급기야 IMF 사태를 맞이하면서 이러한 위기의식은 현실로 나타났다.[5] 지금의 상황은 위기를 논하는 것조차 구태의연하다. 지방대학의 사정을 보면 인문학은 이제 생존 그 자체가 목적이 되고 있다.

2. 시대적 사상과 실용성의 추구

급할수록 돌아가라는 우리의 속담처럼 이제 잠시 차분하게 이제부터 무엇을 할 것인지를 생각해 보기로 하자. 우선 다음 두 가지는 자명해 보인다. 먼저 우리가 하는 일이 시대의 조류에 맞아야 한다는 것이다. 다음에는 우리 스스로가 상정한 목표여야 한다는 것이다. 즉 이 시대의 흐름에 맞으면서 우리 스스로가 설정한 목표라면 그것은 상당한 영속성을 가질 수 있다고 본다. 우리의 목석이 우리 사신의 요청에서 시작된다면 그러한 학문의 추구는 정당성을 획득하는 것이다. 그런데 현 시대는 다양성의 시대이므로 우리의 목표는 다양해질 수밖에 없다. 즉 시대적 조류는 하나이지만 우리의 목적은 다양하게 추구될 수 있도록 그 길을 열어 놓아야 하는 것이다.

---

5. 1995년에는 국어국문학회 주최로 '21세기 인문학에서의 국어국문학의 역할과 교육방향'이라는 주제로 공동 심포지엄이 있었다. '국어국문학 제114집', 국어국문학회, 1995, 389쪽 이하, 참조.
한편 전국대학 인문학연구소 협의회를 창설하고 공동심포지엄을 개최하면서 인문학의 위기 상황을 타개해 보려는 노력도 있었다. 『21세기 대학교육과 인문학의 전망』, 전국대학 인문학연구소 협의회 편, 1999. 참조.

이 시대의 주류적 흐름은 자본주의 사상이라고 말할 수 있다. 우리가 그 사상을 맹목적으로 추구하는 것도 진리는 아니지만 그렇다고 그것을 무시하는 것도 현실을 모르는 소치일 것이다. 그러한 사상이 아무런 이유 없이 현시대에 불쑥 자리를 잡은 것이 아니기 때문이다. 자본주의란 본질적으로 실용성에 바탕을 두고 자본을 창출하는 것이 목적이라고 볼 수 있다. 만일 이러한 중심적인 사상에서 멀어진다면 시대적 흐름을 거역하고 있다고 보아야 한다. 모든 사람에게 시대적 조류를 따르라고 할 수는 없다. 다시 자본주의를 비판하면서 다른 신념으로 정진할 수도 있을 것이다. 그것은 학문의 다양성을 보장하는 것이다. 우리는 이러한 소수를 배제하자는 주장이 아니다. 필자가 논의하고자 하는 것은 우선 중심적인 시대적 요청이 무엇인지 알고 거기에 따르는 일도 필요하다는 주장을 하고 있는 것이다. 그리고 그러한 중심적인 조류를 따라서 행동하는 사람들이 많은 것이 가장 합리적일 것이다. 사회학이나 자연과학을 연구하는 사람이 인문학을 연구하는 사람보다 다수를 차지하고 우대를 받는 것은 당연한 시대적 요청의 결과이다. 그런데 국어학 아니 인문학 전반이 이제 이러한 시대적 조류에서 밀려나는 이유는 실용성을 상실하기 때문이라고 보여진다.[6)]

지금 필자가 논의하는 것은 실용성이 진리라는 것이 아니다. 그것

---

6. 김영한,『과학시대의 인문학』, 서강대학교 출판부, 2004. 이 글에서 인문학은 과학이 아니며, 인간다움 혹은 인간중심의 가치를 중요시하는 방향으로 전개될 때 인문학이 다시 부활될 수 있다고 주장한다. 그런데 여기서 언어를 대상으로 하는 국어학은 언어를 객관적 사물로 파악하기 때문에 자연과학이라고 말할 수 있겠다. 그러나 인간 자신의 중요한 사상을 표현하는 도구를 다룬다는 점에서 인문학이라고도 말할 수 있다. 즉 언어학은 자연과학과 인문학의 교량역할을 하는 것이라고 말하고 싶다. 그러므로 언어학, 즉 국어학의 부흥은 자연과학, 인문학 모두에게 이익이 되는 것이다.

이 진리인지 아닌지는 차치하고 모든 학문이 그러한 방향으로 지향하는 것이 지금의 시대적 조류라는 말이다. 인문학은 이러한 시대적 조류에 뒤쳐지고 있는 것이다. 그것이 지금 인문학의 위기이고 국어학의 위기의 본질이다. 일제시대에 국어학은 위기가 아니다. 그 당시는 국어가 말살되어 가는 국어의 위기였지만 그러한 시대에 민족을 구하기 위해 국어학을 해야한다는 당당한 목적 때문에 국어학의 위기는 아니었다. 즉 시대적 요청이 절대절명이었던 것이다.

지금 이 시대에 실용성의 추구는 어쩌면 일제시대의 민족 해방만큼이나 절실한 요청인지 모른다. 이러한 목적이 설정되었다면 이러한 면에서 이론의 추구도 가능할 것이다. 우리는 국어학을 지금까지는 음운론, 통사론, 형태론, 의미론 등으로 나누어 왔다. 그러나 꼭 그렇게 나누어야 할 이유는 없는 것이다. 국어정보이론, 번역·통역을 위한 이론, 전산언어학, 아동교육을 위한 이론, 이중언어교육을 위한 이론, 청각장애아를 위한 이론, 거짓말 탐지를 위한 음성·음운론 등등으로 무수히 많은 이론이 있을 수 있다. 우리가 실용성을 중심으로 생각한다면 그러한 공부가 소중한 것이 될 수 있다. 단지 언어 내적인 구조를 분석하고 해석하는 것을 지상과제로 생각하고 그 이외의 것은 학문이 아닌 것으로 치부한다면 그러한 생각이 벌써 시대에 뒤떨어진 것이다. 왜 학문이 언어 내적인 구조의 추구에 매달려야 하는가 분명히 대답할 수 있어야 한다. 그 이유가 시대적 조류이고 요청이라면 정당하지만 그렇지 않을 경우는 소수의 자리에 있어야 하는 것이 마땅하다. 그러나 애석하게도 이러한 부류의 사람들이 지금까지는 국어학의 대다수를 점령하고 있다고 해야할 것이다.

필자는 언어 내적인 순수한 이론을 추구하지 말자고 주장하는 것이 아니다. 물론 그러한 사람도 있어야 한다. 그러나 그것이 이 시대의 조류는 아니라는 것이고 그러한 사람들의 부류는 소수여야 한다는 것이다. 그렇지 않으면 그것은 필연적으로 시대적 요청을 거부하는 것이 되어서 도태되고 말 것이다.

3. 현 상황의 개혁과 우리의 자각

이제 잠시 순수이론을 연구하는 국어학자가 이 시대에 주류를 이루는 기이한 현상에 대해 논의해 보자. 이것은 아마도 한국만의 문제가 아니고 또한 국어학만의 문제도 아닐 것이다. 이 시대가 그만큼 변화의 속도가 빨리 진행되고 있기 때문이라고 보여진다. 왕조시대를 벗어나서 민주주의를 경험한 것이 백년 이백년이 된 나라도 있지만 우리나라처럼 아직 몇 십년 밖에 안된 나라가 많을 것이다. 자본주의 식으로 모든 세계가 재편되고 있는 현시점에서 인문학은 가장 늦게 변화하고 있다고 보아진다. 우리나라의 국어학은 이처럼 두 가지 측면에서 시대에 뒤쳐지고 있는 것이다. 우리나라 자체가 자본주의를 늦게 수용한 점과 국어학이 인문학이란 점이다. 아마도 인문학을 제외한 다른 학문분야에서는 실용성 운운한다는 것이 무엇을 의미하는지도 모를 정도로 생소할 것이다. 사회과학, 자연과학의 어떤 분야이든 실용성이 제일의 목적이 된지가 오래되었다. 이제 대학은 씨름을 하던 선수가 교수가 되고, 영화배우나 연극배우, 음식점을 운영하던 사람들이 교수가 되어 가르치고 있는 것이 현실이다. 이것은 소비자가 원하는 것을 제공한다는 자본주의 원리를 대학들이 충실히 따르고 있는 결과이다.

혹자는 오직 인문과학만이 실용성을 추구해서는 안 된다고 주장하고 그것만이 인문과학의 특징이라고 말할지도 모른다. 그러나 인간의 정신을 추구하는 소중한 작업이 실용성에 경도되어서는 안 된다는 충정은 이해하지만 인간 정신의 본질이 어쩌면 실용성을 추구하게 되어있는지도 모른다. 물론 자본주의 사상이 절대 선이라고 말할 수는 없다. 그러나 지금의 시대는 생존을 위한 가히 경제전쟁의 시대라고 표현해도 지나친 말이 아니다. 생존하지 않고는 학문도 없는 것이다. 즉 우리가 생존하기 위해서는 이제 실용성을 추구할 수밖에 없는 것이다.

물론 순수이론이 말살되어서는 안 된다. 그러나 그것은 개인이 책임지기에는 너무나 벅찬 노릇이다. 시대의 조류에 역행하면서 그러한 일을 하는 것은 특별한 사람이 아니고는 하기 힘들 것이다. 이렇게 중요하지만 시대의 흐름과 벗어나는 일은 많은 사람의 합의에 의해서 공공기관에서 책임을 지는 것이 현명하다. 국립대학이나 지방정부가 지출하는 대학에서는 이러한 시장성이 없는 공부를 지원해야 한다. 만일 지원하지 않는 다면 시대의 요청에 맞지 않는 학문은 사라질 수밖에 없는 것이다. 학술진흥재단 등은 단지 순수한 학문을 위한 것에만 지원해야 한다.[7] 그리고 시장원리에 의해 자본을 창출할 수 있도록 학자들에 대한 다양한 규제의 법규와 관행을 과감히 철폐해야 한다. 아직도 인문학을 하는 교수 사회는 돈버는 것을 천시 여기는 경향이 남아 있다. 학자가 돈벌이를 한다는 것은 동양의 오랜 전통에서 추구해서는 안 되는 금기사항이었다. 그러나 이제 시대는 변해서 이러한 자본의 추구가 제일의 목적이 된 사회가 된 것이다.

---

7. 조동일, 『이 땅에서 학문하기』, 지식산업사, 2000. 159쪽 이하 참조. 학술진흥을 위해 정부나 공공기관 등이 어떻게 해야 하는지를 자신의 사례를 들어 자세히 설명하고 있다.

영어영문학의 현실을 보면서 국어학의 미래를 생각해보자. 현재 영어학은 대학과 일반사회의 경쟁과 협조체제로 이루어지고 있다. 그런데 70-80년대 대학의 영어학은 현실과 너무 동떨어져서 사람들이 외면을 하는 상황이 발생했다. 이제는 대학이 영어일반을 주도하는 것이 아니라 학원이나 사설업체들이 영어시장을 장악하고 있다고 해야 한다. 이렇게 된 원인이 어디에 있는지 반성해 보아야 한다. 한국적 상황에서 영어란 무엇을 의미하는가? 그것을 원하는 일반인의 대다수는 일상적인 회화를 목표로 하는 것이다. 그런데 대학에서는 중세나 고대 영어를 가르치고 세익스피어 희곡에 대한 작품의 감상과 평가에 매달리고 있었다. 이는 현실적 요구와는 너무나 동떨어진 것이다. 물론 영어학을 전공하는 모든 사람이 실용적인 것에 몰두할 필요는 없을 것이다. 그런데 한국의 영어영문학과는 적어도 이러한 실용적 목적을 추구하는 것이 주류가 아니었다. 순수한 이론의 전수를 목적으로 하는 경우가 대부분이었다. 영어통사론, 영어형태론, 영어음운론을 가르치고 있다. 한국의 현실에서 영어학은 제2외국어로서의 영어를 어떻게 습득하는가 하는 것이 가장 주류가 되어야 한다고 생각한다. 왜냐하면 이러한 요구가 사회구성원의 대다수를 이루기 때문이다. 그러한 사회적 요구를 대학이 외면한다면 대학의 영어학은 도태될 수밖에 없다. 그 자리를 일반학원이나 사설업체들이 맡는 것은 당연한 이치다.

지금까지는 학자가 학문을 주도해 왔다고 해도 과언이 아니다. 그러한 이유로 시장의 요구를 무시해도 되었던 것이다. 또한 한국의 대학은 자율경쟁 체제가 아니기 때문에 대학이 앞장서서 실용성을 추구하지도 않았다. 이제는 전혀 달라져야 한다. 이러한 각성은 어제오늘의 일이 아니지만 선뜻 출발을 하기가 힘들다. 조건이 맞지 않기 때문이다. 학자를 양성하는 대학원을 들여다보면 해답이 나온다. 대학원의 시스템이 현실에 맞게 되어있지 않다. 오랜 전통을 가진 학교나 신설 대학이나 할 것 없이 교수는 이전 그대로의 방식으로 학자를 양성하고 있다. 즉 예전처럼 이론 위주의 순수학문을 전수하는 것이 대학원으로 생각하고 있다. 그것은 전적으로 교수가 자기가 배운 것을 가르칠 수밖에 없는 현실이기에 어쩔 수 없는 것이다. 그렇다고 새로운 이론으로 무장한 교수진을 충전할 수 있는 것도 아니다. 즉 그러한 전통이 없기 때문에 하늘에서 그러한 교수를 데려올 수도 없는 것이다. 이것은 우리 모두의 숙제다. 국가와 대학경영진, 교수와 학생이 모두 현실을 자각하고 새롭게 태어나야 한다. 교수에게 많은 수업과 잡무를 부과하면서 연구업적이 좋기를 바라는 것은 무리이다. 미래를 개척하는 연구자에게 시간과 돈을 주어야 한다. 무엇보다도 이제 학문을 시작하는 대학원생은 현실을 똑바로 직시하여 무엇을 하는 것이 자신에게 가장 합당한지 심사숙고하지 않으면 안 된다. 기존의 틀에서 벗어나서 현시대의 조류를 읽을 필요가 절실한 것이다.

4. 마무리

필자의 경험을 잠시 소개하면서 어떻게 하면 실용성을 추구하는 학문을 계속할 수 있을 것인지 생각해보기로 하자.

음운론을 전공하는 필자가 처음에 강단에 서면서 의욕적으로 국어음운론이라는 전공과목을 개설하여 가르치기 시작했다. 주로 3-4학년이 듣는 과목이었다. 국어음운론이란 과목은 국어학에 생소한 사람들에게는 상당히 이해하기 어렵다고 해야할 것이다. 더욱이 요사이의 대학들은 전공 최소 이수학점이 예전에 비해 형편없이 낮기 때문에 국어학 과목을 처음 듣는 학생이 대다수를 차지한다. 첫 학기에는 필자가 개설한 국어학 과목들이 폐강 수준에서 10% 정도 웃도는 수준에서 학생들이 마감되었다. 이는 국어학을 좋아해서가 아니라 아마도 그 당시 신참 교수에 대한 호기심에서 학생들이 그나마 수강 신청을 한 것으로 생각한다. 1년이 지난 후부터는 한 과목 두 과목씩 폐강 과목이 늘어나기 시작했다. 교수가 강의를 하지 못하고 쉬고 있다는 것은 경험하지 못한 사람은 그 참담한 심정을 이해하지 못한다. 내 자신이 살고 싶지가 않을 정도이다. 국어학 과목을 전면적으로 수정해서 실용위주로 쉽게 하면서 사회언어학이나 지역방언 등 학생들이 접근하기 용이한 과목을 개설하면서 좀 나아졌다. 특히 글 쓰기 요령 등을 가르치면서 학생들의 반응이 좋았다. 이러한 경험을 통해서 학생들이 흥미 있어 하고 필요한 것에 초점을 맞추어야 한다는 사실을 깨닫게 되었다. 물론 내 자신이 순수 이론을 전공한 학자로서 이제 와서 시장에 맞추어 실용위주의 과목을 개발한다는 것은 쉬운 일이 아니다.

음운론 분야는 실용적인 면에서 여러 가지를 생각해 볼 수 있다. 우선 손쉽게 맞춤법이나 표기법, 표준어 문제 등을 연구할 수 있다. 이는 현실적으로 요청되는 분야이기도 하다. 이제 시작하는 대학원생들은 컴퓨터 프로그램을 배워서 음성언어를 이용한 다양한 분야를 개척할 수 있을 것이다. 이 분야는 지금 전적으로 이공대의 컴퓨터학과 학생들이 담당하고 있지만 국어학에서도 일정부분 활동을 해야한다고 생각한다. 나아가 인공지능분야에도 진출해서 말하는 로봇을 개발하는데 관여해야 한다. 우리나라의 현실에서 이를 대학원에서 전공한다는 것은 쉬운 일이 아니다. 독학을 하거나 유학을 다녀와야 하는 어려움이 있다. 그러나 이러한 어려움을 극복하면 앞으로 유망한 분야가 될 것으로 보인다.[8]

필자가 대학을 다닐 때만 해도 학생들이 선택할 수 있는 과목이 거의 없을 뿐 아니라 필수적으로 이수 해야할 전공과목이 지금보다 아주 많아서 개설된 과목은 거의 무조건적으로 들어야 했다. 그러나 지금의 대학은 전혀 예전과 다르다. 학생들이 거의 모든 과목을 선택해서 들을 수 있게 되어 있다. 복수 전공이 가능하도록 한 배려다. 학생들에게 교과선택을 맡기는 것은 세계적인 추세이기 때문에 그것을 거부할 수는 없다. 소비자가 왕이라는 자본주의 원리가 대학사회에도 자리잡기 시작한 것이다. 이러한 상황에서 교수는 항상 시장의 추세를 예의 주시할 수밖에 없다. 그리고 시장과 부합하는 교과목을 개설하고 그렇지 않을 때는 과감히 버려야 한다. 이는 자기가 오랜 세월 전공한 학문과 단절된다는 것을 의미한다. 그러므로 이러한 비극을 겪지 않기 위해서 적어도 자기가 10년 20년 정도 학문을 계속하고 학생들을 가르칠 것이라면 미리 미리 예측해서 순비를 할 것이다. 이제 학문에 입문하는 대학원 학생들은 오직 시장이 무엇을 원하는지를 예측하고 그러한 것에 부합하는 학문을 하는 것이 미래에 주류로 남는 유일한 길이다. 물론 자기가 좋아하는 분야가 주류가 아닐 수도 있을 것이다. 주류가 아니면서도 자기가 좋아하는 분야를 계속할 수 있는 환경에 있다면 그것은 커다란 행운일 것이다. 오직

---

8. 한편 교육 방법론으로 미디어나 인터넷을 활용하는 방안에 대해서 지속적으로 연구해야 한다. 지금의 시대는 영상시대이기 때문에 칠판과 단순한 강의 노트만으로는 학생들의 흥미를 유발하기 힘들다. 『미디어 시대의 새로운 인문학』, 동의대학교 연구소 편, 인문연구논집 제6집, 2001. 참조.

진리만을 추구하고 연구하는 진정한 학자의 길을 갈 수 있다면 좋겠지만 현실은 연구자에게 많은 연구 업적을 요구하고 학생들이 원하는 과목만을 개설하도록 되어 가고 있다. 그런데 이러한 일은 앞으로 더욱 심화될 것이다. 폐허가 된 후에 새로운 것이 나타나는 것이 역사의 진리이다.

III

언어의 특징과 **사회**

1

우리는 하루도 말하지 않고는 살 수가 없다. 더욱이 세상이 복잡해질수록 말은 더 많아지고 언어 사용은 늘어간다. 언어의 가장 중요한 기능은 아마도 서로간의 사상과 감정을 전달하는 의사소통일 것이다. 그래서 언어학자들은 언어만이 동물과 인간을 구별하는 가장 중요하고도 유일한 특징이라고 주장하기도 한다. 간혹 동물학자들이 새나 개, 혹은 원숭이를 훈련시켜서 의사소통이 가능함을 증명하기도 한다. 그들은 동물들도 인간처럼 의사소통이 가능하다고 주장하면서 인간만이 언어를 사용하는 것이 아니라고 말하기도 한다. 그렇다면 동물과 다른 인간 언어의 특징은 무엇인가?

무엇보다도 중요한 인간 언어의 특징은 음성과 의미의 자의적인 결합으로 이루어졌다는 점이다. 우리는 여름에 시원한 그늘을 드리우는 커다란 한 그루의 나무를 보고 '나무'라는 소리로 말한다. 그러나 영어는 'tree'로 한자어는 '木'으로 표현된다. 동일한 의미를 전달하지만 이처럼 언어권에 따라서 다른 소리를 낸다. 이는 동물에게서는 찾아보기 힘든 특징이다. 동일한 종류의 미국의 개나 한국의 개가 다르게 서로 짖거나 신호를 보내기는 어려울 것이다. 물론 약간의 차이는 있을 것이다. 나무를 어떤 지역에서 '낭구'라고 하듯이 말이다.

이러한 인간 언어의 자의성은 개인이 아무렇게나 결정하는 것이 아니다. 이른바 사회적 약속의 결과물이다. 사람들이 한곳에 오랫동안 머물러 살면서 공통의 경험이 생기고 그러한 경험의 바탕 위에 공통의 기호를 산출하기에 이르게 된 것이다. 이러한 기호들은 한여름의 먹구름이 소나기를 의미하고 조용한 시골 마을에 개짖는 소리가 낯선 사람을 의미하는 자연적인 기호와 인간의 언어처럼 인위적으로 만들어진 상징적인 기호로 구분되기도 한다. 공통의 경험은 개인이 마음대로 하기가 이미 힘든 것이다. 예를 들면 모든 사람이 흘러가는 개울의 물을 이미 물 이라고 부르기로 약속했는데 나 혼자서 멀 이라고 한다고 해서 그것이 통할 수 있는 것이 아니다.

요즈음 인터넷이 발달하면서 예전에는 없던 새로운 기호들이 등장하기 시작한다. 그러한 기호들은 어떤 것은 살아남기도 하고 어떤 것은 몇 번 사용되었다가 사라지기도 한다. 살아남기 위해서는 많은 사람들이 그러한 기호의 형식과 의미를 공통으로 경험해야만 한다. 그러한 공통의 경험이 공유되지 않고 개인이나 몇몇 사람의 경험에서 끝난다면 그들이 만든 기호는 살아남지를 못한다.

언어는 새로 생기고 성장하고 소멸한다. 이것을 언어의 역사성이라고 한다. 요즈음에 많이 사용되는 왕따, 당근(당연하다는 의미로), 얼

짱 등의 용어는 예전에 없던 것들이다. 이러한 언어는 많이 사용되면 살아남지만 사용되지 않는다면 사라질 것이다. 그런데 이러한 언어를 주도하는 곳은 인터넷이고 그러한 언어의 사용자들은 청소년들이다. 즉 언어가 새로 생기는 장소와 그것을 주도하는 사용자들이 예전과는 다르다. 조선시대를 생각해 보자. 그 당시에는 양반층에 속하는 장년 층의 남자들이 풍류를 즐기면서 그 당시의 언어를 주도해 갔을 것이다. 이처럼 언어는 여러 면에서 한시도 가만히 있지를 않고 변해간다. 이러한 변화를 아주 불쾌하게 생각하는 경우도 있었다. 기독교나 불교, 이슬람교의 초기 경전들이 종교 창시자의 말을 문자로 수록하면서 그러한 초기의 언어를 숭상하는 경향이 생겨나기 시작했다. 언어가 변하는 것을 타락한 것으로 보는 것은 이러한 종교적인 관습의 영향일 것이다. 예를 들어 조선시대의 '사호다'가 현대국어에서 '싸우다'로 변했다고 해서 그러한 언어가 타락해서 변한 것이 아니다. 사람이 조선시대에는 잘 싸우지 않했는데 현대에는 많이 싸워서 그런 것도 아니다. 단지 언어 내의 체계와 구조의 영향으로 평음의 기능을 경음이 담당하는 쪽으로 변하고 있을 뿐이다. 언어는 타락하는 것이 아니다. 오직 변화만이 있을 뿐이다.

언어의 또다른 특징은 창조성이다. 창조성을 신의 특징의 하나로 본다면 우리 인간에게도 신의 속성이 있는 것이다. 만일 '새빨간 하늘에 검은 풍선이 휘몰아치고 붉은 다람쥐가 날아다닌다'라고 말한다면 이러한 말은 다른 사람이 한 말을 외워서 하는 것이 아니라 이 순간에 창조되어 말하는 것이다. 우리는 하루에도 수많은 단어로 이루어진 문장을 쉬지 않고 말할 수 있다. 그러한 문장은 외워서 머리 속에 저장된 것을 발설하는 것이 아니다. 거의 무의식적으로 자발적으로 이루어진다. 이는 문장을 새롭게 창조하기 때문이다. 개나 새가 거짓말을 하거나 옛날 이야기를 상상을 섞어가면서 이야기한다는 것은 상상할 수 없을 것이다. 오직 인간만이 이러한 창조성을 가지는 것이다. 우리는 문장을 무한히 길게 말할 수도 있다. 수식어를 사용하고 접속어를 사용하기도 하면서 문장은 길어진다. 우리가 실제로 무한히 길게 말하지 않는 것은 단지 시간의 제약과 육체의 피로함 때문에 중간에 그만두는 것일 뿐이지 길게 말할 수 없어서 그만두는 것이 아니다. 인간은 문장만을 새롭게 창조하는 것이 아니다. 단어도 창조한다. 수많은 단어가 하루에도 만들어진다. 신문을 보거나 인터넷을 보면 그전에 없던 새로운 단어가 등장하는 것을 자주 볼 것이다. 예를 들면 '왕'이라는 접두사를 사용하여 우리는 새로운 단어를 만들 수 있다. 손이 크다면 '왕손'이라고 말할 수 있을 것이다. 아주 짜증이 난다면 '왕짜증'이라는 말도 만들 수 있다. 이처럼 파생이나 합성을 통해서 새로운 단어는 만들어진다.

언어가 불연속적인 특징을 가지고 있다는 것을 이해하는 것도 중요하다. 시간을 생각해 보자. 시간은 어디에서 정지해 있는 것이 아니라 연속적이다. 그러나 인간은 이러한 연속적인 시간을 일년, 한달, 몇시간 등의 단위로 인식하고 있다. 즉 인간은 시간을 연속적으로 이해하는 것이 아니라 불연속적인 덩어리로 이해하면서 그들에 각각의 이름을 부여하고 있는 것이다. 색상에 대해서도 마찬가지다. 색깔의 스펙트럼은 연속적이다. 그러한 연속적인 색깔에 대해서 인간은 노랑이나 빨강, 검정 등의 불연속적인 이름을 붙이고 있는 것이다. 이는 인간의 감각기관과 이성이 자연을 명쾌하게 이해하기에는 부족한 점이 있기 때문이다. 우리는 멀리 볼 수도 없고, 정교하게 들을 수도 없다. 만지는 것과 냄새를 맡는 것 등등 우리의 오관을 통해서 파악되는 모든 자연의 모습은 불완전하다. 이러한 불완전한 인식이 그대로 언어로 반영되는 것이다. 그러므로 언어의 불완전성을 이해하는 것이 진리를 이해하는 중요한 길이라는 것을 명심할 필요가 있는 것이다.

언어의 중요한 특징의 하나는 정교한 구조를 가지고 있다는 것이다. 우리가 문법이라고 부르는 말은 한마디로 언어의 규칙성을 포괄적으로 표현한 말이다. 문장, 절, 구, 단어, 음운, 자질과 같은 다양한 문법 단위들이 있고 이들의 결합이 질서 정연하다. 그런데 인간은 이러한 복잡한 구조를 백지의 상태에서 학습하는 것 같지는 않다. 왜냐하면 세상의 모든 인간은 3-4세가 되면 누구나 모국어를 자연스럽게 습득한다. 이러한 이유는 미국의 언어학자 촘스키에 의하면 인간은 유전적으로 언어습득 장치를 가지고 태어났기 때문이라고 주장한다. 이는 마치 식물이 어느 때가 되면 꽃이 피는 것과 같다는 것이다. 식물이 옆에서 사는 식물의 꽃 피는 것을 학습한 다음에 꽃을 피우는 것은 아니다. 마찬가지로 인간도 어느 때가 되면 자동적으로 언어를 습득하게 되는 것이다. 이는 흑인이나 백인이 차이가 있지 않다. 심지어 원시인이나 현대인이나 마찬가시이다. 스티븐 핀커가 쓴 언어 본능 이라는 책에 인도네시아의 어떤 섬에 100만의 석기시대 인간이 20세기에 발견되었는데 이들의 언어의 정교함이 현대인과 다르지 않다는 것을 말하고 있다. 즉 인간 언어의 많은 부분이 유전되고 있다는 것을 증명하고 있는 셈이다.

그렇다면 왜 인간의 언어는 동일하지 않고 영어, 중국어, 일본어처럼 다양한 언어가 존재하는 것일까? 이는 그가 태어난 사회적 조건과 관계가 있다. 비유가 좀 지나치지만 식물에 비교해보면 동일한 씨앗이 어떤 환경에 떨어지느냐에 따라 다른 모습으로 나타난다고 보는 것이다. 동일한 구조를 언어학자들은 보편문법이고 말하고 있다.

2

우리말을 하면서 하루하루 살아가는 평범한 사람들은 보편문법이 무엇인지 알기 힘들다. 일반 사람들이 접하는 것은 서울말이거나 시골말이다. 말이 다르면 무시하기도 하고 우월감이 생기기도 한다. 우리 나라는 지역 감정이 심하다고 말한다. 얼굴이 달라서 그럴까? 지방마다 흑인이나 백인이 사는 것이 아닌 것으로 보면 지역 감정은 순전히 말에 의해서 나타난다고 보아야 할 것이다. 시골말이 저급한 말이라거나 혹은 어느 지방 말은 나쁜 말이라는 생각을 가지고 있는 사람들이 있다. 그러나 가만히 생각해보면 서울말도 아주 오래 전부터 이렇게 한반도의 중심이 된 것은 아니었다. 역사를 공부해 보면 삼국시대만 해도 서울은 삼국의 변방에 불과했다. 즉 서울말은 그 때에는 지방 사투리였을 것이다. 서울을 중심으로 한 중부지방 말이 우대를 받기 시작한 것은 아마도 고려 때이거나 조선시대부터일 것이다. 백제 시대에는 충청도, 전라도 말이 신라 시대에는 경상도 말이 중심 말이어서 요즈음처럼 사투리라는 생각을 하지 않았을 것이다. 즉 서울말도 하나의 지방말일 뿐이다.

현대에는 서울말의 위력이 대단하다. 서울말은 대한민국의 중심 언어로 표준어로 대접을 받고 있다. 모든 지방의 말들이 동등한 대우를 받을 수 없는 것일까? 그런데 하나의 국가를 세우고 국민을 교육시키고 세금을 거두고 국가를 지키는 나라 살림을 원활하게 하기 위해서 다양한 말로 한다면 비효율적이라고 보아야 한다. 더욱이 서울 지역에 많은 사람이 사는데 제주도 말을 하나의 표준어로 규정한다면 많은 서울사람들이 제주도 말을 배우기 위해서 학원을 다니고 개인교습도 하고 시험 준비도 해야할 것이다. 물론 제주도 말을 하는 토박이는 그럴 필요가 없지만. 즉 서울말을 중심으로 표준어를 국가가 정해서 나라를 운용하는 것은 경제적이라고 보아야 한다. 그러나 그러한 경제성의 이면에는 서울사람이 아닌 지방 사람들이 많은 불이익을 당하고 있다는 사실을 염두에 두어야 한다.

지방에 살면서 공직생활이 아닌 일상생활에서 구태여 표준어를 배워서 사용할 필요는 없을 것이다. 즉 그 지방의 토박이는 자신의 토박이말을 사용하는 것이 아무런 문제가 없다. 지방 말을 쓴다고 정신적으로 열등한 것이 아니기 때문이다. 표준어는 공적인 자리에서만 사용하면 된다. 약간의 문제는 지방자치 시대에 각 지역마다 다른 방송국이 생기고 다른 언어를 쓰는 것이 좋은 것인지 아니면 언어를 통일해 가는 것이 좋은지는 좀더 진지하게 토론해볼 문제이다.

이 문제는 남북한 통일의 문제와도 연결이 된다. 통일 후에 북한의 언어와 남한의 언어가 이질적인데 두 개의 언어를 표준어로 하는 것이 좋은지 하나의 언어를 표준어로 하는 것이 좋은지 결정해야 할 것이다. 경제적인 면에서 본다면 하나의 표준어가 국가를 경영하는 데 효과적이다. 그러나 그렇게 될 때 표준어로 인정받지 못한 지역의 사람들이 입게 되는 피해를 어떻게 보상할 것인가의 문제가 남는다.

이 문제는 국제적인 언어의 문제로 연결된다. 이제 인터넷으로 세상이 연결되고 이 세상은 더욱 교류가 활발해지고 있다. 세계의 표준어는 영어를 중심으로 사용되고 있다. 그러한 와중에 세계의 많은 언어가 매년 사라져 가고 있다. 현재 6천개 정도의 언어가 이 세상에 존재하는데 100년 내로 세계의 언어는 몇 개밖에 남지 않을 것으로 예측하기도 한다. 영어가 아닌 언어는 이제 피해를 입고 나아가 사라져 갈 위기에 처해 있다. 우리 나라 제주도 말이 사라져 가듯이.

국어학을 하는 사람들만의 노력으로 우리말이 잘 지켜질 것으로 생각하는 사람들이 있다. 그러나 산스크리트어나 만주어가 사라지듯이 언어가 사라져 가는 것은 단순히 국어학을 하는 사람들만의 노력으로 이룩되는 것이 아니다. 언어는 모든 사람들과 관련을 맺고 있다. 우리가 현재 영어를 배우려고 전국민이 노력하는 이유는 미국을 비롯한 영어를 사용하는 국가들이 강력한 힘을 가지고 있기 때문이다. 우리말을 지키는 것은 우리 나라 사람 모두의 노력으로 이룩되는 것이다. 만일 우리 나라가 힘을 잃게 된다면 우리말도 사라질 것이다. 일제시대에 우리말을 잠시 사용하지 못하던 시절이 있었는데 만일 우리 나라가 더욱 힘이 없어진다면 나라가 존재한다해도 우리말이 사라질지도 모를 일이다. 영어가 강력한 힘을 가지고 세계로 뻗어 나가는 이유는 미국을 중심으로 영어를 사용하는 국가들이 정치, 경제, 문화적으로 강력한 힘을 가지기 때문에 영어를 배우지 않으면 그들과 교류할 수 없고, 그들과 교류하지 않으면 살아남기 힘들기 때문이다. 우리말이 세계화되는 길은 우리의 국력이 강해지는 길뿐이다. 예를 들어 우리의 김치가 세계적인 식품이 되어서 전 세계 사람들이 먹게 된다면 모두들 우리말인 김치를 사용하게 될 것이다. 이처럼 음식뿐만이 아니라 다른 산업이나 문화나 학술적인 이론의 부분에서 세계 일류의 업적을 이룩하게 된다면 다른 나라 사람들이 우리말을 사용하지 않고는 우리의 문화를 습득하지 못하게 될 것이다. 새로운 기계를 만들어 우리말로 그 기계에 이름을 붙인다면 다른 나라 사람들은 우리말을 배우게 될 것이다. 회사를 운영하는 사장도 우리말을 발전시키는 역할을 할 수가 있다. 어려운 의학용어나 컴퓨터 용어나 법률 용어를 쉬운 우리말로 번역해서 가르친다면 그것도 우리말의 피해를 최소화하는 길이다. 우리말을 보살피고 키우는 길은 각자가 하는 일에 우리말을 사랑하는 마음이 있으면 가능한 일이다.

3

　우리말이 무엇이냐고 질문을 하면 간혹 한글이라고 말하는 사람들을 본다. 한자를 중국말이라고 생각하는 사람도 있다. 이는 말과 문자를 혼동하는 데서 오는 잘못이다. 말과 문자는 전혀 다른 것으로 말은 인간으로 태어나면 누구나 사용하는 것이지만 문자는 그렇지 않다. 중국어는 한자에 의해서 표기되고 영어는 알파벳에 의해서 표기된다. 우리말은 한글에 의해서 표기되는 것이다. 즉 우리말이 있고, 한글이 있는 것이다. 한글은 세종대왕이 창조한 위대한 우리의 문자이다. 그러나 우리말은 누가 창조한 것이 아니고 오랜 세월 이전에 이 땅에 정착한 우리 민족이 사용한 언어일 뿐이다. 즉 세종대왕이 한글을 창조하기 이전에는 한글이라는 문자는 없었지만 우리말은 우리 민족의 역사와 함께 하는 것이다.

　글자는 언어를 표기하기 위한 수단에 불과하다. 언어는 변화가 심하지만 글자는 보수성을 가지고 있어서 잘 변화하지 않으려는 성질이 있다. 문자로 표현된 것은 언어가 이미 변했는데도 불구하고 이미 이전의 말일 경우가 많다. 문자를 중심으로 생각해서 예전의 말을 고집하는 우를 범해서는 안될 것이다.

　말을 사용하는 경우는 몸짓과 온갖 말의 높낮이를 동시에 사용한다. 상황에 따라서는 말을 하지 않고 약간의 신호와 미소가 의미를 표현하기도 한다. 그러나 글은 그렇지 않다. 글은 문법 단위들의 정확한 사용에 의해서 표현되지 않으면 의미 전달에 혼동이 오기 쉽다. 그러므로 정확한 표현을 위해서는 많은 연습과 공부를 해야 한다. 말을 잘 한다고 해서 글을 잘 쓰는 것은 아니다. 글로 표현하는 것과 말로 표현하는 것은 다르다. 그러므로 말의 연습과 글의 연습은 다른 것이다. 말의 훈련이 중요한 것 이상으로 글의 훈련도 중요하다.

경험이 적은 어린이도 말을 하고 사고가 깊은 어른도 말을 한다. 그러나 동일한 말이 아니다. 사고가 깊은 어른들의 말은 복잡하고, 깊은 생각을 전달하고 다양한 경험을 전달한다. 그러나 경험이 적은 어린이들은 복잡한 생각을 전달하지 못한다. 미국의 언어학자 사피어는 언어가 사고를 지배한다고 주장하기도 했다. 언어가 발달할수록 생각이 깊어지는 것이라는 의미가 내포되어 있다. 우리가 경험하는 세계는 언어에 의해서 추상화된다. 추상화된 언어는 우리의 두뇌에 저장된다. 만일 언어로 두뇌 속에 저장되지 않는다면 그렇게 복잡한 논리를 다른 사람에게 전달하기는 힘들 것이다. 세계를 경험하고 그것을 추상화하고 다시 추상화한 것을 더욱 정교하게 다음 단계로 이행하는 과정은 인간만이 할 수 있는 것이다. 이렇게 정교한 과정은 언어가 없다면 하기 힘든 것이다. 우리가 책을 통해서 다른 사람의 추상화된 경험을 공유하고 그것을 전달받아서 다시 나의 경험으로 만드는 작업은 인간을 만물의 영장이 되게 하는 유일한 길이다. 학문을 하고 거기에서 나온 새로운 이론을 다른 사람에게 시간의 흐름 속에서 끊임없이 전달해서 문화의 축적을 이룩하는 일이야말로 인간을 위대하게 만든 일이다. 언어학자가 언어를 탐구하는 것은 바로 이렇게 위대한 일을 하는 언어가 과연 어떻게 우리의 두뇌 속에서 작동하는지를 밝히는 작업을 하려는 것이다. 그러나 이러한 일은 언어학자만의 힘으로 될 수 없는 일이다.

언어의 연구를 통해서 인류는 투쟁의 길이 아니라 서로 다시 통합의 길을 갈 수 있을 가능성이 있다. 만일 우리가 언제 어디서고 다른 언어를 사용하는 사람을 만나도 자기의 모국어를 말하면서도 의사소통에 전혀 지장이 없는 세상이 온다면 우리는 영어를 지금처럼 공부하지 않아도 될 것이다. 그러면 우리말이 사라진다는 두려움도 없을 것이며 우리의 유구한 문화가 사라질 것이라는 상상도 할 필요가 없을 것이다. 과연 그러한 일이 가능할 것인가? 만일 우리가 여러 가지 언어를 동시에 통역할 수 있는 기계를 만들 수만 있다면 그러한 일이 불가능하지 않을 것이다. 여러 언어를 동시에 실시간으로 통역이 되는 기계가 있어서 우리의 몸 속에 칩을 부착하고 다닌다면 다른 언어를 듣고 우리말로 이해할 수 있을 것이고, 다른 언어를 쓰는 사람에게 우리말을 하면 다른 언어를 쓰는 사람은 자기의 언어로 통역이 되어 이해하게 될 것이다. 이러한 세상이 가능하다는 것은 촘스키의 보편문법의의 이론에 의해 불가능한 것이 아니라는 것이 밝혀졌다. 또한 컴퓨터 기술의 놀라운 발전으로 이러한 일이 멀지 않은 장래에 실현될 수 있을 것이다. 우리는 이러한 세상을 꿈꾸면서 즐겁게 우리말로 우리의 사상과 감정을 마음껏 펼쳐보자.

4

우리말과 한글을 다양한 분야에 이용할 수가 있다. 요즈음에 국제 교류가 활발해지면서 많은 외국인들이 우리나라에 들어온다. 이들이 일차적으로 우리나라에 살면서 부딪치는 어려움은 우리말일 것이다. 외국인을 위한 우리말 교육이 절실한 시점이다. 다양한 언어를 사용하는 사람들이 우리말을 배우기를 원하기 때문에 우리말 교육의 표준화 작업이 중요하다. 이러한 일을 국가에서 철저히 준비 해야 할 것이다.

한글은 세계의 유수한 언어학자들이 인류가 만든 최고의 문자로 인정하고 있다. 우리의 한글을 발전시킬 수 있는 방안을 마련해 보아야 한다. 영어가 알파벳으로 표기되고 있지만 한글로 표기하는 것이 더욱 효과적일 수 있다. 알파벳은 모음을 효과적으로 표기하지 못한다. 그러나 우리 한글은 수많은 모음을 자유롭게 표기할 수 있다. 한편으로 문자가 없는 민족에게 우리의 문자를 보급할 수 있는 것이다. 우리는 좋은 문자를 가지고 있기 때문에 조금만 보완 한다면 세계적인 문자로 거듭날 수 있을 것이다.

번역은 이제 문화 교류의 필수적인 요소가 되고 있다. 번역을 통해서 각 민족의 고유한 문화를 지키면서 서로를 이해할 수 있는 계기가 된다. 번역이 발달하면 이를 기계에 응용할 수 있는 단계로 발전하게 될 것이다. 컴퓨터 프로그램과 번역의 합작은 자동기계번역을 가능하게 할 것이다. 이러한 발전은 인류의 미래를 더욱 희망적으로 만드는 계기가 될 것이다. 이외에도 언어의 연구는 심리학, 인공지능, 인류학, 등의 미래에 깊은 관련이 있다. 언어 연구는 이제 인류의 역사 이래 처음으로 본격적으로 탐구되기 시작하고 있다.

제**3**부

글쓰기

한글 표기법과 글쓰기에 대한 연구

I
대학에서의 실용적이고
논리적인 글쓰기 지도

1. 서론

글 쓰기의 중요성을 강조한 것은 어제오늘의 일이 아니다. 고대로부터 글을 읽고 그것을 사용하여 자신의 생각을 표현하는 것은 모든 사회에서 숭상되었다. 그러나 현대 이전에는 글을 자유자재로 사용하는 사람들은 특수한 계층에 속하였다. 모든 사람이 글을 쓰고 읽지를 못했다. 그러한 계층은 극소수의 일부분에 지나지 않았다. 우리나라의 경우도 7, 80년대 이전만 해도 누구나 글을 읽고 쓸 수 있는 것은 아니었다. 그러나 오늘날은 대부분의 사람이 전문 대학 이상의 학력을 가지는 시대가 되었다. 이제는 글을 못 쓰고 읽지 못하는 사람이 극소수에 불과하다.

지금은 글을 읽고 쓰는데 초점을 맞추는 시기가 아니라 그 수준을 높이는데 목표를 두어야 한다. 그런데 우리나라의 현실은 애석하게도 글의 수준을 높이는 교육에 거의 관심을 두지 않았다고 해도 과언이 아니다. 중고등학교의 교육이 입시 위주로 흐르다보니 입시에 관련이 없는 교육은 뒷전으로 밀려나기 일쑤다. 입시에 없지만 우리가 살아가는데 중요한 것이 너무나 많다. 글 쓰기도 그 중의 하나다. 많은 회사의 사장들이 대학을 졸업한 사람이 기안서 하나도 제대로 못쓴다는 소리를 종종 한다. 석사과정에 입학한 학생들이 리포트를 제대로 쓰지 못한다. 많은 대학생이 내고 있는 학기말 리포트는 사실 글 쓰기의 과정이지만 이것을 제대로 지도하는 대학의 교과과정이 없다.[1] 물론 대학에도 작문과정이 있고, 고등학교에도 작문이 있다.

대학에서의 작문교육은 고등학교의 반복적 수업이어서는 안 된다. 현 시점에서 고등학교 작문교과서와 대학의 작문교과서는 그 내용이 비슷하게 구성되어 있다. 그런데 고등학교에서는 대학의 입학시험에 초점이 맞추어져 있어서 실질적인 글쓰기 실력의 함양을 기대하기 힘든 형편이다. 그러므로 성인이 되어서 진정한 글쓰기 실력의 함양은 대학에서 시작된다고 할 것이다. 대학의 글쓰기 교육의 목표는 일차적으로 교양과 지성을 바로 표출하도록 하는데 맞추어져야 한다. 즉 글쓰기는 일차적으로 실용적인 면을 고려해서 강의가 진행되어야 한다.[2]

글의 종류는 논자에 따라 다양하지만 대체로 예술문과 실용문으

---

1. 최근에 분야별 맞춤형 글쓰기라는 이름으로 각 대학에서 새로운 시도를 하고 있다. 영남대를 시작으로 경북대, 고려대, 경희대 등에서 새로운 교재를 내어놓고 있다. 앞으로의 성과가 기대된다. 경북대 글쓰기 편찬위원회(2004), 고려대학교 사고 표현 편찬위원회(2004), 박종갑외(2004), 등 참고.
2. 실용적인 면을 고려한 교재가 나오고 있어 참고가 된다. 실용작문 편찬위원회(2002), 육재용(2002).

로 나누어보면 간편할 것이다. 실용문은 여러 가지 논술을 포함한다. 본격적인 논문을 실용문에 포함시킬 수도 있지만 대학에서 다루는 논술은 리포트나 연구계획서, 보고서 등에 한정하는 것이 바람직할 것이다. 이러한 공부는 대학에서 필수적으로 이수해야 한다고 생각한다. 바야흐로 모든 사람이 의사소통을 인터넷상에서 하는 시대가 왔다.[3] 이제는 글 쓰기가 단순한 놀이가 아니라 생존의 필수적인 도구가 되고 있다. 자신의 생각을 제대로 전달할 수 없다면 그 사람이 본질적으로 대단한 가치를 가지고 있다해도 한 순간에 그 가치를 인정받을 수 없는 시대로 가고 있는 것이다. 글로써 모든 것을 판단하는 시대가 온 것이다. 예술문도 많은 노력이 요구되지만 논리적인 글 쓰기야말로 훈련 없이는 전혀 성장할 수 없는 분야라고 해도 과언이 아니다. 회사나 상급학교에 진학하기 위해 쓰는 자기소개서, 언론이나 관공서에 제출하는 탄원서, 인터넷 상의 동호회나 모임을 결성하려는 취지서, 등등 우리의 일상에서 이제 논리적인 글 쓰기는 광범위하게 퍼져가고 있고 이러한 글 쓰기는 배우지 않으면 제대로 자신의 의사가 상대방에게 전달되어 행동으로 이어지기가 힘들다.

2. 본론

본고에서는 필자가 담당하는 논술지도의 과정을 중심으로 논리적 실용적 글쓰기에 대해서 소개하려고 한다. 한 학기 동안에 실시된 강의 계획서를 중심으로 논의한다. 이러한 지도는 발표와 글쓰기를 병

---

3. 인터넷에서의 글쓰기에 대해서는 김성묘(2003), 허병두(2004) 참고하면 좋을 것이다.

행하는 것이 특징적이다. 대부분의 글쓰기 과정은 쓰기만을 강조하거나 아니면 너무 이론 중심적이다. 그러나 진정한 글쓰기란 자기의 주장이 명쾌하게 정리된 다음에 나올수 있다고 생각한다. 특히 교양인으로서 최소한의 토론과 토의를 가능하게 하고 짧은 논술문을 작성하게 하기 위해서는 말하기와 글쓰기를 병행하는 것이 가장 빨리 교육적 효과를 가져오는 것이라고 생각한다.

아래의 강의 계획서는 대강 작성된 것으로 3학점 15주를 기준으로 작성한 것이다.

	제목	주제	세부내용	과제물
제1주	강의소개	강의계획서소개	성적산출기준, 조별 편성, 주제설정 방법.	주제 정하기
제2주	이론	발표요령, 언어, 말과글, 글쓰기, 논설문의 기초	발표자의 역할, 언어의 기초, 글과 말의 차이,	독서
제3주	이론	좋은글의 요건, 논리적인 글이란?	창의적 글쓰기를 위한 방법	
제4주	이론	주제설정과 구성, 자료찾기,	주제와 글, 개요작성과 글, 자료정리 및 요약	자료작성 제출
제5주	이론	초고작성, 퇴고, 맞춤법, 문장의 원리	개요와 초고작성, 맞춤법과 표준어, 비문과 비속어, 방언	요약제출
제6주	발표	1조	방청객은 요지를 작성한다. 질의응답	발표요지 제출
제7주	중간고사			
제8주	발표	2조	요지작성, 질의응답	발표요지 제출
제9주	발표	3조	요지작성, 질의응답	발표요지 제출

	제목	주제	세부내용	과제물
제10주	발표	4조	요지작성, 질의응답	발표요지 제출
제11주	발표	5조	요지작성, 질의응답	발표요지 제출
제12주	쓰기	자기소개서	목적에 따른 다양한 방법, 입학과 입사.	독서
제13주	쓰기	논술1	자료제시형, 요약과 비판.	독서
제14주	쓰기	논술2	주제제시형, 문장구성 능력.	
제15주	학기말고사			리포트제출

위의 강의 계획서를 중심으로 해서 아래에서는 세부적인 사항을 차례로 살펴보기로 한다.

2.0 수업을 시작할 때

첫 시간은 한 학기동안의 강의 계획과 평가 방법, 과제물 등에 대해서 설명한다. 다음 시간은 발표주제를 작성하게 하고 조를 편성한다. 발표순서를 정한다. 논술의 필요성에 대해서 설명한다. 강의 위주의 작문활동은 이미 고등학교에서 충분히 학습되었기 때문에 강의로 학습할 사항은 필수적인 사항을 빼고는 되도록 책을 이용하도록 하는 것이 좋다. 그렇다고 쓰기만 전적으로 매달리는 것도 학생들을 질리게 만드는 것이다. 논리적 글쓰기는 무엇보다도 말하기와 병행하는 것이 효과적이다. 토론과 더불어 글쓰기를 병행한다면 이는 일석이조의 효과를 가져와 논리적인 글쓰기의 능력이 온몸으로 체득되는 효과를 가져올 것이다. 이때 혼자서 발표를 하고 이를 근거로 글 쓰기를 할 수도 있지만 인원이 많다면 조별로 토론의 주제를 정하고 발표하게 하는 것도 효과적이다. 한 조는 4명 정도로 해서 각자 토론 후에 발표를 하도록 한다. 발표는 한 사람은 주제를 발표하게 하고, 한 사람은 반대 토론, 사회자, 정리를 각각 맡기면 좋다. 즉 4명이 발표자, 사회자, 반대 토론자, 정리자를 맡아서 해보는 것이다. 시간이 있으면 이것을 돌아가면서 각각 한번씩 한다면 가장 이상적이라 할 수 있다. 우리나라 대학생들은 글쓰기도 부족하지만 발표는 더욱 부족한 형편이다. 논리적 글쓰기와 토의, 토론을 병행하는 수업이 무엇보다도 필요한 실정이다.

학생들에게는 우선 발표할 주제를 집에서 생각해 오도록 과제를 제시한다. 과제물은 A4용지로 한 장 분량으로 써오도록 한다. 주제, 개요, 주제설정의 동기 등등을 쓰도록 한다.

2.1 자기소개서

처음부터 논리적 글쓰기를 강조하는 것은 학생들에게 위압감을 심어주기 십상이다. 학생들은 고등학교 때부터 입시위주의 공부에 시달려 왔기 때문에 자신의 생각을 자신있게 창조적으로 표현하는 것에 대해서 위축되어 있다고 보아야 한다. 자기소개서는 학생들이 가장 쉽에 처리할 수 있는 주제다. 또한 자기소개서는 장차 학생들이 회사에 입사하거나 상급학교에 진학하기 위해서 필수적으로 작성해야 하는 것이다. 대학에서는 취업을 중요하게 생각하면서도 이에 대한 대비는 소홀하다. 자기소개서는 자신의 독창성을 최대한 발휘할 수 있는 좋은 기회다. 이를 활용한다면 장차 좋은 기회가 올 것이다.

처음부터 강의를 하면 자기소개서에 담기는 핵심을 기억하기 어렵기 때문에 무조건 쓰도록 하는 것이 요령이다. 우선 50분 정도의 시간에 1000자 내지 1600자 정도 분량의 자기소개서를 나름대로 쓰도록 한다. 쓰기에 익숙하지 않은 학생들은 많이 쓰는 연습부터 해야 한다. 무엇이든지 많이 쓰면 쓰지 않는 것보다 낫다. 자기소개서는 두 번에 걸쳐 쓰게 한다. 처음에 쓰는 자기소개서는 어떤 제약이나 이론적 설명 없이 그냥 쓰도록 한다. 다 쓰면 그것을 모아서 그 중 잘된 것과 잘못된 것을 대표적으로 선정하여 글쓰기에 대한 이론시간에 참고로 설명하면 좋다. 본격적인 자기소개서는 12주차에 쓰도록 한다.

다음 시간에는 발표를 하도록 한다. 자발적으로 발표를 하도록 유도하고 원하는 사람이 없는 경우에는 지적해서 3-4명 정도 발표하도록 한다. 그런 다음에 자기소개서를 쓰는 요령을 강의한다.

글은 독백이 아니다. 특히 자기소개서는 누가 읽는가에 따라 내용이 달라진다. 목적과 대상에 따라 다르다. 자서전과는 다른 것이다. 자서전이 자신의 인생에 대한 담담한 회고의 형식이라면 자기소개서는 입사나 입학과 같은 목적이 있다. 즉 자기소개서를 원하는 기관이나 사람이 무엇을 원하는가에 맞추어서 써야 소기의 목적을 달성할 수 있다. 입사를 원한다면 우선 자기의 특성, 즉 그 회사에 맞는 능력을 보여주는데 초점을 맞추어야 할 것이다. 그러므로 주제를 그런 방향에서 잡는 것이 중요하다.

어떤 논의도 없이 그냥 자기소개서를 쓰라고 하면 대부분의 학생들은 자신의 성장 배경과 중고등학교 시절에 대한 이런 저런 에피소드를 장황하게 늘어놓기 마련이다. 이러한 천편일률적인 자기소개서로서는 입사를 보장받기 힘들다. 주제를 명확하게 할 필요가 있다. 즉 자기의 능력 중에서 이 회사에 가장 알맞은 것을 골라서 거기에 맞추어 작성할 필요가 있다. 영업사원을 뽑는 다면 우선 자기의 성격이 외향적이고 적극적인 면이 있다는 점을 여러 가지 면에서 보여주어야 할 것이다. 그리고 어떤 제품을 판매하는지 미리 정보를 알아서 거기에 맞게 자신이 좋아하는 분야가 그 회사 제품과 관련이 있다면 그것을 집중적으로 부각시키는 것도 요령이다.

이상의 논의를 통해서 글은 주제가 있어야 한다는 점을 부각시켜야 한다. 글이 주제가 없다면 이미 글로서의 생명을 잃은 것이나 다름없다. 자기소개서 쓰기를 통해서 주제 설정의 중요함을 일깨우는 것이 무엇보다도 중요하다.

2.2 주제설정

어떤 글이든지 주제를 가지는 것은 필수적이다. 주제란 자기가 말하고자 하는 핵심 내용이다. 그것이 떠오르지 않을 때는 글 쓸 준비가 되어 있는 것이 아니다. 그러므로 막상 주제가 없는 경우에 글을 쓴다면 중언부언하여서 무슨 말을 하는지 자기도 모르는 경우가 대부분이다. 주제는 명확해야 한다. 불명확한 주제는 제삼 숙고해서 그것에 대한 관념이 명확히 떠오르도록 해야 한다. 말하고자 하는 것이 여럿일 때에도 주제는 단일해야 한다. 그러므로 하고 싶은 말이 많을수록 깊이 생각해서 그 모든 것을 아우를 수 있는 단일한 주제를 생각해 내야 한다. 주제는 자기와 세계와의 대화를 통해서 형성된다. 자기가 세계를 바라보는 관점에 따라 다양한 의견이 나올 수 있다. 이때에 자기도 객관화하는 노력이 필요하다. 이는 관점이 편협 되지 않기 위해서 필요한 과정이다. 그런데 자기의 객관화란 한 순간에 집중한다고 이루어지는 것이 아니다. 이것은 꾸준한 노력이 필요하고

또한 글을 다 쓰고서 퇴고할 때도 하나의 기준이 된다.[4]

학생들은 자기의 가주제를 쓰고 참주제를 쓰도록 한다. 가주제는 자기가 평소에 관심을 가지고 있는 것을 정한다. 예를들어 만일 어떤 학생이 역사소설 쓰는 것이 평생의 일이라고 작정했다면 이것과 관련된 글쓰기를 하는 것이 중요하다. 관심있는 역사적인 사건이라던가 어떤 인물에 대해서 연구하여 발표하는 것이 도움이 될 것이다. 그 외에도 돈을 벌고 싶은 사람은 그와 관련된 사항을 주제로 삼아서 발표를 하고 글을 쓰는 것이 좋다. 이처럼 글쓰기는 모든 사람과 관련이 있고, 다양한 주제를 설정할 수 있다.

2.3 자료찾기

자료를 찾아서 읽는 것이 글쓰기의 선결과제다. 단순히 글쓰기부터 먼저 시작하는 것은 요령을 배우는 것에 불과하다. 진정한 글쓰기의 실력은 많은 경험에서 온다. 독서를 통한 경험의 축적이야말로 글쓰기 향상에 필수 불가결한 요소다. 자료를 손쉽게 구하기 위해 도서관의 이용이 중요하다. 도서관은 모든 학문의 향상에 필수적이지만 글쓰기에 있어서도 예외는 아니다. 도서관을 제대로 갖추고 있는 학교는 일단 글쓰기의 준비단계가 잘 되어 있다고 말해도 무방하다. 그러나 대다수의 많은 대학은 도서관 시설이 미비하다. 장서가 이미 옛날 것이어서 책의 숫자를 채우는데 급급해서 그 질이 형편없이 떨어지는 것이 보통이다. 자기 대학의 도서관이 부실한 대학의 학생들은

---

4. 교육에 대한 주제를 다룬 것이지만 주제설정과 연구진행에 대한 방법은 백순근 (2004;49p-148p)를 참고하면 좋을 것이다.

할 수 없이 인접대학이나 국립도서관, 국회도서관, 전자도서관 등을 이용할 수밖에 없다.

요새는 어느 도서관이나 인터넷으로 자료를 손쉽게 검색하게 되어 있다. 그런데 막상 찾고자 하는 책이 어느 분야 어느 항목에 속하는지를 학생들이 알기 힘들다. 자기가 정한 주제에 관련된 책이 어느 곳에 있는지 모르기 때문에 몇 번 시도하다가 내가 찾는 책은 여기에 없구나 하고 포기하기 십상이다. 검색어를 입력할 때는 주제와 관련된 상위어나 하위어, 등위어 등을 모두 검색해야 한다. 예를 들어 'ㄹ' 탈락에 대한 주제로 글을 쓴다고 할 때는 우선 'ㄹ' 탈락을 검색하고 그것으로 끝낼 것이 아니라 '탈락'이라는 보다 상위의 주제어로 검색해야 한다. 보다 큰 상위어인 음운 현상이나 음운규칙에 대해서도 검사할 필요가 있다.

그런데 완벽한 자료찾기란 처음부터 완성되는 것이 아니다. 자기가 그 주제에 대해 잘 알고 있다해도 최신의 자료가 계속 나오기 때문에 글을 읽고, 쓰면서 계속해서 자료를 보충해 나가야 한다.

2.4 자료의 정리

자료가 많아야 쓸거리가 풍부하다. 빈약한 자료로는 자기가 원하는 방향으로 글을 전개해 나가기 어렵다. 그런데 많은 자료를 무턱대고 그냥 읽을 수는 없다. 물론 자료가 많지 않다면 준비되는 데로 읽어도 무방할 것이다. 그러나 많은 자료는 무턱대고 읽는 것은 가장 무모한 일이다. 자료를 중요한 순서대로 정리하는 것이 요령이다. 중요한 순서는 바로 자기가 그 순서대로 읽어 간다는 것을 의미한다. 자료를 정리할 때는 우선 '단행본, 잡지, 전집류, 신문, 인터넷, 논문'

등으로 분류하는 것이 좋다. 잡지는 다시 정기 간행물인지 아니면 부정기적인지에 따라 분류한다. 논문은 다시 박사학위논문, 석사학위논문, 그 밖의 학술지에 수록된 논문으로 분류한다. 석사학위논문 중에 교육대학원 논문을 따로 분류한다.[5]

이렇게 분류된 논문은 다시 읽을 순서대로 A4 용지에 작성하는 것이 좋다. 여기서 읽어야 할 순서는 단행본이나 박사학위부터 읽어보는 것이 좋다. 물론 자기의 주제와 가장 밀접한 것이어야 한다. 주제와 동일한 제목의 논문이나 글이 있다면 이것을 먼저 읽어가는 것이 요령이다.

교수는 최종적으로 정리된 자료를 학생들에게 제출하도록 한다. 이것을 분류의 기준에 따라 했는지, 중요한 순서대로 자료를 작성했는지에 따라 평가를 하면 될 것이다.

2.5 요약

글을 읽고 나서는 반드시 요약하는 습관을 길러야 한다. 인간의 기억에는 한계가 있기 때문에 요약해 두지 않으면 읽어도 소용이 없다. 그런데 요약은 어떤 특별한 방도가 있는 것이 아니다. 대강의 요령은 가장 중심적인 주장이 무엇인가를 먼저 밝히는 것이다. 즉 주제를 아는 것이다. 주제의 파악이야말로 글을 읽는 목적이다. 주제가 선명하게 떠오르지 않는다면 그것은 자기 자신이 잘못 읽었거나 글이 잘못된 것이다. 전자의 경우라면 여러번 읽어야 할 것이지만 후자의 경우라면 그러한 글은 참고하지 않는 것이 좋다.

---

5. 참고문헌 작성에 대해서는 김남석외5(2002)를 참고하면 될 것이다.

요약은 먼저 주제를 먼저 쓰고, 그러한 주장의 근거나 주장에 대한 정황적인 사실들을 기술한다. 마지막으로 학생의 평가를 쓴다. 즉 요약문은 첫째 주제, 둘째 주제에 대한 근거, 셋째 학생의 평가가 반드시 들어가도록 작성해야 한다.

요약을 해 가면서 연구의 역사를 파악하는 것도 중요하다. 물론 시간이 없다면 이러한 일은 나중으로 미룰 수밖에 없겠지만 근본적으로 논리적인 글도 또한 다른 사람이 주장한 것을 반복해서는 안되는 것이다. 이는 잘못하다간 표절의 시비도 말릴 수 있고, 신선함도 떨어지기 때문에 적극 피해야 하는 것이다. 그런데 나의 주장이 새로운 것인지는 그러한 주제로 발표된 글의 역사를 살피지 않고는 알기 어려운 것이다. 그러므로 연구사를 정리하는 것은 아주 중요한 일이다.

여러 편의 요약문은 다시 비슷한 주제끼리 묶어서 재정리를 해야 한다. 이렇게 하면 요약이 완성되었다고 볼 수 있다.

2.6 초고작성

요약을 통해서 이미 어느 다른 사람의 주장을 알게 되었다. 이제는 자신의 생각을 정리할 때가 되었다. 초고는 말 그대로 처음 자신의 주장을 세상에 내놓는 것이다. 그렇다고 너무 두려워 할 필요는 없다. 붓 가는 대로 쓰는 것이 요령이다. 처음부터 완벽하게 글을 쓸 수는 없다. 이 세상 어느 누구도 대가가 되지 않은 다음에야 바로 글을 써서 완성되는 일은 없다. 여러 번의 수정을 한다는 각오로 처음에는 생각나는 대로 자신의 주장을 펼쳐야 한다. 물론 개요 작성을 하고 초고를 작성하면 한결 수월할 것이다. 그리고 많은 책에서 개요 작성을 한 다음에 초고를 작성하도록 지도하고 있다. 필자의 생각에는 이것은 경우에 따라 다르다고 생각한다. 생각이 완전히 정리된 경우에는 개요를 작성할 수 있지만 그렇지 않은 경우에는 개요작성이 불가능하다. 그렇다고 생각을 정리하는데 마냥 시간을 보낼 수는 없는 노릇이다. 우선 편하게 생각나는 데로 글을 쓰다보면 전체적인 윤곽이 드러나기 마련이다. 즉 개요작성을 하고 초고를 작성하는 경우도 있지만 우선 글을 써 가면서 개요를 마련할 수도 있는 것이다. 필자는 후자의 경우가 훨씬 실용적이라고 생각하고 학생들에게 이렇게 지도하고 있다.

2.7 발표

발표는 이미 앞에서 언급한대로 조별 발표가 좋다. 4명이 한 조가 되어 각각 발표자, 사회자, 반대 토론자, 정리자 등을 맡아서 교대로 진행한다. 한 사람이 3분에서 5분을 발표한다면 한 조가 한 시간 정도를 사용하게 된다. 그러므로 5주정도의 발표시간을 갖는다면 20명을 이상일 경우는 나른 방법을 사용한다. 물론 10주 징도를 발표로 둔다면 40명 정도도 소화할 수 있는데 이럴 경우 다른 이론 수업이나 글 쓰기 등을 지도하는 방법을 따로 고안해야 한다. 그러므로 인원에 따라 발표, 글 쓰기, 이론 수업 등을 적당히 배분하는 방안이 좋다. 필자의 경우는 대개 20명 정도를 잡아서 5주 분량의 이론 수업과 5주 발표, 5주 글쓰기로 분배하고 있다.

2.8 고치기

글 쓰기는 끊임없는 수정을 통해서 완성된다고 믿는다. 자신이 만족할 때까지 수정해야 한다. 그러므로 고치기의 끝은 없다고 보아야 한다. 대체적으로 수정할 부분은 형식적인 면과 내용적인 면을 나누어서 살펴보아야 한다. 형식적인 면은 원고지 사용법, 한글 맞춤법 등의 기준에 합당한지를 살피는 것이 좋다. 띄어쓰기는 컴퓨터에서 자동으로 처리되지만 그래도 세심한 주의를 요구한다. 비문이나 중의적인 문장, 주어가 없어서 애매한 표현 등을 제3자의 입장에서 살피는 것이 중요하다. 비속어나 방언 등의 사용도 어색한 부분이 있는지를 살펴보아야 한다.[6]

내용적인 면은 무엇보다도 자신이 주장하는 바가 명료하게 전달되고 있는지에 초점을 맞추어야 한다. 글의 생명은 주제이기 때문에 주제가 부각되지 않는다면 글은 실패한 것이나 다름없다. 그 다음으로 그러한 주장이 논리적이고 합리적으로 전개가 되고 있는지 살피는 것이 중요하다. 동일한 말을 반복하고 있지는 않는지, 남의 글을 근거 없이 비판하고 있지는 않는지 인용이 잘못되지는 않았는지 오자나 탈자가 없는지 여러 번 읽으면서 꼼꼼하게 살피는 것이 중요하다.

2.9 기타 실용적인 글-독자투고, 사업계획서

수강 인원이 적어서 발표자가 적을 경우에는 다른 내용의 글 쓰기를 지도하도록 한다. 여러 가지 방법이 있지만 주로 실용적인 글 쓰기에 초점을 맞추는 것이 좋을 것이다. 우선 가장 흔하게 인터넷 이메일 쓰는 방식을 지도하도록 한다. 인터넷을 통하여 우리는 예전보

---

6. 시중에 맞춤법이나 문장의 오류에 대한 수많은 책이 출판되어 있어서 좋은 참고가 된다. 다만 이러한 논의는 잘못된 문장과 어색한 문장의 엄격한 구분속에서 논의되는 것이 중요하다는 점을 말하고 싶다.

다도 더욱 많은 글을 쓸 기회를 가진다. 그런데 여기에는 많은 문제가 있다. 우선 대학생들의 글은 맞춤법에 맞지 않은 경우를 자주 접하게 된다. 나아가 외계어로 명명되는 일종의 인터넷 언어는 은어로서 그들 자신에게는 어울릴지는 모르지만 일상생활에는 잘못된 것이므로 엄격하게 제한하여야 한다. 은어는 특수집단에 소속된 사람에게는 불편함이 없지만 그것을 벗어나서 사용하게 되면 많은 불이익이 따른다는 것을 명심할 필요가 있다.

이외에도 독자 투고, 사업계획서 등을 지도할 수도 있을 것이다. 신문 등을 준비해서 그와 비슷한 내용을 발표하게 하고 또 써보면 많은 도움이 된다. 사업계획서도 거창한 것이 아니라 자신이 장래에 무엇을 하고 싶은지 생각해보고 그것에 맞추어 작성한다면 흥미도 있고 재미있게 진행할 수 있다.

3. 결론

이상을 통해서 간략하게 대학에서의 논리적 글 쓰기 지도에 대해서 살펴보았다. 그런데 정작 논리적인 글이 무엇인지에 대한 논의를 하지 못했다. 논리적이라는 말은 언뜻 자명한 듯이 보이지만 사실 무엇이 논리적인가에 대한 논의는 자못 심각하다. 여기서 다루는 글이란 대학생이 교양인으로서 최소한 합리적으로 자기의 의사를 표현하는 것을 목적으로 삼고 있는 것이다. 그러므로 논리학에서 언급하는 심오한 내용을 구태여 언급할 필요가 없었다. 합리적이란 상식적이란 말과도 어긋나지 않는다. 우리가 어떤 주제에 대해서 주장을 하고, 상식적인 면에서 대안을 제시한다면 그것은 합리적인 글이라고 보아야 한다. 인간의 다양한 사고를 글로서 표현하는 것은 여러 면에서 편리하기도 하고 좋은 면이 많다. 멀리 떨어져 있어도 이메일 한 통으로 자신의 견해를 표현해서 전달할 수 있다. 우리는 이러한 실용적인 글을 논리적으로 쓰는 것에 목적을 두고 논의를 전개해 왔다. 그러므로 구태여 논리적 글쓰기라 해서 딱딱한 철학 강의가 되어서는 안 된다고 생각한다. 오히려 예술문의 아름다운 표현을 적절히 사용하는 것이 사람을 설득하는데 도움이 될 수 있다. 논리성과 더불어 예술성의 조화가 진정한 좋은 글의 본보기가 아닌가 한다.

참고문헌

경북대학교 글쓰기 편찬위원회(2004), 「대학생을 위한 글쓰기」, 경북대학교 출판부.

고려대학교 사고표현 편찬위원회(2004), 「인문학과 글쓰기」, 고려대학교 출판사.

고려대학교 사고표현 편찬위원회(2004), 「자연과학과 글쓰기」, 고려대학교 출판사.

고려대학교 사고표현 편찬위원회(2004), 「사회과학과 글쓰기」, 고려대학교 출판사.

김광수외(1998), 「논리와 논술」, 한국방송대학교 출판부.

김남석외5(2002), 「주.참고문헌 어떻게 작성할 것인가?」, 도서출판 태일사.

김성묘(2003), 「인터넷 글쓰기」, 서울출판미디어.

박청하외2(2002), 「대학인을 위한 논술」, 세종서적.

박종갑, 서인석(2004), 「인문계열 직업세계와 맞춤형 글쓰기」, 영남대학교 출판부.

박종갑, 최미숙, 윤일수,(2004), 「사회계열 직업세계와 맞춤형 글쓰기」, 영남
    대학교 출판부.
박종갑, 최동희, 박종희,(2004), 「이공계열 직업세계와 맞춤형 글쓰기」, 영남
    대학교 출판부.
백순근(2004), 「학위논문 작성을 위한 교육연구 및 통계분석」, 교육과학사.
실용작문편찬위원회(2002) 「실용작문」, 정림사.
원진숙(1995), 「논술교육론」, 박이정출판사.
육재용(2002), 「실용작문법」, 학문사.
조성민(1997), 「토론이 된다 논술이 된다」, 사계절출판사.
진형준(2003), 「논술비법」, 살림출판사.
한남대학교 국어국문학과 교양작문 저술위원(1995), 「작문의 이론과 실제」,
    한남대학교 출판부.
허병두(2004), 허병두의 「즐거운 글쓰기 교실1.2」, 문학과 지성사.

II
국가공인 실용글쓰기 검정시험의 나아갈 방향

1. 서론

역사가 시작한 이래로 인류 문명의 발달은 문자와 이에 대한 전달 수단의 발달이라고 해도 지나친 말이 아니다. 오랫동안 느리게 발달되어 온 문자에 의한 문화의 전달은 21세기에 들어서면서 이전 시기와는 다른 모습으로 우리에게 다가오고 있다. 무엇보다도 정보의 홍수 시대를 맞이하여 정보의 대량화와 그 소통 속도의 가속화는 날이 갈수록 더해지고 있다. 인터넷을 비롯한 정보통신의 발달은 문자로 소통되는 정보량을 더욱 늘릴 뿐만 아니라 더욱 중요하게 만들었다. 이런 시기에 정보전달의 핵심인 글쓰기가 더욱 중요하게 되었다. 지금은 모든 사회적 의사소통의 행위가 지구촌 어디에서나 문자로 신속하게 이루어지는 시대에 살고 있다. 글쓰기는 이제 생존의 수단으로 우리에게 다가와서 이에 대한 향상이 없이는 다른 나라와의 경쟁에서 살아남기 힘든 지경이 되었다. 인문학의 점유물이었던 글쓰기는 이제 모든 사람에게 필수적 요소가 되었다. 정치, 경제, 문화, 과학 등 모든 분야, 모든 영역에서 글쓰기가 중요하게 되었다. 글쓰기의 향상은 결과적으로 21세기의 국가간의 보이지 않는 전쟁에서 승리를 담보하는 필수적인 요소가 되고 있다.

미국의 대학수학능력시험(SAT)에서는 2005년부터 작문을 평가요소로 넣기에 이르렀고, 일본에서는 작문능력시험으로 국민들의 글쓰기를 평가하고 있으며, 독일은 '아비투어'로 프랑스에서는 '바칼레로아'라는 논술시험으로 대학입시를 치른지 오래되었다. 이제 선진국의 많은 대학뿐만 아니라 우리나라의 많은 대학에서 글쓰기를 필수과목으로 가르치고 있으며, 미국의 MIT공대에서는 작문학과를 개설하여 이공대생들에 대한 작문지도에 나서고 있다. 이러한 이유는 자신 혹은 사회의 모든 영역에서 자신의 생각이나, 그 단체가 필요로 하는 요구들을 글로 정확하게 전달하지 못하면 생존하기 힘든 현실 때문이다. 글쓰기는 현대를 살아가는 모든 사람에게 생존경쟁의 필수적인 요소가 되고 있다.[1]

전 국민을 대상으로 하는 우리나라의 국어 검정제도는 KBS의 한국어능력시험과 한국언어문화연구원의 국어능력인증시험이 있다.[2]

---

1. 최근 몇 년 사이에 우리나라의 작문 연구가 대학을 중심으로 활발하게 이루어지고 있다. 정희모(2005)에서는 대학 글쓰기에 대한 현황에 대해서 자세히 논의하고 있고, 김민정(2007)에서는 이공계 대학생을 위한 글쓰기에 대해서 논의하고 있다. 또한 신희선(2005)에서는 글쓰기가 정보화시대에 리더십을 기르는 중요한 도구라는 사실을 주장하고 있다.

그런데 이들 시험은 실용문에 대한 평가도 아니고 글쓰기에 대한 서술형 평가도 아니다. 이들 두 시험은 전 국민의 국어능력에 대한 평가라고 볼 수 있다. 이러한 제도가 필요한가는 논쟁이 있지만 외국어, 특히 영어가 급속히 들어오고 인터넷 사용자가 늘면서 소위 통신언어의 발달로 인해 전통적인 국어 요소를 심각하게 훼손하기에 이르렀기 때문에 이 제도에 대한 사회적 요구가 있다고 볼 수 있다.

그러나 실용문이 홍수를 이루고 있고, 그 실질적 가치가 무한한 지금의 세계적 상황은 이러한 일반적인 언어능력의 평가는 오히려 한가하다는 느낌마저 든다. 일반적인 국어 능력의 향상이나 이에 대한 평가도 필요하지만 지금의 현실 속에서 필요한 것은 우리가 일상적으로 부딪치는 여러 가지 다양한 실용문에 대한 능력을 향상시키는 것이 무엇보다 중요하다. 제품설명서, 계약서, 약관, 계획서, 이메일, 광고문 등등 수도 없이 매일 마주치는 이러한 실용문에 대한 능력을 향상시키는 것은 그 경제적 가치가 무한하고 인문학과 다른 분야의 통합이 자연스럽게 이루어지는 21세기의 정신적 흐름과 맞닿아 있다. 나아가 실용문에 대한 객관적인 평가는 각종 실용문들에 대한 우리나라의 사람들의 창조적이고, 문화적인 역량을 한층 높여 나갈 것이다.

언어구사능력의 결과가 말하기와 글쓰기로 나타난다고 볼 때, 글쓰기 능력은 회사의 사활이 걸리기도 하고 개인의 생존과 직결된 문제가 되기도 한다. 자기소개서를 잘 쓰면 회사의 취직에 결정적 역할을 하게 된다. 또한 프레젠테이션이나 제품설명서의 잘잘못으로 회

---

2. 이에 대한 내용은 KBS와 한국언어문화연구원의 홈페이지인 http://www.klt.or.kr/과 http://www.kolang.or.kr/에 보면 상세히 알 수 있다.

사의 매출에 심각한 영향을 미칠 것이다. 이렇게 중요한 실용적인 글쓰기의 능력이 어느 개인만이 아니라 전 국민이 점차적으로 한 단계씩 향상된다면 우리의 국력이 확실하게 늘어나게 될 것은 너무나 자명하다.

사단법인 한국국어능력평가협회에서 2007년 국가공인 시험을 위탁 받아 2008년 12월 현재 4번의 국가공인 글쓰기 시험을 시행하고 있다.[3] 이 시험은 우리나라 최초의 국가공인 한국어 평가 시험일뿐만 아니라 최초의 국가공인 주관식 글쓰기 평가 시험이다. 이 글의 목적은 국가공인 글쓰기의 검정시험이 어떻게 전개되어야 하는지에 대해서 논의해 보고자 하는 것이다.

이 제도의 시행은 어떤 단체의 이익과 관련되어 있다기보다는 국가 전체의 이익에 관련된 문제다. 실용적 글쓰기는 이제 인문학이 관심을 두어야할 인문학 최후의 보루라고 할 수 있다. 이 제도의 시행은 인문학적인 부활일뿐만 아니라 국가적으로도 전 세계의 실용 글쓰기를 이끌어 갈 수 있는 기반을 마련하여 경제적인 이익을 창출하게 될 것이다.

이 제도의 실시는 한편 국가적 경제손실을 줄일 수 있다. 모든 조직 사회의 일원은 되도록이면 합리적이고 논리적으로 말하고 글을 써야 한다. 이것이 모든 조직체의 효율성을 극대화하는 지름길이다. 그런데 어떻게 사람들 사이의 이런 차이를 변별할 수 있고 향상되는 것을 알 수 있는가? 모든 조직체가 따로따로 글쓰기의 인문적인 소양을 평가하는데 매달린다면 이것은 낭비라고 볼 수밖에 없다. 아웃

---

3. 이와 관련된 내용은 '한국국어능력평가협회'의 홈페이지 http://www.klata.or.kr/에서 자세하게 볼 수 있다.

소싱이 이미 일반화된 현 시대에 글쓰기의 평가도 다른 전문 기관이 맡아야 한다고 본다. 이것은 중복된 일을 막고, 전문기관에 의해 효율적으로 처리함으로써 우리나라 전체의 발달에 도움이 될 것이다.

2. 본론

2.1 이 제도의 목적과 목표

먼저 '국가공인 실용글쓰기 검정시험'(이하 '검정시험')의 거시적인 목적과 미시적인 목표로 나누어 생각해 보자. 거시적인 면에서 이 검정시험은 궁극적으로 일반 국민의 창조적이고, 문화적인 역량을 향상시킨다고 볼 수 있다.

인간과 동물을 구별하는 가장 중요한 기준은 언어라고 할 수 있다.[4] 그런데 인간의 언어 행위는 크게 글쓰기와 말하기로 나타난다. 주지하다시피 말이 자연 발생적임에 비해서 글은 인간의 창조적 발명에 기인한 것이다. 글은 인간 문화의 집대성으로 글자의 발명 없이 문명이 발달할 수 없다. 글쓰기가 인간에 대한 종합적 판단이 된다는 것은 증명이 불필요한 필연적인 결론이다. 글쓰기는 인간의 종합적인 사고력의 총체적 결과물이다.[5] 글쓰기를 통하여 논리적 사고와

---

4. C. Hockett은 인간과 동물의 결정적 차이는 언어의 질적 차이라고 강조한다. 그러한 차이에는 형식과 내용의 이원성, 창의성, 임의성, 교환성, 전위, 문화적 전달을 이야기 하고 있다(김진우1985, 20~36쪽).
5. 글쓰기가 인간의 어떤 면에 영향을 미치는가에 대한 구체적 연구결과물은 아직 미미

민주시민으로서 합리적 판단을 측정할 수 있다. 나아가 다양한 방면의 경험의 표현을 통해서 창의력을 극대화시키고, 효율적 의사소통의 방식을 개발하여 다른 나라와의 경쟁에서 우위를 점할 수 있다. 한편 글쓰기는 인간과 인간의 윤리적 행위를 보여준다. 인터넷 글쓰기가 보편화되고 있는 요즈음 잘못된 글쓰기는 다른 사람에게 심각한 상처를 주기도 하고 더 심각한 결과에 이르게 하기도 한다. 예의를 지키고 문화적으로 성숙한 민주시민 정신을 함양시키는 것이야말로 이 시대 글쓰기의 중요한 목적이 되어야 한다.[6]

이 검정시험이 가지는 일차적 목표는 개개인이 가지고 있는 실용적 글쓰기 능력에 대한 정확하고 객관적인 평가에 있다. 국어 능력의 평가는 말하기와 듣기, 읽기 등의 다양한 방면의 평가도 중요하지만 현대 산업 사회에서 사회활동의 핵심적인 요소인 실용적 글쓰기의 평가는 무엇보다 우선되어야 할 사항이다. 기본적인 언어능력을 비롯하여, 문장의 구성력, 상황판단력, 기획력, 창의력, 논리력 등을 비롯하여 여러 가지 실용적인 능력이 정확하게 평가되어야 한다.

이러한 의미에서 이 검정시험의 평가 대상이 되는 실용적인 글을 분명하게 하는 것이 중요하다. 내용적인 면에서 실용문이 무엇인가는 아직 학문적으로 완벽하게 정립된 개념은 아니지만 사회활동에 영향을 미치는 것이 대상이 될 것이다. 즉 실용문이란 허구세계가 아

한 수준이다. 이에 대한 것은 작문이 하나의 학문으로 성립되기 위해서 미래에 연구되어야 할 중요한 분야이다. 이상태(2002)는 학교 교육에서 작문 교육의 목표가 사고력을 함양하는데 두어야 함을 강조하고 있다.

6. 이명진·신동준(2004)에서는 비대면성과 익명성을 지닌 사이버 공간상에서의 다양한 폭력 현상에 대해서 논의하고 있다. 이의 대책으로 새로운 공동체에 대한 통합을 위해 언어의 통합을 강조하고 있다. 여기에는 또한 사이버 폭력에 대한 다양한 참고문헌을 접할 수 있다.

닌 실제 세계에서 이루어지는 수신자와 발신자간의 효율적인 상호의 사소통을 목적으로 하는 글이라고 말할 수 있다. 또한 개인 간의 사적인 내용의 전달이 아닌 공적인 글쓰기가 주 대상이 될 것이다.

회사 취업이나 학교 입학을 위한 자기소개서, 이력서는 말할 것도 없이 계약서, 보고서, 기안서, 프레젠테이션을 위한 원고 등 경제활동의 핵심적인 내용에서부터 연설문, 초대장, 안내문, 일기, 기행문 등등 일상적인 사회활동에 필요한 여러 가지 종류의 글이 모두 대상이 되어야 한다.

이 검정시험의 목표는 나아가 일상적인 실용글쓰기의 형식과 내용을 표준화시키는 것이 될 것이다. 모든 나라는 이제 다양한 형식의 실용적 글쓰기를 하고 있다. 이러한 시대에 표준화되고 정형화된 실용문의 모델이 절실히 필요한 시기가 되었다. 이러한 형식을 누가 주도하고 누구의 것을 따라야 하는가는 아직 정해진 것이 없다. 우리나라가 이러한 형식을 개발하고 주도한다면 이는 사회적, 경제적으로 엄청난 효과를 가져 올 것이다.[7]

2.2 실용문의 개념과 분류

실용글쓰기 검정 시험의 대상은 실용문이 될 것이다. 그러나 글을 어떻게 분류하느냐에 따라서 학자마다 견해가 다르다. 문학에서 다양한 장르론이 있지만 정작 현 시대에 가장 활발하게 쓰이는 다양한

---

7. 이재승(2005)은 현행 학교교육에서의 작문교육에 대한 다양한 문제점을 지적하고 있다. 이 글을 통해서 우리나라의 공적인 제도하에서의 작문교육이 아직 초보 단계에 있다는 것을 알 수 있다. 이런 사실과 연관해서 이 제도는 현 시점에서 실험적인 것이 될 가능성도 있다.

종류의 글들을 몇 개의 범주로 묶어서 개념화하는 것은 쉬운 일이 아니다. 최시한(2006)에서는 이야기(서사)의 개념과 갈래를 논의하면서 현행 중등학교 7차 교육과정에서 분류한 정보전달, 설득, 사회적 상호작용, 정서표현으로 되어 있는데, 이는 담화의 목적에 따른 분류이지만 언어의 자체적 특성을 고려하지 않은 분류로 상위개념이 혼동을 보인다고 말하고 있다. 이러한 분류에는 이야기(서사)를 배제하고 있다고 말한다. 부룩스와 웨렌(1979)은 담화 형태를 중심으로 설명, 서사, 논증, 묘사로 구분한다. 조동일(1992)은 문학을 분류할 때, 서사, 서정, 희곡, 교술의 네가지 장르로 구분하고 있다. 그러나 이러한 분류가 다양한 매체가 발달한 현 시대의 방송, 간판, 인터넷이나 잡지, 신문 등에 나타나는 다양한 종류의 글들을 모두 포괄할 수 없는 것이 자명하다. 현 시대는 어느 한 장르에 머무르지 않고 다양한 종류의 양식들이 서로 섞여서 글의 주제나 필자의 의도, 또한 필자에게 글을 의뢰한 주문자, 독자들이 받아들이는 방식에 따라 무수한 종류로 나열될 수 있다.

문학이냐 비문학이냐, 예술문인가 비예술분인가의 구분도 그렇게 명쾌하지 못하다. 서로 얼마든지 뒤섞여서 하나의 형태로 나타날 수 있기 때문이다. 우리는 이러한 실용문의 분류 내지는 개념의 정리를 차후의 과제로 남기고 우선 현실적으로 지금 이 시대에 가장 많이 사용되는 형식들로부터 시작해야 된다고 본다.[8]

이러한 의미에서 실용문이라는 개념을 일단 일상생활에서 이루어지는 사회적 의사소통을 목적으로 하는 글로 정의하기로 한다. 현대

---

8. 철학과 현실 2008년 여름호에는 실용주의에 대한 특집을 싣고 있다. 김동식(2008)에 실용주의에 대한 역사적 맥락을 요약해서 잘 설명하고 있다. 실용주의란 어느 하나만이 진리라는 절대주의, 공허한 공리담론에 대한 대안으로 출발했음을 알 수 있다.

사회는 예전에 비해서 정보통신의 발달로 인해서 다양한 의사소통의 유형들이 발달하고 있다. 전통적으로 실용문은 일기나 기행문 또는 관공서의 공문, 기안서 정도에서 그쳤다. 그리고 이러한 문자생활을 향유하는 계층도 국민의 일부분에 그쳤다. 그러나 사회의 발달은 이제 실용적 글쓰기가 모든 사람의 일상생활이 되게 만들었다. 누구나 인터넷을 사용하는 시대에 이메일을 쓰거나 덧글을 달거나 카페나 블로그에 들어가 자신의 의견을 글로 남기는 시대가 되었다. 실용문이란 이렇게 가상 세계나 상상의 세계가 아닌 우리의 실제적 삶과 관련을 맺는 여러 가지 글쓰기를 말하는 것이다.

실용문의 종류는 다양하다. 그러나 이를 우선 크게 세 가지로 구분하는 것이 가능하다.고 본다. 경제적인 효용성을 중시하는 실무적 글쓰기, 교양과 문화의 전달에 관련된 생활 글쓰기, 교육이나 학문적 성취를 중시하는 학술적 글쓰기로 나누어 볼 수 있겠다.[9] 여기서 사용되는 분류의 기준은 엄격하기 보다는 다소 포괄적인 개념으로 사용한다. 실무적 글쓰기란 회사나 공공기관, 단체 등의 업무와 관련된 각종 글쓰기를 포괄한다. 이력서나 자기소개서, 나아가 기획서, 프리젠테이션, 기안서, 계약서, 제품설명서 등등 많은 형식이 여기에 포함될 것이다. 생활글쓰기는 안내문, 청접장, 부고, 일기, 주례사 등등이 포함된다. 학술적 글쓰기는 보고서, 리포트, 논술, 학술 논문 등이 해당될 것이다.

---

9. 대학 글쓰기는 이제 학술적 글쓰기라는 이름과 유사하게 자리잡는 듯하다. 학술적 글쓰기는 대학의 논술시험과 함께 논증을 중심으로 하는 글쓰기를 의미한다고 볼 수 있다. 한편 시중에는 업무용 글쓰기, 프르젠테이션 기법, 실무적 글쓰기, 취업(취직) 작문 등등의 이름으로 무수한 책이 나오고 있다. 이처럼 학술적 글쓰기와 실무적 글쓰기는 이제 약간 다른 개념으로 언중들에게 인식되기 시작한 것으로 보인다.

2.3. 3가지 종류의 글쓰기 검정시험의 목표

위에서 이미 실용글쓰기 검정시험의 목표에 대해 포괄적으로 언급했지만 실무적 글쓰기, 생활 글쓰기, 학술적 글쓰기의 목표에 대해 좀 더 세부적으로 살펴보기로 하자. 첫째로 실무적 글쓰기는 경제 원리를 충실히 반영하는 것이어야 할 것으로 보인다. 여기서 경제 원리란 최소의 노력으로 최대의 효과를 거두고 있는지를 말한다. 시간이 돈이 되는 시대에 어떻게 하면 가장 짧은 형식의 글 속에 가장 효율적인 내용을 담아야 하는가 하는 점을 평가해야 한다. 아주 긴 자기소개서는 예전이라면 문제가 없지만 수백 명 수천 명 아니 수만 명 이상의 사람이 한꺼번에 시험을 치르는 현 시대에는 문제가 심각하다. 최대한 짧은 형식 속에 최대한 많은 정보를 담는다는 목표는 비단 자기소개소 뿐만 아니라 모든 실용문에 공통적으로 적용되어야 할 것이다.

실용문의 경제적인 면을 고려할 때 평가 대상이 되는 글은 일반 국민이 일상생활에서 가장 많이 접촉하거나 경제적으로 중요한 글이 되어야 할 것이다. 이는 객관적인 자료의 축적이 요망되는 면이 있다. 예를 들면 신문과 인터넷 등은 많은 사람이 대하는 글일 것이다. 여기에 실리는 광고문이나 약관, 이메일, 기사문 등도 평가 대상이 되어야 한다. 그런데 경제적 가치를 가지는 글이면서도 일반사람들이 자주 접하는 글이 아닌 경우도 고려의 대상이 될 수 있다. 예를 들면 이력서는 사람들에게 취직을 위해 꼭 필요한 경우이지만 일생동안 그렇게 많이 접하는 글은 아니다. 인터넷이나 신문의 글과 비교해 보면 그 차이를 느낄 수 있다. 그러나 경제적인 측면에서 보면 이력서는 중요하기 때문에 평가 대상에 넣어야 한다. 이렇게 경제적인 면을 고려해서 우리의 평가 대상이 되는 요소들을 수집해야 한다. 다음으로 양적인 면도 고려해야 한다. 시험의 평가가 전 국민을 대상으로 하는 것이기 때문에 우선 무한한 양의 글을 평가 대상으로 하기는 어렵다. 단행본으로 된 책을 평가할 수도 있지만 그것은 시간이 많이 걸리는 작업이다. 천명 이상의 대단위 집단에 대한 평가를 위해서는 글쓰기 양을 제한하는 것이 필수적이다. 이렇게 평가의 대상이나 그 내용과 형식 등에 대한 자세한 것을 확정하는 것도 이 검정시험이 횟수를 거듭하면서 수정되고 보완되어야 할 목표가 될 것이다.

둘째로 생활 글쓰기는 형식적인 면이 강조되고 내용의 합리성과 창의적인 아이디어도 중시되어서 종합적으로 문화의 발달에 기여하는지를 살펴야 한다. 사회생활은 단순히 경제활동만을 지칭할 수는 없다. 정신적인 휴식과 인격의 향상, 예절, 인간과 인간의 교류 등 다양한 문화적 활동이 포함된다. 이러한 목적을 위한 다양한 글쓰기가 있다. 예를 들면 초대장도 상황과 시기에 맞게 적절한 형식과 정성스런 내용으로 구성되어야 한다. 이러한 것을 전문적으로 하는 사람이나 또는 교양적 수준을 보기 위해 평가가 필요할 수 있다.[10]

셋째로 학술적 글쓰기는 형식도 중요하지만 무엇보다도 그 내용이 중요하다. 내용이 독창적이야 할 것은 말할 것도 없고, 논리적이며 합리적이어야 한다. 또한 진실성과 성실성도 평가되어야 할 것이다. 학술적 글쓰기는 논술도 평가 대상이다. 학술적 글쓰기의 향상을 위해 체계적인 교육이 필요하다. 논술은 글쓰기를 향상시키는 데 최적

---

10. 최근 인터넷에 실리는 악성 덧글로 인해서 여러 사람들의 명예가 훼손되고 심지어는 정신적 충격으로 인해서 죽음으로 연결되는 일이 자주 발생되고 있다. 이는 글이 사람에게 치명적인 위험을 가할 수 있다는 것을 보여주는 극명한 사례로서 이에 대한 교육과 평가가 절실하게 필요한 시점이라고 보여진다.

의 방법이다. 다양한 경험과 독서를 통해서 자신의 견해를 창의적으로 한편의 논술로 평가한다면 그 학생의 교육 정도를 다른 무엇보다도 객관적으로 빠르게 알아볼 수 있을 것이다.[11)]

2.4 분류별 글쓰기의 대상 목록

아래의 분류는 현 시대 우리나라에 나타나는 다양한 양식의 글들을 모아서 필자 나름대로 분류해본 것이다. 이것은 모든 양식을 망라한 것도 아니고 분류의 기준이 명확한 것도 아니다. 아직 시험적인 것으로 많은 수정을 거쳐야 할 것이다.

(1) 실무적 글쓰기

프레젠테이션, 공문서, 신청서, 계약서, 약관, 회람문, 독자투고, 건의문, 보고서(실험, 출장, 시장조사), 기안서(제안서), 계획서, 제품설명서, 광고문, 홍보문, 기사문, 자기소개서, 입학지원서, 학업계획서, 이력서.

(2) 생활 글쓰기

초대장, 안내장(회사 소개의 글, 문화재 안내판), 환영사, 축사, 답사, 퇴임사(이임사), 취임사, 인사말, 감사의 글, 주례사, 격려사, 조사(조문), 애도의 글, 연설문, 일기문, 편지글, 이메일, 경고문, 호소문(찾기), 기행문.

---

11. 현 시대에 학술적 글쓰기는 주로 대학에서 담당하고 있다. 대학 글쓰기와 학술적 글쓰기는 서로 유사한 내포를 가지는 것으로 해석된다. 김영건(2008)에서도 대학 글쓰기는 '논증적 글쓰기'가 되어야 한다고 강조하고 있다. 그러나 필자는 본고에서 보듯이 대학에서든 사회에서든, 혹은 기업에서든 이제는 위의 세 가지 종류의 실용적 글쓰기가 대세로 되어야 한다고 생각한다.

(3) 학술적 글쓰기

논술-자료 제시형, 논술-주제 제시형, 논술-자유 주제형, 리포트, 학술보고서(연구, 실험, 관찰, 조사), 요약문, 독후감, 평론, 신문 사설, 칼럼, 서평, 리뷰, 감상문(영화, 음악, 미술, 무용 등), 논문, 설명문.

(4) 기타

공인급수는 글쓰기의 기본원리, 실무적 글쓰기의 기본원리, 생활 글쓰기의 기본원리, 학술적 글쓰기의 기본원리가 포함된다. 교육급수는 글쓰기의 기본원리와 언어와 논리, 정서적 글쓰기(수필, 기행문, 감상문 등등)와 교육이론 등이 포함된다.

2.5 급수와 시험의 기본 구상

현행 검정시험의 내용에 대해서는 한국교육문화원에서 펴낸 '국가공인 한국실용글쓰기 검정의 이해'라는 책에 자세히 소개되어 있다. 이 책에 의하면(29쪽-60쪽) 우선 검정체계를 교육급수와 공인급수로 나누고, 국가공인은 공인급수에 한해서 인정하고 교육급수는 일반 교육과정에 맞추어 초급, 중급, 고급, 대학 및 일반과정으로 분류하고 있다. 공인급수는 다시 3단계로 나누어 1급, 2급, 3급을 부여한다. 교육급수는 9계의 단계를 두고 있다. 아래의 내용은 현행 내용을 기반으로 좀 더 보완해서 필자가 생각한 것을 정리한 것이다.

(1) 공인급수와 교육급수

가) 공인급수는 최고의 전문가 과정이다. 실용 글쓰기의 종합적 능

력을 평가한다. 교육급수는 공인급수보다 하위의 단계로 현행 학교 체계에 맞추어 각 단계별 글쓰기 능력을 평가한다.

　나) 공인급수는 전문가로서의 자질을 종합적으로 평가할 수 있고, 실용 글쓰기의 세 가지 영역별로 나누어 세부적으로 그 전문적 능력을 평가할 수 있다. 평가의 내용은 창의성, 합리성, 논리성, 경제성, 타당성 등을 평가한다. 교육급수는 학생의 교육목표에 따른 평가이다. 현행 학교 체계의 교육 목표에 맞게 평가한다. 그런데 대학을 제외하고 현행 학교 현장에서 실용 글쓰기에 대한 내용이 부족하기 때문에 추가적인 대책이 마련되어야 한다.

　다) 공인 급수의 평가 영역은 글쓰기의 기본원리, 업무 글쓰기, 생활 글쓰기, 학술 글쓰기이다. 교육 급수의 평가 영역은 글쓰기의 기본원리, 언어와 논리, 업무 글쓰기, 생활 글쓰기, 학술 글쓰기, 교육용 문학 글쓰기이다.

(2) 교육급수에 대한 제안

　현행 체계에서 공인급수는 제약이 많다. 국어 능력을 말하기, 듣기, 읽기, 쓰기로 나눈다면 공인급수는 쓰기 중에서도 단지 실용글쓰기만을 대상으로 한다. 그런데 국어 능력은 어느 하나만이 단독으로 발전될 수 없고 네 영역이 유기적 관계를 이루고 있다. 이런 약점을 보완하기 위해서 교육급수에서는 실용글쓰기 영역을 좀 더 확장하여 모든 글쓰기 영역으로 외연을 넓히는 것이 필요하다고 본다. 나아가 앞으로 교육급수에서 말하기도 평가하여 어느 정도 구체화되면 말하기 공인급수를 만드는 것도 고려할 수 있다. 일단은 현행 제도 아래에서 교육급수를 제약하지 말고 최대한 외연을 확장하여 일반 글쓰기로 생각하는 것이 좋을 것이다. 그러한 의미에서 언어와 논리부분이나 문학적 글쓰기를 적극 도입하는 것이 좋다.

교육 급수는 장기적으로 우리말 국어능력 평가 시험으로 목표를 확장하는 것이 바람직하다고 생각한다. 그러한 의미에서 듣기와 읽기에 대한 것도 평가에 넣는 것이 좋다고 생각한다. 이것은 앞으로 논의할 사항이다.

대신에 공인급수는 실무적 글쓰기, 학술적 글쓰기, 생활 글쓰기 등등으로 특화하는 것이 좋다고 생각한다. 이렇게 할 때 진정으로 전문가가 탄생되고 글쓰기 시장이 활성화될 것이라고 본다.

(3) 공인급수의 구성

세 가지 영역 즉 실무적 글쓰기, 생활 글쓰기, 학술적 글쓰기의 세 분야를 통합해서 시험 보는 것을 통합체계라 하고, '실무적 글쓰기+생활글쓰기'와 '학술적 글쓰기+생활글쓰기'로 나누어 시험 보는 것을 분리체계라고 하자.

시험이 정착하는 초기 단계는 통합체계로 운영하고 응시자가 증가함에 따라 그 유형을 분류해서 분리체계로 변환한다. 분리체계는 크게 실무적 글쓰기와 학술적 글쓰기로 나누어 시험을 보고 생활글쓰기는 기본적인 것으로 생각하여 공통과목으로 한다.

독서지도사, 논술지도사 등 글쓰기 전문가는 위의 분리체계에서 둘 중 하나를 취득하고 전문가 과정의 교육을 이수한 자에게 부여하는 것으로 한다.

2.6 이 제도의 향후 개선해야 할 부분

글쓰기는 고도화된 인간문화의 결정체이다. 만일 문자로 인류의 문화가 전달되지 않았다면 우리는 아직도 미개한 상태를 벗어나지 못했을 것이다. 글쓰기는 미개인과 야만인을 구분하는 기준이 되기도 한다. 그러나 이러한 글쓰기를 객관적으로 평가하기는 아직도 문제점이 많다. 어떤 글이 좋은 글이고 어떤 글이 나쁜 글인지 객관적으로 분명하게 수치를 내어 보일 수는 없는 것이다. 우리의 정신세계를 표현하는 것이 글이기 때문에 이는 근본적으로 물질적으로 대치되어 나타나기 어렵다. 객관적인 어떤 기준을 두어서 여기에 맞으면 좋은 글이고 틀리면 나쁜 글이라는 기준을 마련하기는 어렵다. 이러한 문제 때문에 오랫동안 글쓰기의 중요성이 강조되었지만 이에 대한 서술형 평가가 이루어지지 못한 중요한 원인이 되어 왔다.[12]

글쓰기의 중요성을 모두 인정하고 그리고 객관적인 평가에 문제가 있다는 것을 인정한다면 그러한 바탕 위에서 글쓰기를 평가하는 방법을 찾아야 할 것이다. 왜냐하면 글쓰기가 너무 중요하고 그것의 향상이 인류 문화의 향상에 직결된다는 것이 인정된다면 이를 포기하기 보다는 약간의 객관성을 희생하더라도 평가를 통해서 글쓰기를 향상시키는 것이 온당한 태도라고 보기 때문이다. 사실 우리는 실용문에 대한 국가적 평가는 아니지만 개별적으로 서술형 문제를 평가해온 많은 경험을 가지고 있다. 모든 대학에서 오랫동안 학기말 리포트나 실험보고서를 비롯해서 서술형으로 중간고사와 학기말고사 시

---

12. 박영목(2008)에서도 쓰기평가의 객관성 확보의 어려움을 논의하고 있다. 쓰기 평가에는 다양한 연구과제가 놓여 있음을 알 수 있다.

험을 치러 왔다. 또한 석사나 박사학위 논문을 평가한 경험을 축적하고 있다. 지금 모든 나라에서 시행되고 있는 학술단체의 학술 논문의 평가는 주관적 글쓰기 평가의 집대성이라고 볼 수 있다. 그러므로 실용문의 서술형 평가가 불가능하다는 생각은 잘못된 것이라고 할 수 있다.

실용문을 평가하고자 할 때 이러한 평가의 정당성, 혹은 타당성의 문제뿐만 아니라 모든 평가 대상이 대등한 가치를 가지는지도 문제가 많다. 예를 들면 보고서와 자기소개서는 객관적으로 동등한 가치가 있는가? 아니면 개개인 혹은 단체에 따라 다른 가치를 가지는가? 이러한 문제도 아직 정해진 것이 없다. 그러나 우리가 실용적 글쓰기를 향상시키고 이에 대한 능력을 어느 정도 객관적으로 평가해 주는 것이 우리 모두에게 이익이 되는 일이라면 약간의 문제는 차후에 보완하기로 하고 우선 시행해 보는 것이 좋다고 생각한다.

글쓰기는 시대에 따라 다양한 모습으로 나타난다. 더욱이 글이 실용적으로 사용될 때는 사회의 변화와 함께 글쓰기의 모습도 변한다. 예전에는 서간문이나 여행기, 일기 등이 실용적 글쓰기의 대부분이었을 것이다. 그러나 지금은 예전과는 달리 이메일, 자기소개서, 이력서, 보고서, 기획서, 프리젠테이션, 계약서, 제품설명서 등 수없이 새로운 유형의 글쓰기가 나타나고 있다. 이에 대한 교육과 평가는 이제 더 이상 미루어둘 수 없는 사회적 요구라고 보인다. 이를 방치하는 것은 경제적으로 비효율적일 뿐만 아니라 생존경쟁에서 자칫 밀려나게 될지도 모른다.

이렇게 중요한 실용문 글쓰기 검정 시험에 대해서 이제는 사회 각 계각층의 활발한 논의와 함께 애정이 절실히 요구되는 시점이다. 이 제도의 올바른 정착을 위해서 우리 모두 힘을 모아야 한다. 어떻게 객관성을 확보할 것인지 그리고 무엇을 평가할 것인지 비판을 위한 비판이 아닌 우리나라의 발전과 나아가 인류의 발전을 위하여 건설적인 대안을 제시하는 토론과 비판과 애정이 있어야 할 것이다.

2.7 이 제도의 성공적 정착을 위한 방안

(1) 이 제도의 중요성을 부각시켜야 한다.
학회의 지원 및 설립, 지속적인 홍보 및 광고

(2) 평가의 객관성을 확보해야 한다.
출제와 평가를 위한 전문가 그룹의 확보, 이론의 개발, 데이터의 축적

(3) 이 시험의 필요성을 강조해야 한다.
기업체, 공공단체, 국가 기관의 협조.

(4) 이 시험 제도의 권위를 가져야 한다.
저명 인사의 협조, 저명한 학술 단체의 인정, 국제적 교류, 지속적인 연구 및 결과물 발표.

(5) 고도의 전문성을 가진 사람들로 구성된 연구소를 지속적으로 발전시켜야 한다.
재정적 지원, 고급 인력의 확보.

3. 결론

지금까지 국가공인 실용글쓰기 검정시험에 대해서 논의해 보았다. 글쓰기는 이제 모든 나라에서 관심을 가지고 그 향상을 위해서 다양한 방안을 마련하고 있다. 우리나라에서도 대학을 비롯한 학교를 중심으로 글쓰기 교육이 이루어지고 기업체나 국가 기관에서도 관심을 가지고 교육을 시키고 있다. 그 중에서 실용문은 모든 일이 인터넷 상에서 신속하게 이루어지는 현 시대에 특히 중요하다. 표현하고자 하는 내용을 정확하게 표현하지 못하면 많은 문제를 발생하게 만든다.

모든 글을 대상으로 평가를 하는 것은 불가능한 일일 것이다. 실용문만 해도 그 개념의 정립에서부터 대상을 확정하는 것도 불명확한 점이 많다. 그러나 실용문이 이미 모든 학교와 기업, 국가 기관 등에서 활발하게 쓰여지고 있다. 그리고 실용문에 대한 잘못된 표현, 양식의 비통일성, 내용의 비논리성 등에 의해서 많은 사람이 고통을 받고 있는 것이 현실이다. 이를 교육하고 평가하는 것은 늦은 감이 있다.

물론 실용문에 대한 객관식 평가는 쉬울 것이다. 그러나 글쓰기는 직접 자기가 표현해 보는 것이 가장 확실하게 잘잘못을 가리는 방법이다. 실용문에 대한 서술형 평가는 여러 가지 조건이 필요하다. 그에 대한 교육과 목표가 필요하다. 또한 평가를 위한 문제의 개발, 출제자, 평가자, 이를 관리하는 기관 등등 수많은 일이 남아 있다.

우리가 비판을 하기는 쉽지만 글쓰기를 잘 하도록 방안을 마련하는 일은 쉬운 것이 아니다. 어떻게 전 국민의 의사소통이 어떤 장애가 없이 이루어지도록 할 수 있을까? 실용문은 우리가 일상생활에

매일 만나는 다양한 표현의 양식들이다. 이들에 대한 형식을 통일하고 더 좋은 방향으로 나아간다면 이는 어느 한 단체나 개인의 이익이 아니라 우리 모두의 이익이 되는 일이라고 생각한다.

참고문헌

김동식(2008), 실용주의란 어떤 사상인가?, 「철학과 현실」 여름호(통권 제77호), 철학문화연구소.

김민정(2007), 이공계생을 위한 '글쓰기' 교육의 방법론과 이론에 대한 연구, 「한국문학이론과 비평」 제34집(11권 1호), 한국문학이론과 비평학회, 221~245쪽.

김영건(2008), 글쓰기와 논증, 「시학과 언어학회 2008년 하반기 학술대회 미발표 논문집」, 시학과 언어학회, 13~23쪽.

김진우(1985), 「언어」, 탑출판사, 20~36쪽.

박영목(2008), 쓰기 평가 연구의 주요 과제, 「작문연구」 제6집, 한국작문학회, 9~37쪽.

신희선(2005), 정보화시대에서 리더십능력 개발을 위한 대학생 교양교육의 사례연구, 「독서연구」 제14호, 한국독서학회, 287~314쪽.

이명진·신동준(2004), 사이버 폭력과 대책, 「한국사회학회 심포지엄 논문집」(2004년도 특별심포지엄), 한국사회학회.

이상태(2002), 사고력 함양 중심의 작문 교육 계획, 「어문학」 통권 제75호, 한국어문학회, 61~75쪽.

이재승(2005), 작문 교육의 현황과 발전 과제, 「작문연구」 제1집(창간호), 한국작문학회, 39~64쪽.

정희모(2005), 대학 글쓰기 교육의 현황과 방향, 「작문연구」 제1집(창간호), 한국작문학회, 111~136쪽.

조동일(1992), 「한국문학의 갈래이론」, 집문당.

최시한(2006), 이야기 교육에 대하여(개념과 갈래를 중심으로), 「한국문학
이론과 비평」 제33집(10권4호), 한국문학이론과 비평학회, 429~449쪽.

한국국어능력평가협회(2007), 「국가공인 한국실용글쓰기 검정의 이해」, 한
국교육문화원.

Brooks C. & Warren R. P..(1979), 「Modern Rhethoric」, fourth ed..
Harcourt Brace Jovanovich Inc. p. 40.

인터넷 사이트

한국국어능력평가협회, http://www.klata.or.kr/

한국언어문화연구원, http://www.kolang.or.kr/

KBS 한국어능력시험, http://www.klt.or.kr/

| 수록 논문 출전 |

제1부 한글 표기법에 대한 연구

엄태수 2001, 한글 맞춤법의 원리에 대한 검토, 시학과 언어학 제1호, 시학과 언어학회, 221-247.

엄태수 2000, 우리말의 로마자 표기에 관한 논의, 〈우리 말글과 문학의 새로운 지평〉, 도서출판 역락, 43-64.

엄태수 2008, 쉽고 편리한 우리말의 문자 생활을 위하여, 한국어 정보학 10권 2호, 한국어 정보학회, 43-48.

엄태수 2009, 표준어의 음운론적 기술과 표기법에 대한 연구, 새국어교육 제83호 한국 국어교육 학회, 515-538.

엄태수 2007, 사이시옷현상과 한글 맞춤법, 시학과 언어학 제13호, 시학과 언어학회, 239-288.

엄태수 2010, ㄴ첨가에 대한 표준어 규정의 연구, 국제어문 제50호, 국제어문학회, 7-28.

제2부 국어의 현재와 미래

엄태수 2000, 음성하·음운론 연구동향, 〈국어학 연감〉, 국립국어연구원, 70-94.

엄태수 2005, 국어학의 방향 모색, 〈국어국문학, 미래의 길을 묻다〉, 태학사, 67-80.

엄태수 2004, 언어의 특징과 사회, 〈우리말글의 이해〉, 서경대학교 출판부, 9-18.

제3부 글쓰기

엄태수 2004, 대학에서의 실용적이고 논리적인 글쓰기 지도, 인문과학연구 제12집, 서경대 인문과학연구소, 25-36.

엄태수 2009, 국가공인 실용글쓰기 검정시험의 나아갈 방향, 시학과 언어학 제16호 시학과 언어학회, 73-90.

| 찾아보기 |

저자 | 엄태수

1956년 전라남도 여수시에서 태어남
서강대학교 국어국문학과 졸업
동 대학원에서 석사 및 박사 과정 졸업(1994년 문학박사학위 취득)
서강대학교 강사를 거쳐
현재 서경대학교 인문과학대학 국어국문학과 교수

저서 〈한국어의 음운규칙 연구〉과 다수의 논문을 발표함.

한글 표기법과 글쓰기에 대한 연구

초판 인쇄/ 2012년 6월 20일
초판 발행/ 2012년 6월 28일

저 자   엄태수
책임편집   김민경

발 행 처   도서출판 지식과 교양
등   록   제2010-19호
주   소   132-908 서울시 도봉구 창5동 262-3번지
전   화   02-900-4520 / 02-900-4521
팩   스   02-900-1541
전자우편   kncbook@hanmail.net

ⓒ 엄태수 2012 All rights reserved. Printed in KOREA

ISBN 978-89-94955-88-9 93710   **정가** 18,000원

이 도서의 국립중앙도서관 출판도서목록(CIP)은 e-CIP홈페이지(http://www.nl.go.kr/ecip)에서
이용하실 수 있습니다. (CIP제어번호: CIP CIP2012002814)